HEINER MÜLLER · STÜCKE

Universal
Bibliothek

BELLETRISTIK

Heiner Müller

STÜCKE

Texte über Deutschland (1957–1979)

1989

Verlag Philipp Reclam jun. Leipzig

Herausgegeben und mit einem Nachwort von Frank Hörnigk

ISBN 3-379-00279-8

Reclams Universal-Bibliothek Band 1263
1. Auflage
Reihengestaltung: Lothar Reher
Lizenz Nr. 363. 340/23/88 · LSV 7006 · Vbg. 19,4
Printed in the German Democratic Republic
Grafischer Großbetrieb Völkerfreundschaft Dresden
Gesetzt aus Garamond-Antiqua
Bestellnummer: 661 417 1
00250

Der Lohndrücker

PERSONEN

BALKE
KARRAS
BITTNER
KRÜGER
KOLBE
GESCHKE
STETTINER
ZEMKA
LERKA
BRILLENTRÄGER
KALBSHAXE
KANT, *Ingenieur*
TRAKEHNER, *Ingenieur*
DIREKTOR
SCHORN, *Parteisekretär*
SCHUREK, *BGL-Vorsitzender*
BUCHHALTER
FRÄULEIN MATZ
HO-VERKÄUFERIN
REPORTER
ARZT
BUDIKER
GEHEIMRAT
ARBEITER, PASSANTEN

Das Stück spielt 1948/49 in der Deutschen Demokratischen Republik. Die Geschichte der Ringofenreparatur ist historisch. Die Personen und ihre Geschichten sind erfunden.

1

Kneipe. Straße mit Trümmerwand. Abend. Der Budiker steht hinter der Theke und trinkt. Geschke und Stettiner, an der Theke lehnend, trinken. Der Geheimrat sitzt an einem Tisch. Die Straße ist leer.

GESCHKE *betrunken:* Ich habe alles kennengelernt: die Stempelstellen nach dem ersten Krieg, den Akkord und die Nazis mit Pauken und Trompeten und nach dem Schlamassel das neue Leben mit dem Leistungslohn. Aber das Bier, was der Arbeiterstaat ausschenkt, ist mir neu.

Stettiner lacht.

BUDIKER: Arbeiterstaat. Arbeiterbier.

Geheimrat kichert.

GESCHKE *zum Budiker:* Wer ist die Vogelscheuche?
BUDIKER: Das ist der Geheimrat.
GESCHKE: Ein Bier für den Geheimrat.

Budiker bringt das Bier. Geschke hebt sein Glas.
Trink, Geheimrat.
Geheimrat weist das Bier zurück und mustert Geschke.
Feiner Mann, der Geheimrat. Trinkt kein Arbeiterbier.
Pause. Danach zu Stettiner:
Balke, der Neue, der das Maul nicht aufmacht, hat eine Prämie eingesteckt für die Erfindung mit der Leiste. Die Erfindung stimmt, man schafft mehr.
STETTINER: Fragt sich für wen.
GESCHKE *trinkt aus:* Wir müssen heraus aus dem Schlamassel. Was heißt da für wen? Gibst du noch eins aus?
STETTINER: Glaubst du etwa, was über dem Werktor steht, „Volkseigener Betrieb", he? So dämlich bist du doch nicht, Geschke. Du bist doch auch Arbeiter.
GESCHKE: Der Unternehmer ist jedenfalls weg.
STETTINER: Davon kauf dir was. Noch ein Bierchen?
GESCHKE *schmeißt Geld auf die Theke, tippt an die Mütze und geht, unsicher:* Fragt sich, wer hier dämlich ist.
STETTINER: Zahlen. *Er tritt vor die Tür.* Zigarette, Geschke?
Geschke hat die Straße überquert, bleibt stehen, dreht sich um. Stettiner eine Zigarette in der ausgestreckten Hand.

Komm her.

GESCHKE: Für eine Zigarette den ganzen Weg? Nein.

Stettiner steckt sich grinsend eine andre Zigarette an.

Halben Weg. In Ordnung?

Stettiner grinst. Geschke geht drei Schritte auf ihn zu, bleibt stehen. Stettiner raucht.

Zwei Schritte geb ich zu. *Er tut es. Pause.* Sei kein Unmensch, Stettiner.

STETTINER: Zwei Zigaretten.

GESCHKE: Ich hab gesagt: halben Weg.

STETTINER: Zwei Zigaretten.

Pause, Stettiner schmeißt Geschke eine Zigarette hin und geht. Geschke hebt die Zigarette auf, steckt sie ein und geht auch. Der Budiker hat zugesehen und nimmt lachend seinen Platz hinter der Theke wieder ein. Auf der Straße erscheint ein Plakatankleber und klebt ein Plakat mit dem Text: SED – PARTEI DES AUFBAUS an die Trümmerwand. Als er gegangen ist, kommt ein junger Mann, bleibt vor dem Plakat stehn, blickt sich um, reißt es ab und geht pfeifend weiter. Drei Arbeiter, müde, Aktentaschen unterm Arm, gehen über das am Boden liegende Plakat.

2

Kantine. Mittagspause. In der hinteren Wand eine Klappe, durch die in Blechschüsseln das Essen gereicht wird. Links ein HO-Stand, daran ein Spruchband aus Pappe mit dem Text: VORWÄRTS ZU NEUEN ERFOLGEN! Die Arbeiter sitzen auf Kisten und Stühlen an rohen Tischen, löffelnd, oder stehen vor dem HO-Stand. Die Verkäuferin baut die Waren auf, befestigt Preisschilder (Butter: „Kilo 60 DM" usw.).

STETTINER: Hier gibt's alles, Geschke, kauf.

GESCHKE *kratzt seine Eßschüssel aus:* Mein Geld kann die HO nicht wechseln.

EIN JUNGER ARBEITER: Gibt's die Butter auch grammweise, Fräulein?

DIE VERKÄUFERIN: Wenn du mich auf den Arm nehmen willst, überhebst du dich, mein Junge.

Brillenträger, kurzsichtig, studiert löffelnd mit krummen Knien die Preisschilder.

STETTINER: Immer heran, Herrschaften, hier wird euch die Haut abgezogen.
EIN ALTER ARBEITER: Du halt 's Maul, Stettiner. Du hast laut genug Heil gebrüllt. Kannst die Suppe ruhig mit auslöffeln.
STETTINER *feixend:* Die Preise hier hat Hitler gemacht, was?
DER ALTE ARBEITER: Stimmt.
STETTINER: Und für den Westen billiger hat er auch gemacht.
DER ALTE ARBEITER: Das wird sich zeigen.
DIE VERKÄUFERIN *da niemand kauft:* Nicht drängeln. Es kommt jeder dran.
KARRAS: Worauf wartet ihr? *Er greift sich eine Flasche Schnaps, macht sie auf, trinkt; zu Balke:* Prost, Aktivist!

Balke schweigt. Karras gibt die Flasche an Zemke weiter, der an Geschke usf.

DIE VERKÄUFERIN *zu Karras, laut:* Macht 41 Mark, Kollege.
KARRAS *greift nach der Flasche:* Wieso?
GESCHKE *sich den Mund wischend:* Ist doch Volkseigentum. Lesen Sie keine Zeitung, meine Dame?
ZEMKE: Zu lange in der Frauenschaft gewesen?
DIE VERKÄUFERIN *zu Karras:* Sie haben noch nicht bezahlt, mein Herr.
KARRAS *trinkt die Flasche leer:* Ich geb die Flasche zurück. In Ordnung?
DIE VERKÄUFERIN *laut:* Wo ist der Betriebsschutz?
KARRAS *zu den Mittrinkern:* Legen wir zusammen?

Schweigen. Brillenträger verläßt die Kantine.

EIN ARBEITER: Warum säufst du, Karras?
KARRAS: Weil ich nichts zu fressen habe.
DER ARBEITER: Kauf dir was.
KARRAS: Und wer bezahlt den Schnaps? *Er tritt an den Stand und zahlt.* Den Kassenzettel!
DIE VERKÄUFERIN: Wieso?
KARRAS: Zum Andenken an 41 Mark.
DIE VERKÄUFERIN: Hab keine Kassenzettel.
KARRAS *reißt ein Stück Pappe von dem Spruchband:* Da!
DIE VERKÄUFERIN *quittiert auf der Pappe:* Bitte.

Karras steckt die Pappe ein und setzt sich abseits auf eine Kiste.

EIN SEHR ALTER ARBEITER *auf die Preisschilder starrend:* Die Nazis haben das Genick gebrochen. Ich hab gedacht, jetzt fängt das neue Leben an, für das wir die Haut zu Markt getragen haben, und für uns Arbeiter kommt das Paradies.

EIN ANDERER: Das Sowjetparadies.

DER SEHR ALTE ARBEITER *zu Schurek:* Jetzt frag ich dich: Wer kann sich Butter kaufen für 60 Mark?

BALKE *tritt an den Stand:* Ein Pfund Butter.

Balke zahlt, die Verkäuferin gibt ihm die Butter.

STETTINER: Soviel Geld hat nicht jeder.

GESCHKE: Es kriegt auch nicht jeder eine Prämie.

ZEMKE: Hände waschen, Fräulein, das Geld stinkt.

STETTINER: Es hat sich schon mal einer die Finger verbrannt an einer Prämie.

SCHUREK *auswendig:* Wenn wir besser leben wollen, müssen wir mehr produzieren. Das ist doch klar, Kollegen.

EIN ARBEITER: Jetzt reiten wir zum Tierarzt, sagte der Viehhändler. Da hatte sich der Gaul das Bein gebrochen.

STETTINER: Genau wie früher. Der Arbeiter ist der Dumme.

BALKE: Schlagt euch nicht den Schädel ein, zerbrecht euch lieber den Kopf.

ZEMKE *provozierend:* Was denn, wenn wir den Laden hier zusammenschlagen, stellen sie uns morgen einen neuen her!

BALKE: Wir müssen die Butter billiger machen.

ZEMKE: Sieh mal an, der Aktivist.

KARRAS: Und wie will er das machen, der Klugscheißer?

BALKE *heftig:* Besser arbeiten.

Großes Gelächter. Herein Ingenieur Kant. Er geht zu Bittner, der noch sitzt und ißt.

KANT: Im Ofen 4 sind drei Deckel gerissen, Bittner. Die müssen in drei Tagen aufgemauert sein, oder wir sitzen fest.

BITTNER *kauend:* Ich weiß. Aber ich hab zwei Maurer weniger als vor acht Tagen und kein beßres Material.

BALKE: Wir sind sechs. Zwei Mann für einen Deckel.
BITTNER: Wir mauern zu dritt, wie immer. Drei Tage brauchen wir für einen Deckel. Das ist die Norm.
BALKE: Gut, ich übernehm den zweiten Deckel und mache eine neue Norm.

Pause.

LERKA: Wenn Leistungslohn gezahlt wird, mach ich den dritten.
KANT: In Ordnung.
BALKE: Aber wir brauchen Handlanger.
GESCHKE: Was kriegt der Handlanger?
ZEMKE: Ein steifes Kreuz.
BALKE *zu Geschke:* Machst du's?
GESCHKE: Nicht umsonst.
BALKE: Wir arbeiten auch für Geld. Wer macht den Handlanger für Lerka?

Brillenträger, der zurückgekommen ist, stopft sich Brot in den Mund, tritt heran und hebt einen Finger.

LERKA. Gut.
GESCHKE: Was kriegt der Handlanger?
BITTNER: Wir mauern, wie wir es gewöhnt sind, auf die alte Art und solide. Du denkst, du bist ein ganz gerißner, Balke. Wenn der Deckel gerissen ist, den du gemauert hast, wirst du an mich denken.

3

Halle. Arbeiter, stehend oder sitzend, beim Frühstück und beim Skat.

DIREKTOR: Kollegen, wir kommen also jetzt zur Wahl der Gewerkschaftsleitung ...
EIN SKATSPIELENDER ARBEITER: Ich brauch keine.
EIN ESSENDER ARBEITER: Wo ist überhaupt die alte Leitung? Wo ist Kohn?
EIN ANDERER: Wo ist der Parteisekretär?
KARRAS: Im Westen. Kohn hat da einen Schrebergarten geerbt, und der Sekretär ist mit und hilft umgraben.

Gelächter.

DIREKTOR: Vorgeschlagen ist Schurek. Ihr könnt natürlich andere Vorschläge machen. Ihr müßt wissen, wem ihr euer Vertrauen schenken wollt.
EIN ARBEITER: Schenken ist gut gesagt.
EIN ANDERER: Geschenkt ist geschenkt.

Lachen.

SCHUREK: Kollegen, wir wissen alle, worauf es ankommt. Reine Weste, ein Herz für die Kollegen und die Treue zur Arbeiterregierung –

Karras lacht.

DIREKTOR: Willst du's machen, Schurek?
Schurek nickt bescheiden.
Also, ich schlage den Kollegen Schurek vor, ihr kennt ihn, und er kennt sich aus. Habt ihr andere Vorschläge?
ZEMKE: Schurek ist ein Arschkriecher. *Ab.*
DIREKTOR: Hast du einen Vorschlag, Kollege?
GESCHKE *zu Stettiner:* Wer Schurek wählt, ist selber schuld.
STETTINER: Willst du's machen?
Geschke schweigt.
Unser Recht kriegen wir nie. Hier nicht. Egal, wer den Bonzen macht.
EIN ANDERER: Wir können nichts machen.
DIREKTOR: Also, wer für Schurek ist, Hand hoch.

Die Arbeiter, auch die Esser und Skatspieler, auch Geschke, heben die Hand, einige mit Frühstücksbrot oder Spielkarte. Wenige Ausnahmen, darunter Karras.

KARRAS *laut:* Ich kann jetzt nicht, hab die Hand grad in der Tasche.

Direktor zählt die Stimmen.

4

Halle mit Ringofen. Balke und Lerka bei der Arbeit an den Kammerdeckeln. Geschke, Balkes Handlanger, und Brillenträger, Lerkas Handlanger, schleppen Steine heran. Balke und Geschke bauen aus

Klötzen und Brettern eine Bank um den Kammerdeckel, darauf Steine, Schamotte, Mörtel und vier Kalkkästen, an jeder Ecke einen. Lerka mauert schon, sehr schnell und schwitzend, Steine usw., aber nur einen Kalkkasten auf dem Boden, so daß er sich nach jedem Stein bücken muß.

BALKE: So machst du dich kaputt. Nimm vier Kalkkästen und alles auf die Bank.
LERKA: Ja, auf die lange Bank!
BALKE: Es ist die kurze.
LERKA: Mich kostet die Minute einen Groschen.
BALKE: Du machst dich kaputt.
LERKA *ächzend:* Besser ein Jahr weniger, aber gut gelebt.

Balke arbeitet, Lerka schuftet. Geschke und Brillenträger, die Handlanger, kommen mit leeren Hucken, ohne Steine.

LERKA *zu Brillenträger:* Steine her!
BRILLENTRÄGER: Die Steine sind alle.
GESCHKE *zu Balke:* Die noch da sind, sind feucht.
LERKA *zu Brillenträger:* Bring, was du kriegen kannst.
BRILLENTRÄGER: Und wenn der Deckel reißt?
LERKA: Bring Steine.

Brillenträger ab.

BALKE *zu Geschke:* Frag den Ingenieur, wo wir trockne Steine herkriegen.
Geschke ab. Pause.
Lerka, weißt du, was du machst, wenn du mit feuchten Steinen mauerst?

Brillenträger bringt feuchte Steine, Lerka mauert.

LERKA: Tempo oder Qualität. Alles können sie nicht haben.
BALKE: Die Minute kostet einen Groschen, Lerka. Aber der Ofen kostet mehr.
LERKA *nervös:* Wer hat mir was zu sagen? Der Laden hier ist volkseigen, stimmt's? Ich bin das Volk, verstehst du.

Balke schweigt.

5

Buchhaltung. Büro des Direktors. Ein schmaler Gang dazwischen. Der Direktor betritt sein Büro, im Mantel. Er zieht den Mantel aus, setzt sich an den Schreibtisch. Der Buchhalter kommt über den Gang ins Büro. Fräulein Matz, allein in der Buchhaltung, unterbricht ihre Arbeit an den Lohnlisten und bearbeitet statt dessen ihre Fingernägel.

BUCHHALTER: Ich wollte Ihnen nur sagen, Herr Direktor, so geht es nicht. Eine Planung, die davon ausgeht, daß die Öfen ständig ausgelastet sind, ist unverantwortlich bei dem Zustand der Öfen. Ein Zwischenfall, und wir stehen vor dem Nichts!

DIREKTOR *in einer Spiegelscherbe seine Bartstoppeln betrachtend, unaufmerksam:* Wir stehen vor dem Nichts, mein Herr. Wir bauen ein zerstörtes Land auf. Das bedeutet: Produzieren, um jeden Preis produzieren.

BUCHHALTER: Es kann sein, die Produktion ist der Preis. Ich möchte nur darauf hingewiesen haben. Ich wasche meine Hände.

Er geht zurück in die Buchhaltung.

Fräulein Matz schminkt sich.

Sie schminken sich schon wieder, Fräulein Matz.

FRÄULEIN MATZ: Kann ich dafür, daß der Lippenstift nichts taugt?

Pause. Der Direktor zieht die Jacke aus und legt Rasierzeug zurecht.

BUCHHALTER: Früher hielt man sich an die Termine, aber die Kirche blieb im Dorf. Es kam Geld ein. Das Ausland interessierte sich für uns, und der Arbeiter wurde satt. Das war die Ausbeutung. Davon sind wir ja nun befreit.

FRÄULEIN MATZ: Sehr komisch.

BUCHHALTER *scharf:* Sind die Lohnlisten fertig, Fräulein Matz?

Fräulein Matz schweigt, arbeitet heftig. Der Direktor fängt an, sich einzuseifen. Die Seife schäumt nicht. Im Gang erscheint Schurek, Geschke hinter ihm.

GESCHKE: Hör mal, Schurek, ich brauch sie. Soll ich barfuß arbeiten? *Er zeigt abgerissene Schuhe.*

SCHUREK: Die Zuteilung ist ausgegeben.
GESCHKE: Ich war wieder nicht dabei.
SCHUREK: Wir stellen Tonbehälter her, feuerfeste Steine für die Industrie usw. Schuhe stellen wir nicht her, die Bezugsscheine machen wir nicht. Ich kann deinetwegen nicht aus der Reihe tanzen. Wir müssen Opfer bringen für den Sozialismus.
GESCHKE: Da soll ich barfuß in den Sozialismus laufen, was? Du gefällst mir, Schurek.

Schurek läßt Geschke stehen und geht ins Büro. Geschke blickt auf seine Schuhe. Es kommt ein junger Mann, der Reporter, er geht ins Büro. Geschke ab.

DIREKTOR *noch überm Einseifen, zum Reporter, den er erwartet hat:* Sie sind der Zeitungsschreiber?
REPORTER: Ich brauch was über Produktionserfolge, für die Sonntagsbeilage.
DIREKTOR: Das wird schwerhalten.
REPORTER: Wie steht es mit dem Wettbewerb?
DIREKTOR: Allein marschiert der Stiefel nicht.
REPORTER: Wieso?
DIREKTOR: Es muß ihn einer anziehn.
REPORTER *notiert:* Aha. Nachtrabpolitik.
DIREKTOR *wütend:* Sie halten die Produktion auf, mein Herr!
REPORTER *grinst.* Die Schaumproduktion, was?
DIREKTOR: Wenn die Seife halb soviel Schaum schlagen würde wie die Zeitungsschreiber.
SCHUREK *zum Reporter:* Ich hab was für Sie, Kollege. Wettbewerb. Warten Sie, ich hol den Ingenieur. *Ab.*

Schweigen in Buchhaltung und Büro. Der Direktor rasiert sich. Schurek kommt mit Ingenieur Kant zurück.

KANT *zum Reporter:* Kant.
REPORTER: Aus der Familie der großen Philosophen, was? *Er lacht ausgiebig.*
KANT: Nicht direkt.
REPORTER: Sie arbeiten nach sowjetischen Neuerermethoden, sozialistischer Wettbewerb?
KANT: Wissen Sie, was ein Ringofen ist?
REPORTER *auswendig:* Ofen mit in Ringform angeordneten

Brennräumen, nacheinander als Vorwärm-, Trocken-, Brenn- und Abkühlkammer dienend, zum Brennen von Zement, Kalk, Ziegeln usw. ohne Unterbrechung. Rauminhalt einer Kammer 8 Kubik, Deckel und Wände aus feuerfester Schamotte. Heiße Arbeit.

DIREKTOR: Ob er das ganze Lexikon auswendig weiß?

KANT: Wir sind knapp mit Öfen durch die Bombenangriffe. Wir können einpacken, wenn einer ausfällt. Das Material taugt nicht viel. Vor kurzem sind in einem Ofen drei Deckel gerissen, eine Woche, nachdem wir zwei Maurer verloren hatten; einer ging ins Sanatorium, der andre über die Grenze. Für die Reparatur war drei Tage Zeit.

REPORTER: Sabotage, was?

KANT: Ich sagte schon: Das Material taugt nichts.

SCHUREK: Sie haben gesagt: nicht viel.

REPORTER: Verstehe. Objektive Schwierigkeiten.

KANT: Der Brigadier, ein alter Facharbeiter, erklärte: In drei Tagen ist die Reparatur unmöglich. Richtig ist: die Norm sieht für einen Deckel drei Tage vor.

REPORTER: „Die Facharbeiter brechen sich kein Bein. / Wenn das Haus auch einfällt, ihnen fällt nichts ein." Von mir.

KANT: Zwei nicht so alte Facharbeiter machten eine neue Norm. Das ist alles.

REPORTER: Grandios.

Herein Lerka, eine Schramme im Gesicht. Er bleibt an der Tür stehn.

LERKA *zu Kant:* Der Deckel ist hin.

Pause.

SCHUREK: Du hast ihn gemauert, Lerka.

KANT: Sie haben feuchte Steine vermauert, was?

LERKA: Nicht direkt. Herr Ingenieur, ich war immer ein guter Arbeiter, aber wenn's schneller gehn soll, als es geht. Zehn Stunden Arbeit und zum Frühstück trocken Brot, und vier Kinder und eine kranke Frau.

KANT: Wissen Sie, was Sie da gemacht haben, Lerka?

LERKA: Werden Sie's mir vom Lohn abziehn? Mit der Prämie ist es aus, das weiß ich.

SCHUREK: Das ist Sabotage. Dafür wirst du bezahlen.

DIREKTOR: Jemand verletzt?

LERKA: Nein.
KANT: Sie bluten.
LERKA *wischt sich mit dem Handrücken Blut aus dem Gesicht:* Eine Schramme.

Kant ab, ihm nach der Reporter. Wenn Lerka folgen will, spricht ihn der Direktor an.

DIREKTOR: Lerka, ich weiß nicht, warum du das getan hast. Aber ich kann nicht so tun, als hättst du's nicht getan. Ich sitz hier nicht für mich und nicht zum Vergnügen.
LERKA: Ihr könnt mir nicht den Kopf abreißen für ein Versehn. Denkt ihr, ich hab gewollt, daß der Deckel reißt?
SCHUREK: Du hast dir ins eigne Fleisch geschnitten. Jetzt schrei nicht, daß es weh tut.

Pause.

LERKA: So ist das also. Da schindet man sich krumm, ins Kreuz getreten dreißig Jahre, fressen wie ein Hund und in Trab wie ein Gaul. Und jetzt heißt es: ein Saboteur! Das ist also euer Arbeiterstaat. Ihr seid nicht besser als die Nazis.
DIREKTOR *gepreßt:* Sag das noch mal.
LERKA: Ich hab gesagt, ihr seid nicht besser als die Nazis.
Direktor schlägt Lerka ins Gesicht. Pause.
Das kostet dich die Stellung, Direktor. Das ist nicht wie bei Hitler. *Ab.*

Pause. Dann geht der Direktor in die Buchhaltung hinüber.

DIREKTOR: Sind die Lohnlisten fertig?
FRÄULEIN MATZ: Ja.

6 a

Buchhaltung und Büro. Der Direktor am Schreibtisch, angestrengt und lustlos lesend. Auf dem Schreibtisch ein Stoß Bücher über Buchführung. Der Buchhalter zahlt Lohn aus, an Geschke, an Brillenträger, an Balke.

BUCHHALTER *zu Balke:* Ihnen soll ich 400 Prozent auszahlen. Da kriegen Sie wohl das Geld für Herrn Lerka mit?

BALKE: Ja, 400. Nach der alten Norm. Das muß ich verlangen. Sonst kriegen wir die neue Norm nicht, die wir brauchen. Wenn man's ihnen schwer macht, machen sie sich's leicht.

Geschke und Brillenträger sehn zu, wie Balke das Geld einsteckt, gehn ins Büro zum Direktor, Balke ab.

GESCHKE: Der Aktivist kriegt eine Prämie. Die Steine haben wir geschleppt.

Brillenträger nickt.

DIREKTOR: Was ihr gemacht habt, kann jeder machen.
GESCKE: Ich mach's nicht wieder.

Mit Brillenträger ab.
Schurek tritt ins Büro, eine Zeitung schwingend.

DIREKTOR *nervös:* Was willst du?
SCHUREK *nimmt ein Buch auf und liest den Titel:* „Doppelte Buchführung." Wird der Buchhalter entlassen?
DIREKTOR: Nein, kontrolliert. Was willst du?
SCHUREK *entfaltet die Zeitung, in der Balke abgebildet ist:* Hier. Unser bestes Pferd. Das kommt in die Wandzeitung.

Er trennt das Blatt mit dem Bild ab, nimmt Reißnägel aus der Tasche, befestigt das Blatt an der Wand, tritt zurück und prüft die Wirkung.

DIREKTOR: Hier ist kein Pferdestall. *Er liest weiter.*

Schurek ab. Das Zeitungsbild bleibt hängen. Der Direktor nimmt eine Flasche und ein Schnapsglas aus dem Schreibtisch, trinkt. Es kommt Schorn, der neue Parteisekretär. Der Direktor, nach einem Versuch, Glas und Flasche verschwinden zu lassen, stellt ein zweites Glas vor Schorn.

SCHORN *schiebt das Glas weg:* Danke.
DIREKTOR *füllt sein Glas:* Hier ist ein heißes Pflaster. Leicht wirst du's nicht haben als Parteisekretär. Du bist der dritte. *Er trinkt.* Den ersten hat der Schnaps kaputtgemacht. Mit Saufen angefangen hat er wegen Sabotage. Der zweite war ein grüner Junge, frisch vom Lehrgang, ein Tintenfisch. Er sitzt im Westen. Der Arbeiter hat

kein Vertrauen zur Partei. Der Faschismus steckt ihm in den Knochen. Granaten haben sie gedreht mit allen vieren, jetzt schreien sie „Akkord ist Mord". Wenn du mich fragst: ich trau keinem. *Er trinkt.*

SCHORN *auf das Zeitungsblatt deutend:* Wer ist das?

DIREKTOR: Balke, Bestarbeiter, 400 Prozent. Unser bestes Pferd.

SCHORN: Er hat mir unters Beil geholfen vierundvierzig, unser bestes Pferd. Gib mir einen Schnaps.

DIREKTOR *gibt ihm einen Schnaps:* Der hat nur vierzig.

6 b

Kantine. Mittagspause. Am HO-Stand ein Schild: WEGEN WARENÜBERNAHME GESCHLOSSEN. Das Spruchband ist entfernt. Auf den Tischen liegen Decken. An der Hinterwand ein Brett. Darauf steht „Wandzeitung". Das Brett ist leer.

GESCHKE *löffelnd:* Meinem Ausbeuter hätt ich so was ins Gesicht geschüttet.

KOLBE: Geschke, der Held!

EIN ANDERER: Es ist Fleisch drin.

KARRAS: Fleisch hat er gesagt. Er spinnt. Das ist der Hunger.

KALBSHAXE: Heiligabend hatten wir immer Kalbshaxe, bis vierundvierzig. *Zu Karras:* Kennst du Kalbshaxe? Wenn du sie in Butter schmorst, zergeht sie auf der Zunge.

KARRAS: Wer hat die Kalbshaxe bezahlt?

KALBSHAXE *kichernd:* Der Staat. Ich war Beamter.

EIN ANDERER: Und wer hat den Staat bezahlt?

ZEMKE *zu Kalbshaxe:* Nazi gewesen?

KALBSHAXE: Ich hatte sechs Kinder, Kollegen.

KARRAS: Das kommt vom Fleischfressen.

Herein Fräulein Matz. Sie bringt das Zeitungsblatt mit Balkes Bild am Wandbrett an. Karras sieht ihr zu. Das Brett hängt hoch.

Ich glaube, in der Suppe war Fleisch.

Lachen. Fräulein Matz schnell ab.

STETTINER: Da hängt der Aktivist.

Herein Balke.

ZEMKE *laut:* Da kommt er persönlich, die Arschtasche prall von unserm Geld. *Er reißt das Zeitungsblatt mit Balkes Bild vom Wandbrett.*

STETTINER *geht in Deckung, dann:* Lohndrücker. Arbeiterverräter.

GESCHKE: Was kriegt der Handlanger, Balke?

Balke holt sein Essen, setzt sich. Die am Tisch Sitzenden stehn auf, zuerst Karras und Zemke. Sitzen bleiben Kolbe und Krüger.

KRÜGER: Balke, ich hab nichts gegen dich, und Stettiner war in der SA und ist ein Arschloch. Aber das ist wahr: du bist uns in den Rücken gefallen.

BALKE: Ich hab nichts für mich behalten.

STETTINER: Das ist nicht anständig, das ist dämlich.

BALKE: Was ich gemacht habe, kann jeder machen.

KARRAS: Kann.

BALKE: In der Versammlung gestern habt ihr euch das Maul zerrissen: es gibt keine Schuhe. Wenn die Arbeiter in den Schuhfabriken mehr Schuhe machen würden, hätten wir mehr Schuhe.

EIN ARBEITER: Mach ein Kind, wenn du kastriert bist.

SCHUREK: Es liegt an uns, ob wir zu einem beßren Leben kommen.

KARRAS: Das kann ich in der Zeitung lesen, auf die mein Hintern abonniert ist.

BALKE: Mit dem gescheiten Hintern gehörst du ins Büro.

Lachen.

KRÜGER: Liegt an uns, sagst du. Gut, an uns soll's nicht liegen. Aber wer schöpft ab? Hast du den Gewerkschaftsprediger gesehn in der Versammlung gestern?

KOLBE: Wenn er dir nicht gefällt, warum läßt du ihn dir gefallen?

GESCHKE: Warum wohl?

KOLBE: Im Direktorzimmer sitzt ein Arbeiter am Schreibtisch. Du bist auch ein Arbeiter und kannst mit ihm reden.

KARRAS: Und wer hat Lerka die Sabotage angehängt für den Unfall? Der Arbeiter am Schreibtisch. Den Arbeiter hat er mit dem Arbeitsanzug ausgezogen.

BALKE: Es war kein Unfall. Das wißt ihr so gut wie ich.

Pause.

Wenn ihr von der neuen Norm nichts wissen wollt, wer drückt dann den Lohn, ihr oder ich?

Kolbe: Ihr schneidet euch ins eigne Fleisch. Wir leben so gut wie wir arbeiten.

Krüger: Den Finger geben wir, den Arm reißen sie uns aus.

Zemke *zu Balke:* Wenn du weiter den Lohndrücker machst, schlagen wir dich zum Krüppel.

7

Straße. Abend.

Schorn: Wir haben zusammen in der Rüstung gearbeitet, Balke. Vierundvierzig haben sie mich eingesperrt: Sabotage. Dich haben sie nicht eingesperrt. Du warst der Denunziant.

Balke: Was heißt da Denunziant. Ich war in der Prüfstation. Da hatten sie mich hingestellt, weil sie mich hereinlegen wollten, zwischen zwei Aufpasser. Bei den Handgranaten aus eurer Abteilung waren die Schlagstifte zu kurz. Ich ließ sie durchgehn oder legte sie zum Ausschuß, je nachdem, wo die Spitzel standen. Das riß aber nicht ab. Ich war auch dafür, daß man den Krieg abkürzt, wenn's ohne mich herauskam.

Schorn *kalt:* Vielleicht.

Schweigen.

Was war da für ein Streit in der Kantine heute mittag?

Balke: Das ging gegen mich. Lohndrücker, Arbeiterverräter und dergleichen.

Pause.

Schorn: Sag es mir, wenn sie dir Schwierigkeiten machen.

Pause.

Balke: Was gewesen ist, kannst du das begraben?

Schorn: Nein.

8 a

Technisches Büro. Die Ingenieure Kant und Trakehner, der Direktor, Schorn, Balke, Bittner.

DIREKTOR: Der Ofen 4 ist gerissen. Ich brauche Ihnen nicht zu erklären, was das heißt. Die zerbombten Öfen sind noch nicht wieder aufgebaut, Material ist knapp. Wenn ein Ofen ausfällt, ist der Plan ein Stück Papier.

TRAKEHNER: Das ist er mit und ohne Ofen 4.

DIREKTOR: Darüber läßt sich streiten. Sie haben sich den Ofen angesehn. Eins ist klar: Er muß völlig umgebaut werden, mit Ausflicken ist nichts getan. Das heißt: er fällt aus, vier Monate, so lange dauert der Umbau.

Es wird an die Tür geklopft.

FRÄULEIN MATZ: Entschuldigung. Der Zeitungsreporter ist hier. Er will zu Ihnen. Er sagt, er braucht was aus der Produktion, für die Sonntagsbeilage.

DIREKTOR: Sagen Sie ihm, er soll über Maikäfer schreiben. Das interessiert die Leute im Dezember. Ich kann ihn nicht gebrauchen. Jetzt nicht.

FRÄULEIN MATZ *kichert, dann:* Aber ... *Auf einen Blick vom Direktor:* Ja. Maikäfer. *Ab.*

DIREKTOR: Es ist üblich, den Ofen für die Zeit des Umbaus ganz stillzulegen. Es ist immer so gemacht worden.

Pause. Trocknet sich den Schweiß ab.

TRAKEHNER: Ich sehe keine andre Möglichkeit.

BITTNER: Richtig, es ist immer so gemacht worden.

Kant schweigt.

DIREKTOR: Wenn wir den Ofen stillegen, kommen wir in Teufels Küche. Da sind vor allem die Liefertermine.

TRAKEHNER: Ist es vorgekommen, daß sie eingehalten wurden?

DIREKTOR: Es ist vorgekommen. Jedenfalls, mit dem Ofen 4 steht und fällt der Produktionsplan. Stillegen ist ausgeschlossen.

TRAKEHNER: Schön und gut, aber nicht stillegen ist auch ausgeschlossen.

DIREKTOR: Das wollt ich fragen.

KANT: Sie wollen den Ofen bei Feuer umbauen?

DIREKTOR: Ja. Die Kammer, die in Arbeit ist, wird natürlich stillgelegt.

TRAKEHNER: Unfug.

BITTNER: Wenn das ginge, die Unternehmer hätten es gemacht.

TRAKEHNER: Preisfrage: Was fällt eher zusammen: Maurer oder Ofen?

KANT: Bei 100 Grad Hitze kann man vielleicht arbeiten. Die Frage ist: Kann man sauber arbeiten? Ich bezweifle das.

SCHORN: Das ist nicht nur eine Frage der Technik, des Materials.

TRAKEHNER: „Sondern eine Frage des Bewußtseins." Ich maße mir nicht an, Ihnen da hineinzureden, schließlich werden Sie dafür bezahlt. Aber hier handelt es sich um Tatsachen.

SCHORN: Die Arbeiterklasse schafft neue Tatsachen.

TRAKEHNER: Hut ab vor der Arbeiterklasse. Aber Ausbeutung ist keine neue Tatsache.

DIREKTOR: Der Maurer Balke hat sich bereit erklärt, den Ofen umzubauen, bei Feuer. Ich bin dafür, daß sein Vorschlag geprüft wird.

TRAKEHNER: Balke ist ein Wirrkopf.

SCHORN: Balke ist Maurer.

TRAKEHNER: Ich verstehe. Wenn der Maurer den Ofen macht, ist er ein Held. Wenn der Ofen reißt, sind wir die Saboteure.

Schorn lächelt.

BITTNER: Der Ofen wird reißen.

BALKE: Er ist gerissen.

BITTNER: Du denkst, du bist gerißner, was?

TRAKEHNER: Ich lehne die Verantwortung ab.

BALKE: Ich verlange, daß ich den Ofen machen kann.

Pause, Trakehner raucht eine Zigarre an.

DIREKTOR: Wir kommen in Teufels Küche.

TRAKEHNER: Denken Sie von mir, was Sie wollen. Ich habe immer meine Pflicht getan.

DIREKTOR: Mehr.

TRAKEHNER: Jawohl, auch mehr. Aber daß ich meinen Ruf als Fachmann aufs Spiel setze, das geht zu weit. Das kann niemand von mir verlangen. *Pause.* Dieser Plan ist etwas für den Papierkorb, eine Utopie.

BALKE *zum Direktor:* Ich kann den Ofen auch ohne Ingenieur umbauen.

TRAKEHNER: Bitte. *Er steht auf.* Ich finde mein Brot überall. Ihren Sozialismus aufzubauen ist kein Spaß. *Er drückt seine Zigarre aus.* Nicht einmal die Zigarren sind ein Spaß.

SCHORN: Sie haben recht.

TRAKEHNER: Wie?

SCHORN: Ich sage, Sie haben recht. Aber Balke kann den Ofen 4 nicht ohne Ingenieur machen.

Pause. Trakehner setzt sich und raucht die Zigarre wieder an.

KANT *zu Balke:* Haben Sie eine Kalkulation gemacht?

BALKE *reicht ihm Papiere:* Ich hab's versucht.

Schweigen. Kant liest.

8 b

Halle. Arbeiter. Der Direktor, Balke und Schurek vor ihnen.

DIREKTOR: Eine große Sache haben wir vor. Das gibt ein Beispiel für die ganze Produktion. Damit können wir beweisen, was die Arbeiterklasse leisten kann. Es muß für euch eine Ehre sein, mitzumachen.

Pause.

SCHUREK: Es ist eine Arbeit wie jede andre. Nur daß sie zum erstenmal gemacht wird.

EIN ARBEITER: Schnaps ist Schnaps, sagte der Budiker und schenkte Terpentin aus.

KRÜGER: Das ist Ausbeutung.

BALKE: Es geht um den Plan, Kollegen.

STIMME *aus dem Hintergrund:* Wir scheißen auf den Plan.

BALKE: Fragt sich, ob ihr was zu scheißen habt ohne den Plan.

Brillenträger lacht meckernd, verstummt, als die andern nicht mitlachen.

Ich kann den Ofen nicht allein umbauen, aber wir brauchen ihn.

Schweigen.

BALKE: Es wird schwer sein, sehr heiß. Doppelter Verdienst, dreifache Arbeit.

EIN ARBEITER: Und acht Jahre, wenn was schiefgeht, wie bei Lerka.

BITTNER: Ich sage, das wird Murks.

BALKE: Ich weiß, was ich mache.

Pause.

KOLBE: Ich hab in einem Panzer gesessen, bis fünfundvierzig. Das war auch kein Kühlschrank. Ich mache mit.

KRÜGER *tritt vor:* Wenn's sein muß.

8 c

Hof. Stettiner, Geschke, dann Brillenträger, später Kolbe.

STETTINER: Brauchst du trockne Steine, Geschke? Am Ofen 4 liegt Vorrat.

GESCHKE: Die braucht Balke selber.

STETTINER: Eben.

Brillenträger, aus der Kantine kommend, bleibt stehen.

Mensch, wenn die den Ofen fertigkriegen, ist unser Lohn versaut bis 1980.

Kolbe kommt mit Balkes Essen aus der Kantine.

Laut: Er schleppt ihm schon das Essen in den Ofen, dem Herrn Brigadier. Der schont sich.

KOLBE: Wenn ich herauskriege, wer Balke die Jacke geklaut hat, daß er nicht in die Kantine kann, aus der Ofenhitze über den Hof, ich weiß, was ich mache.

STETTINER: Die Menschen sind schlecht.

Kolbe ab.

GESCHKE: Hast du die Jacke?

STETTINER: Wenn du eine brauchst, dir geb ich sie billig, Geschke.

Geschke ab.

BRILLENTRÄGER: Guter Stoff?
STETTINER: Reine Wolle. Fast neu.

8 d

Am Ofen. Balke und Krüger. Sie sind erschöpft. Kolbe kommt mit Balkes Essen und Bier.

KOLBE *trinkt:* Gegen den Ofen war der Panzer ein Kühlschrank.
BALKE *essend:* Der Ofen ist kein Nazitank. Du kannst aussteigen.
KRÜGER *zu Kolbe:* Hast du die Zeitung mit?
KOLBE *zieht eine Zeitung aus der Tasche:* Hier. „Durchbruch im VEB ‚Roter Oktober'. Die Arbeiter des VEB ‚Roter Oktober' erzielten einen Durchbruch. Der Aktivist Balke entwickelte den Plan, einen Ringofen, der gerissen war, ohne Betriebsunterbrechung umzubauen, was in diesem Produktionszweig als unmöglich galt. Propagiert durch den BGL-Vorsitzenden Schurek ..."
KRÜGER: Ausgerechnet Schurek.
KOLBE: „... wurde diesem Plan begeistert zugestimmt, der eine Einsparung von 400000 Mark bedeutet und die Planerfüllung sicherstellt. Wir suchten die Brigade des kühnen Neuerers an ihrem Arbeitsplatz auf, wo ein reges Treiben herrscht, und konnten einen Blick in den Ofen werfen. Wie diese Männer mit den Steinen umgehn, das ist sozialistisches Tempo ..." Spinner! Ohne Tempo verbrennst du dir die Pfoten. *Er liest weiter:* „Sie arbeiten mit Handschuhen, denn die Steine glühen, und im Vordergrund steht die Sorge um den Menschen. Während eine Kammer nach der andern stillgelegt, abgerissen und neu ausgemauert wird, brennt nebenan hinter einer dünnen Wand das Feuer weiter. Es kommt vor, daß die Pantinen der Männer in Brand geraten. Eine Leistung, welche sich der Laie nicht vorstellen kann. Von den nackten Ober-

körpern rinnt der Schweiß, aus den Gesichtern sprechen Entschlossenheit und Zuversicht. Die Belegschaft ist stolz auf sie."

BALKE: Deswegen klauen sie uns auch die trockenen Steine, die wir brauchen.

KOLBE: Wenn der Tintenkuli wiederkommt, machen wir Schulung mit ihm, bei hundert Grad im Ofen.

KRÜGER: Dich hat er ja ganz schön herausgestrichen, Balke.

9

Ofen. Darin Balke, Krüger und Kolbe bei der Arbeit. Brillenträger wirft im Vorbeigehen einen Stein, der Balke trifft.

KRÜGER: Das ist zuviel.

KOLBE *den Stein aufhebend:* Den heben wir auf. Das ist ein Beweisstück.

BALKE *die getroffene Stelle reibend:* Ist er trocken?

KOLBE: Ja.

BALKE *grinsend:* Das Beweisstück wird vermauert.

Kolbe reicht ihm den Stein.

10

Kneipe, Straße. Abend. Der Budiker spült die Gläser. An der Trümmerwand eine primitive Aktzeichnung. Daneben steht ein junges Mädchen.

EIN JUNGER MANN *schlendert an dem Mädchen vorbei und zurück:* Haben Sie hier Modell gestanden, Fräulein?

Das junge Mädchen geht schnell ab. Geschrei von Kindern beim Kriegsspiel, näher kommend. Der junge Mann tippt mit einem Finger dem Akt auf die Brüste und geht dem Mädchen nach, pfeifend. Zwei Jungen mit rostigem Stahlhelm und Gasmaske, bewaffnet mit Resten einer Maschinenpistole. Ein dritter, der kleinste, trommelt auf einem Topf.

ERSTER JUNGE *„schießt", brüllt:* Tot!

ZWEITER JUNGE: Gilt nicht.

DER ERSTE *geht auf ihn los und wirft ihn zu Boden:* Gib deine Waffen ab. Los!

Sie ringen um die Waffen.

DER ZWEITE: Ich bin der Ami, und der Ami gewinnt, sagt mein Vater. *Er „schießt".*

DER ERSTE: Spielverderber!

DER ZWEITE: Feigling!

Sich prügelnd ab. Der dritte folgt, trommelnd.
Zwei Herren mit Aktentaschen.

ERSTER HERR *im Gehen:* Wie ich die Lage sehe, kommt es bestimmt zum Krieg. Amerika kann sich das nicht gefallen lassen. Wissen Sie, was ich gehört habe? *Er sieht sich um, flüstert: ...*

ZWEITER HERR: Er soll gesagt haben: Der Krieg ist nicht unvermeidlich. *Mit erhobenem Zeigefinger:* Nicht unvermeidlich!

Die zwei Herren lachend ab.
Zwei Bauarbeiter gehen in die Kneipe. Der Budiker bringt Bier.

DER ERSTE BAUARBEITER: Acht Tage noch. Dann saufen wir Wasser.

DER ZWEITE: Mein Eisschrank ist im Eimer, arbeitslos. Noch acht Raten.

DER BUDIKER: Die Herren sind von drüben?

DER ERSTE BAUARBEITER: Was dagegen?

DER BUDIKER *hält ein Glas mit Wasser hoch:* Sehn Sie, was ich trinke? Wasser. Sie meinen, der Budiker kann Bier trinken? Hier nicht. Im Osten nicht. Hier wird der Mittelstand ausgehungert.

DER ERSTE BAUARBEITER *tippt dem Budiker auf den Bauch:* Ist das Wasser?

DER BUDIKER: Der Gewerbetreibende hat nichts zu lachen. Lieber arbeitslos in Freiheit.

DER ERSTE BAUARBEITER: Gemacht. Wir übernehmen die Budike. *Zum zweiten:* Laß dir die Bücher zeigen, Hanke! *Zum Budiker:* Sind Hypotheken drauf?

DER BUDIKER: Seien Sie froh, daß Sie nicht in meiner Lage sind.

DER BAUARBEITER: Rückzieher? Das kostet.
DER BUDIKER *lacht blöd:* Weil Sie's sind. Eine Lage.

Die Bauarbeiter trinken aus und gehen.
In die Kneipe kommen Karras und Zemke. Der Budiker bringt Bier und Schnaps.

ZEMKE: Hast du noch eine Zigarette? Danke.
KARRAS: Balke hat es immer noch nicht aufgegeben, der verrückte Hund.
ZEMKE: Der braucht einen Denkzettel.
Karras schweigt.
Er arbeitet heute wieder länger. Er fährt mit dem Rad nach Hause, allein. Er muß hier vorbei.
KARRAS: Balke ist ein zäher Hund.
ZEMKE: Ein Lump ist er. Ich weiß Bescheid. Ich war rot wie keiner. Mit Faust und Stuhlbein für die Weltrevolution. Sie haben mich auf den Kopf geschlagen und in den Arsch getreten. Polizei und Reichswehr. Ich hab gesagt: In Ordnung, es ist für die Weltrevolution. Dann hab ich gemerkt: unsre Führung hat den Kopf nicht hingehalten. Wie ich das gemerkt hab …
KARRAS: Bist du zur SA gegangen.
ZEMKE: Wieso?
KARRAS: Warst du etwa nicht in der SA?
ZEMKE: Geht's dich was an?
Pause.
Partei ist Partei. Alles dasselbe. Leere Versprechungen und die Kassen voll Arbeitergroschen. Die Weltrevolution müssen wir selber machen, Karras. Es wäscht uns kein Regen ab.
KARRAS: Balke hat uns die Norm versaut. Dafür kriegt er acht Mark die Stunde und von mir einen Denkzettel, daß er nicht mehr in den Ofen paßt. Aber deine Weltrevolution kannst du allein machen, Zemke.
ZEMKE: Schiß?
KARRAS: Ich nicht.
ZEMKE: Ich komm auf zwanzig Mark die Stunde, wenn ich will. Aber ich laß mich nicht kirre machen.

Pause.

KARRAS: Wir haben ihn gewarnt. *Er geht zur Tür, blickt auf die Straße.* Er kommt.
Sie gehen hinaus, Balke entgegen.
Steig ab, Balke.
BALKE *bremst sein Fahrrad und steigt ab:* Was wollt ihr? Ihr seid ja besoffen.
KARRAS: Wir haben dich gewarnt, Balke.
BALKE: Was wollt ihr?
Zemke schlägt zu. Das Fahrrad fällt um.
An der Trümmerwand: Ihr schlagt euch selber ins Gesicht.

Zemke und Karras schlagen auf ihn ein.

11

Büro. Schorn, Direktor.

SCHORN: Wenn Balke ausfällt, wer übernimmt den Ofen?
DIREKTOR *zögernd:* Es ist das erstemal, daß ein Ofen bei Feuer umgebaut wird.
SCHORN: Das heißt: Es geht nicht ohne Balke?
DIREKTOR: Noch nicht.
SCHORN: Es hängt viel von ihm ab. Zu viel.
Pause.
Ich habe mit ihm in der Rüstung gearbeitet, Handgranaten. Seine Handgranaten waren immer in Ordnung. Er war ein guter Arbeiter. Er hat die Aufrüstung nicht sabotiert. Ich frage mich: Wird er den Aufbau sabotieren?

Herein Stettiner.

DIREKTOR: Was willst du?
STETTINER: Ich wollte fragen, ob mein Verbesserungsvorschlag schon geprüft ist. Es geht mir nicht um die Prämie.
DIREKTOR: Worum denn?
STETTINER: Wir haben doch eine Arbeiterregierung. Ich bin Arbeiter.
DIREKTOR: Wir arbeiten nicht für die Regierung. Du kriegst Bescheid, wenn dein Vorschlag geprüft ist.
STETTINER *bleibt stehen:* Ich war in der SA, das stimmt. Hitler hat mich hereingelegt. Jetzt haben wir eine Arbeiterregierung.

DIREKTOR *schroff:* Was willst du?
STETTINER: Ich will eintreten, in die Partei.

Direktor schweigt. Pause.

SCHORN: Hier ist ein Formular. Füll es aus.

Stettiner ab mit dem Formular.

DIREKTOR: Zweimal Arbeiterregierung – *blickt auf die Uhr* – in drei Minuten. Das ist zuviel.
SCHORN: Drei neue Mitglieder im Jahr, das ist zuwenig.
DIREKTOR: Weniger ist vielleicht mehr.

12

Am Ofen. Balke, im Gesicht Schlagspuren, Kolbe und ein Arzt stehen vor Krüger, der bleich auf Steinen hockt, an Steine gelehnt. In einiger Entfernung Bittner, Karras, Zemke und andere. Krüger atmet mühsam.

DER ARZT: Ich habe gesagt, diese Art zu arbeiten ist Selbstmord. Aber auf den Arzt hören sie ja erst im Sarg. *Zu Krüger:* Hören Sie, Mann, lassen Sie den Ofen Ofen sein, sonst krieg ich Sie nicht wieder auf die Beine. Sie, Balke, gehören auch eher in ein Krankenbett als in den Ofen.
BALKE: Ich glaube, Sie wissen nicht, worum es geht, Herr Doktor.
DER ARZT: Um die beßre Zukunft auf den Knochen der Arbeiter, wie?
KRÜGER *mit Anstrengung:* Das hätten Sie den Nazis sagen sollen, Doktor.
DER ARZT: Ich verbiete Ihnen, zu sprechen, Krüger, Sie kriegen eine Blutung.
KRÜGER: Vorhin haben Sie gesagt, das ist schon eine.
DER ARZT: Noch ein Wort, und Sie haben eine. Was ist mit Ihrem Schädel, Balke? Wollten Sie wieder mit dem Kopf durch die Wand? Die Wand war stärker, wie?
BALKE: Die Wand war ich.

Karras ab. Herein zwei Arbeiter mit einer Trage. Sie bringen Krüger hinaus, gefolgt vom Arzt und Kolbe. Die Zuschauer zerstreuen sich. Zurück bleiben Bittner und ein junger Arbeiter. Balke setzt sich auf die Steine.

DER JUNGE ARBEITER: Bittner, was meinst du, schaffen sie's?
Bittner zieht die Schultern hoch.
Wetten wir. Ich sag: Sie schaffen's.
BITTNER: Ich wette nicht.
Der junge Arbeiter ab. Bittner tritt zu Balke, bietet ihm eine Zigarette an. Balke nimmt eine volle Packung aus der Tasche.
Hast du schon Ersatz für Krüger, Balke?
Balke schweigt.
Ich würde schon mitmachen. Was sein muß, muß sein.
Balke schweigt.
Das ist so: Ich hab gedacht, ich bin seit dreißig Jahren Ofenmaurer, ich weiß alles über Öfen, und mir macht keiner was vor.
BALKE: Und wenn du dich wieder irrst?
BITTNER: Willst du den Ofen allein machen, Balke?
BALKE *steht auf:* Hab ich das gesagt? Ich hab nichts dagegen, daß du mitmachst.
BITTNER: Gehn wir zusammen?

Sie gehen.
Stettiner und Brillenträger kommen vorbei.

STETTINER: Wenn einer den Einfall hat, genügend Steine in den Gaskanal zu schmeißen, seh ich schwarz für Balke und den Ofen.

13

Am Ofen. Balke, Schorn.

BALKE: Steine im Gaskanal. Das heißt: drei Tage Aufenthalt. Der Plan fällt ins Wasser. *Pause.* Ich frage mich, wie lange steht der Ofen noch. Ich höre auf, ehe sie ihn in die Luft jagen. Sie haben gelacht über den blöden Aktivisten. Steine haben sie mir nachgeschmissen. Sie haben mich zusammengeschlagen auf der Straße. Ich werd ihnen was scheißen.
SCHORN: Wem?

Schweigen.

Weißt du, wer die Steine in den Gaskanal geschmissen hat?

Schweigen.

BALKE: Was passiert, wenn ich den Namen sage?
SCHORN: Du mußt wissen, was du willst, Balke.
BALKE: Ich bin kein Denunziant.
SCHORN: Du mußt wissen, was du willst. Uns gehören die Fabriken und die Macht im Staat. Wir verlieren sie, wenn wir sie nicht gebrauchen.

Schweigen.

BALKE: Der Brillenträger war's.

14

Kantine. Arbeiter, die Verkäuferin.

ZEMKE: Erst Lerka, jetzt Brillenträger. Das ist zuviel.
STETTINER: Das ist die Arbeitermacht. *Ab.*
GESCHKE: Ja, das lassen wir uns nicht gefallen.
EIN ANDERER: Was können wir machen?
EIN JUNGER ARBEITER: Wir streiken.
EIN ÄLTERER: Wir schneiden uns ins eigne Fleisch.
ZEMKE: Ich kenn einen, der im Ministerium sitzt. Unter Hitler war er so – *er zeigt ein Streichholz.* Jetzt hat er Übergröße und braucht jede Woche einen neuen Anzug. Das ist das Fleisch, in das wir schneiden. Wer arbeitet, ist ein Verräter.

Sirene. Der ältere Arbeiter ab.

EIN ALTER: Ich wette, der hetzt uns die Polizei auf den Hals.

Einige Arbeiter ab.

EIN ARBEITER *zum Alten:* Dir kann's ja recht sein. Dein Ältester ist doch bei der Polizei.
DER ALTE: Ja, er ist schon Leutnant.

Er steht auf und geht, langsam. Zwei andre folgen.

ZEMKE: Wer arbeitet, ist ein Verräter.
Pause. Tritt an den HO-Stand:
Bier.
Die Verkäuferin kommt heraus und schließt den Stand ab.
Was soll das heißen?
VERKÄUFERIN *trocken:* Streik. *Ab.*
EIN ARBEITER: Das geht zu weit.

Ein anderer steht auf und geht. Herein Balke.

ZEMKE: Da kommt der Denunziant.
BALKE *zu Bittner und Kolbe:* Wollt ihr nicht anfangen?
ZEMKE *pflanzt sich vor Balke auf:* Mit einem Denunzianten arbeiten wir nicht.

Bittner und Kolbe schweigen. Balke ab. Zemke spuckt aus. Pause.

EIN ARBEITER: Ich will meine ruhige Kugel schieben, das ist alles. Akkord ist Mord.

Zemke hat den HO-Stand aufgebrochen, zerrt einen Kasten Bier heraus. Dabei tritt er auf die Butter.

KARRAS: Steig von der Butter, Zemke.
ZEMKE: Scheiß auf die Butter.

Die Arbeiter, außer Karras, Bittner und Kalbshaxe, holen sich Bier.

ZEMKE: Was ist mit dir, Kalbshaxe?
KALBSHAXE: Ich hab kein Geld.
ZEMKE: Das ist Freibier, du Idiot. VEB Zemke.

Kalbshaxe holt sich Bier. Es kommen Balke, Schorn, der Direktor mit einigen Arbeitern.

SCHORN: Bringt das Bier zurück.
Zemke trinkt, Schorn ansehend, in langen Zügen. Die Arbeiter, einer nach dem anderen, trinken zögernd. Kolbe, eine Flasche in der Hand, trinkt nicht.
Was wollt ihr?
ZEMKE *trinkt die zweite Flasche:* Gerechtigkeit.
ANDERE: Wo ist der Brillenträger?
Wo ist Lerka?
Die Norm muß weg.
Akkord ist Mord.

SCHORN *zeigt auf die zertretene Butter:* Soll die Butter auch weg?

Pause.

EIN ARBEITER: Was hat die Butter mit der Norm zu tun?
SCHORN: Ohne Norm keine Butter.
EIN ARBEITER: Ohne Butter keine Norm.
SCHORN: Wer macht die Preise?
ZEMKE: Uns machst du nicht besoffen.
SCHORN: Das besorgt ihr selber, wie?
DIREKTOR: Geht an die Arbeit.
ZEMKE: Nicht ohne den Brillenträger.
DIREKTOR: Die Sabotage kostet zwanzigtausend.
SCHORN: Das ist unser Geld. Und ihr schreit nach Freiheit für den, der uns darum gebracht hat.
ZEMKE: Schön reden konnten sie schon immer, wenn's um ihre Posten ging. Wer arbeitet, ist ein Verräter.
BALKE: Und worum geht's dir, du Maulheld?
SCHORN: Du kannst gehen, Zemke.

Pause.

ZEMKE: Ich mache, was ich will. *Er steckt die Bierflasche ein und geht zur Tür.*
SCHORN: Das Bier wird bezahlt.

Zemke zurück, schmeißt Geld auf das Verkaufsbrett, ab. – Schweigen.

DIREKTOR: Geht an die Arbeit.

Einige Arbeiter legen Geld auf den Verkaufstisch und gehen.

GESCHKE *zu Schorn:* Du hast die Politik gefressen, Sekretär. In Amerika gibts keinen Sozialismus, aber Arbeiter, die im eignen Auto fahren. Im Sozialismus gibts Schuhe auf Bezugsschein. Erklär mir das.
SCHORN: Das Auto gehört dem Arbeiter. Aber wem gehören die Arbeiter? Unsre Schuhe gibts auf Bezugschein. Aber die Autofabriken gehören uns.
EIN ALTER ARBEITER: Reden kannst du. Aber wer sagt uns, daß es stimmt?

Herein Schurek, hängt ein Spruchband mit Text DIE WERKTÄTIGEN FORDERN DIE ERHÖHUNG DER NORM auf.

SCHORN: Wir gehn drauf, wenn ihr's nicht begreift. Alle.
KARRAS: Geschke fragt nach Schuhen.
Er hebt Geschkes Fuß an, den löchrigen Schuh zeigend.
Hier. Draußen 10 Grad Frost. Du willst ihm das Maul mit Autofabriken stopfen. Wir beschweren uns, daß ihr die Norm hochsetzt über unsern Kopf weg. Ihr hängt uns ein Schild vor die Nase: „Die Werktätigen fordern die Erhöhung der Norm". Der Sozialismus bleibt links liegen.
SCHUREK: Wir nehmen eure Interessen wahr, wenn wir die Norm hochsetzen.
KARRAS: Ein Maurer jagt einen Ofen in die Luft. Ihr sagt: Saboteur. Weg mit Schaden. Habt ihr ihm erklärt, warum der Aktivist 400 Prozent kriegt und er ein Taschengeld? Warum wird Schurek fett, seit er unsre Interessen wahrnimmt?
SCHORN: Wer hat Schurek gewählt?
EIN ARBEITER: Nicht für immer.

Schurek verschwindet.

SCHORN *grinst:* Wählt eine Kommission, zur Untersuchung, warum Schurek fett wird, seit er eure Interessen wahrnimmt.
DIREKTOR: Vergeßt nicht, das Bier zu bezahlen.
GESCHKE: Und was ist mit der Norm?
SCHORN *auf das Spruchband deutend:* Wollt ihr den Unternehmer wiederhaben, reißt das ab.

Arbeiter legen Geld auf das Verkaufsbrett.

SCHORN: Wo ist die Verkäuferin?
EIN ARBEITER: Sie hat gehört, daß wir streiken.
EIN ANDERER: Hat den Laden einfach zugemacht und ist verschwunden.
KALBSHAXE: Keine Disziplin. Da muß durchgegriffen werden.
GESCHKE *zu Kalbshaxe:* Wer bezahlt die Butter, die du geklaut hast, Justizrat?
KALBSHAXE *leert seine Taschen aus:* Ich war nur Inspektor.

Arbeiter ab. Es bleiben Bittner, Kolbe, Karras. Karras nimmt eine Flasche Bier, bezahlt, setzt sich und trinkt.

DIREKTOR *zu Balke, Bittner und Kolbe:* Wie lange braucht ihr, bis der Schaden behoben ist?

BALKE: Drei Tage.

DIREKTOR: Und der Termin?

BALKE: Wir schaffen's, wenn wir schnell arbeiten.

Bittner nickt.

KOLBE: Mit dem Saboteur will ich nichts zu tun haben, aber mit einem Denunzianten arbeite ich nicht.

Pause.

BALKE: Dann dauert es fünf Tage, und wir können den Termin nicht einhalten.

KOLBE: Die Arbeit im Ofen 4 ist freiwillig. *Er bleibt an der Tür stehn.*

DIREKTOR: Karras, was ist mit dir? Du bist Ofenmaurer [illegible]

KARRAS *Balke ansehend, der sich we*[illegible] Suppe eingebrockt, soll er sie [illegible]

SCHORN: Balke ist nicht für sich selber [illegible] gen.

Pause.

KARRAS: Wann soll ich anfangen?

Kolbe ab.

BALKE: Ihr habt euch das Maul zerrissen über den Lohndrücker, ihr wolltet nicht begreifen, worum es geht. Ihr habt mir Steine nachgeschmissen. Ich hab sie vermauert. Ihr habt mich zusammengeschlagen, du und Zemke, als ich aus dem Ofen kam. Und wenn ich mit den Zähnen mauern muß, mit dir nicht.

Schweigen.

KARRAS: Vielleicht ist er doch für sich selber in den Ofen gegangen. *Ab.*

Schweigen.

SCHORN: Du wirst nicht mit den Zähnen mauern, Balke.

BALKE: Mit Karras kann ich nicht arbeiten.

SCHORN: Wer hat mich gefragt, ob ich mit dir arbeiten kann?

Fabriktor. Morgen. Karras kommt, hinter ihm Balke.

BALKE: Ich brauch dich, Karras. Ich frag dich nicht aus Freundschaft. Du mußt mir helfen.

KARRAS *bleibt stehen:* Ich dachte, du willst den Sozialismus allein machen. Wann fangen wir an?

BALKE: Am besten gleich. Wir haben nicht viel Zeit.

Sie gehn durch das Fabriktor. Nach ihnen kommt Kolbe.

(1956) Mitarbeit: Inge Müller

Der Bau

Nach Motiven aus Erik Neutschs Roman „Spur der Steine“

PERSONEN

BARKA, *Brigadier*
BASTIAN
BOLBIG
ELMER
KLAMANN
KLEIBER
GABLONZKI } *Arbeiter in Barkas Brigade*
DREIER, *Brigadier*
EIN MEISTER
EIN CHEMIEARBEITER
DONAT, *Parteisekretär*
BELFERT, *Oberbauleiter*
SCHLEE
HASSELBEIN } *Ingenieure*
BEZIRKSSEKRETÄR DER SED
SEIN STELLVERTRETER
EIN ALTER GENOSSE
EIN JUNGER GENOSSE
EIN SOWJETISCHER EXPERTE
DOLMETSCHER
SEKRETÄRIN
EIN MALER
EIN DICHTER
ARBEITER

DER ZIMMERMANNSTANZ

Baustelle

DONAT: Warum zertrümmert ihr das Fundament?
STIMME *aus einer Baugrube:* Der Mann aus dem ersten Jahrhundert.
DREIER *taucht aus der Baugrube:*
Hast du ihr gesagt? Ich werd dir Augen machen.
Ich zeig dir, wer das Fundament zertrümmert.
Das ist der Embryo von einem Kraftwerk
Vom Neuesten das Neueste, nämlich es soll
Salzkohle fressen, was kein Kraftwerk vor ihm
Geschluckt hat. Salzkohle ist billig, wir stehn drauf
Aber sie will verdaut sein, schlackt, frißt Kessel.
Besondre Mahlzeit braucht besondre Därme.
Ein Brocken für die Projektierer, sie kaun dran
Und malen einen Grundriß nach dem andern
Und ein Gemälde löscht das andre aus.
Das geht in Ordnung, wenns auf dem Papier bleibt
Neu will probiert sein und Papier ist geduldig.
Auf dem Papier bleibts nicht; der Bau ist Schwerpunkt
Beschluß der VVB, warum weiß Stalin.
Ich weiß es auch: das macht sich gut, Salzkohle
Erstmalig in der Welt, das schüttet Prämien
Die Politik geht vor der Ökonomie
Ein Schwerpunkt ist ein Schwerpunkt, ein Beschluß
Ist ein Beschluß auf Biegen oder Brechen.
Ausbaden muß es der Beton, und der
Ist nicht geduldig und wir badens aus.
Jetzt weißt du, wer das Fundament zertrümmert.
Papier sprengt den Beton, Papier wellt den Boden
Kracht auf dein Trommelfell, leert meine Taschen
Ersetzt mir Junker und Kapitalist
Und schlägt mir Beulen in die Ideologie.
Wir warten auf die Zeichnung, warten heißt Zeitlohn
Warten beim Skat um die Prämie vom vorigen Jahr.
Vorm letzten Loch wird mit dem Daumen gemessen
Und auf den blauen Dunst gebaut: die Kinder
Wachsen aus den Schuhn, die Raten wolln bezahlt sein.
Dann kommt die Zeichnung, setzt den Daumen ins Unrecht

Wir reißen ein, baun neu. Der Projektant
Ändert die Zeichnung: ein Dreh mit dem Reißzeug
Wir reißen wieder ein, baun wieder neu.
So fällt ein Bein über das andre, dreht
Ein Arm den andern aus, der Kopf bleibt hinten.
Jetzt kannst du sagen: das ist Kapitalismus
Der Arbeiter wird mit dem Arbeiter gefüttert.
Da sag ich dir: das kann ich auch sagen, mach was.
So steh ich da: mein eigner Saboteur
Und in der höchsten Gesellschaft, jeder ist
Im zweiten Beruf sein eigner Saboteur hier
Vom Minister abwärts, und nicht nur sein eigner
Einsalzen kann sich Gehlen seine Mannschaft.
Schreib das in deine Zeitung. Dreier heiß ich.
Und geh zum Wasserwerk, dort hörst du mehr.
Das steht auf dem Papier bis zum letzten Strich
Die könnten baun daß der Beton schäumt, könnten
Aber der Schwerpunkt spielt die erste Geige
Und wenn er schon den kahlen Boden kratzt,
Weil eine Saite nach der andern springt
Oder gleich auf dem bloßen Trommelfell:
Das Wasserwerk geht unter im Papier
Hört auf wie Krieg anfängt: weils keiner will.
Die Vögel scheißen auf die halben Wände
Der Regen wäscht sie, danach Schnee. Willst du mehr wissen?
Und was ich dir gesagt hab, unterschreib ich.

DONAT: Ich bin der neue Parteisekretär.

DREIER: Soll ich dir die Hand geben?
Vor dir hat mancher hier das Blaue versprochen.
Wann kommst du wieder und hebst in den Himmel
Was dir den Grund wegschlägt unter den Schuhn?
Den Arm dazu geb ich dir, wenn dus änderst.

Handschlag. Dreier. Dreier in die Baugrube. Belfert.

BELFERT: Meine Frau fragt mich, ob du zum Essen kommst. Sie hat wenig Abwechslung hier und ist dankbar für jeden Gast. Ich bin kein guter Esser, nicht mehr, leiten heißt leiden, wem sag ich das. Wär ich Maurer geblieben: Stein auf Stein. Oder Pionier: auf dem Vormarsch werden die Brücken gebaut, die auf dem Rückmarsch gesprengt werden, die ganze Wissenschaft ist vorn und hinten. Ich träume von Planziffern. Ich bin froh, daß ich wieder zwei Rücken habe und einen Kopf mehr, dreiundzwanzig Baustellen, so breit ist kein Kreuz, hast du dich umgesehn? Hinten das Grüne sind Kartoffeläcker. Noch zwei Ernten, dann ist Schluß mit den Kartoffeln und das Chemieprogramm schlägt Wurzeln dort auch. Essen ist Arbeit, wenn du einen Grund brauchst. *Krachen in der Baugrube.* Vorsicht, hier schlagen sie uns den Boden weg. Ein Erdbeben. Komm weiter. So nah an der Basis ist zu nah an der Basis.

DONAT: Weißt du, was sie hier machen, fünf Schritt unter dir? Sie reißen das Fundament ab, das sie gebaut haben. Chruschtschow kann mit Kennedy über die Koexistenz reden, die den Kapitalismus umbringt, früher oder später, aber du kannst mit deiner VVB über eine Plankorrektur nicht reden, die uns ich weiß nicht wieviel Zeit, Geld und Agitation spart. Wenn ein Maler einen Baum kopfstellt, geben wir ihm seine Leinwand zu fressen, und in unsern Büros ist der Abstraktionismus Fakt.

BELFERT: Wärs so. Der Zorn des Gerechten. Glaubst du, das Fundament hier wird zum erstenmal zertrümmert? Zwischen Daumen und Zeigefinger liegt der Hund begraben hier auch, vor den Kommunismus haben die Götter den Geldumlauf gesetzt. Glaubst du, das ist die einzige Baustelle, auf der ein Fundament zehnmal gebaut wird und zertrümmert neunmal? Wo kommst du her? vom Mond? Hast du zum erstenmal Beton gerochen heute? Als Parteisekretär kannst du zufrieden sein: wenigstens der Brigadier macht es nicht gern. Mit mir kannst du auch zufrieden sein: ich muß mir Augen und Ohren verkneifen, wenn ich hier vorbeikomm. Vergiß es also. Realismus ist das halbe Leben auf dem Bau.

Krachen. Belfert versinkt.

DONAT *nach unten:* Hast du Realismus gesagt? Soll ich dir heraushelfen? Ich frage mich, ob du nicht am besten aufgehoben bist in dem Loch, das du dir gescharrt hast händehoch vor dem Beschluß. Wärst du Maurer geblieben. Oder Pionier: die Brücken werden gebaut, damit sie gesprengt werden. Wenn ich dir heraushelfe, wem helf ich außer dir? Bleib unten bis zum nächsten Plenum, oder nimm dein Handzeichen zurück und hol dir deine Stimme wieder aus dem Schwerpunkt. Hast du dich entschieden? Dein Nachruf ist schnell aufgesetzt: an den Folgen eines schweren Praktizismus starb nicht zu früh – Sei froh, daß ich Materialist bin, die Rolle der Persönlichkeit in der Geschichte ist mir nicht so groß. *Er hilft Belfert aus der Grube.*

BELFERT: Praktizismus. Weißt du, wieviel Pläne von wieviel Betrieben sich kreuzen auf jedem Quadratmeter Boden hier? Vierzig Zulieferbetriebe an jedem Bein bei jedem Schritt. Das ist die Zwangsjacke. Willst du sie anziehn? Von den Gegenplänen red ich nicht. Die sammelt Lemke in Baracke drei: die Axt im Kabel und das Komma in der Bilanzierung, ich brauch dir nicht zu sagen, daß das Komma teurer kommt, find es. Eine Höllenmaschine ist der Bau, montiert aus morgen und gestern, da und hier, sie läuft, frag mich nicht wie, ich wundre mich jeden Tag neu, ein Radwechsel und sie sagt nein. Was heißt Maurer bleiben, zeig mir den Maurer, ders bleibt, Stein auf Stein machen die Steine selber. Praktizismus.

Schlee geht vorbei, Pfiffe aus der Baugrube, Köpfe von Arbeitern.

Das schickt mir mein Ministerium, wenn ich Ingenieure brauche. Eine Ballerina, der bloße Anstand gebietet mir, sie nach Hause zu schicken: Aufwiedersehn mein Fräulein, in zehn Jahren, warum wollen Sie auf dem Bau arbeiten, in der Giftküche der Republik mit Ihrem weißen Fragebogen? Wann haben Sie Ihre Zöpfe abgeschnitten? gestern? Und was haben Sie gelernt auf der Hochschule? Wir müssen ein Chemiekombinat aus dem Dreck zaubern hier, das auf dem Reißbrett schon ein Experiment ist, jeder zweite Strich neu, aus dem mitteldeutschen Industrieschlamm, jeder Platzregen macht einen Sumpf aus ihm, schwarz wie die Hölle und genau so zäh, sogar der Schnee wird schwarz hier eh er ankommt. Baun Sie was Sie wollen, Kindergärten werden auch gebraucht, ich habe genug an einem Hochschulabsolventen. Acht Monate und er läuft immer noch herum wie auf den Mond geschossen. Wenn ich seine Pläne nicht im Schreibtisch hätte, wär die ganz Baustelle schon auf dem Weg dahin, sein zweites Wort ist Fließbau, ein Verrückter. Und er ist ein Mann. Ein Ingenieur, der seine Röcke festhalten muß auch noch, wenn er seine Anweisungen gibt. Wenn sie häßlich wäre. Eine leibhaftige Versuchung. Ich rede nicht von mir, bist du verheiratet? Ein schwaches Kettenglied. Sie hat mich ausgelacht, sie wird nicht lange lachen.

Donat lacht.

Du auch nicht. Hier ist nicht Schwedt, Schwarze Pumpe, Rostock. Mit einem Wald bist du schnell fertig, er wird ausgerissen, und ein Hafen ist ein Hafen. Hier fängt das Einmaleins mit dem Differential an, vor uns hat der Kapitalismus gebaut, jede Generation gegen die nächste, sieh dir sein Erbe an, das Labyrinth, ein Bremsklotz für die Planung. Und der Bremsklotz ist die Startbahn. Wir baun die Chemie für morgen, aber wir leben auch nicht vom Gestank allein. Ein Auto und ein Fahrrad in ein Flugzeug umbaun während der Fahrt, das ist ungefähr unsre Aufgabe.

Eine Autorität geht vorbei, er reißt den Hut vom Kopf.

Eine Intelligenz, mit der das Ministerium mich gestraft hat. Ein Professor, er hat in drei Tagen nichts gesehn, er versteht von Industriebau soviel wie von Kybernetik ich, er schätzt das Bautempo nach der Geschwindigkeit, mit der die Bauleiter vor ihm den Hut ziehn, er hat so viel Geld gekostet, daß er eine Autorität ist. Ich arbeite nicht für mich, ich habe kein Recht, meine Hutkrempe zu schonen.

Donat: Warum nimmst du nicht gleich den Kopf ab? Wieviel verstehst eigentlich du von Industriebau, wenn du nichts Bessres anzufangen weißt mit der Intelligenz? Die junge sperrst du in den Schreibtisch, vor der alten verlierst du den Hut. Ich muß der Ingenieurin sagen, daß sie sich anders anziehn muß hier, wenigstens auf der Baustelle, eh sie ein Fall für die Parteileitung wird. *Geht.*

Belfert: Wohin?

Donat: Zum Wasserwerk. *Ab.*

Belfert: Jetzt weiß ich immer noch nicht, ob er zum Essen kommt.

Barka und seine Brigade warten auf einen Betontransport. Hasselbein.

Hasselbein: Ich muß Ihnen gesagt haben, Brigadier: die

Welt wird fünf Minuten früher untergehn und der Kommunismus wird aufgehn um soviel später, wenn Sie jetzt Beton klaun zum wievielten Mal in einem Monat.

BARKA: Ich habs gehört. Zum drittenmal.

BOLBIG: Zuschauer.
Das kostet Eintritt, Ingenieur.

BASTIAN *zu Hasselbein:* Wer klaut hier?
Sind wirs, die den Beton zum Kraftwerk leiten
Weil er am Wasserwerk gebraucht wird? Bist dus?
Da hilft kein Brilleputzen: wenn du sehn willst
Wer hier Beton klaut, brauchst du andre Gläser.

KLEIBER: Ein Dumper.

BOLBIG: Halt!

BARKA: Was hat er geladen?

BOLBIG: Beton.

BARKA: Frag ihn, wo er hinfährt.

BOLBIG: Zum Kraftwerk. Sagt er.

BARKA: Sag ihm, er fährt zum Wasserwerk. Oder
Wir zeigen ihm den Weg.

Kleiber und Gablonzki baun sich auf.

BOLBIG: Ich hab gewußt
Daß du ein intelligenter Mensch bist.
Gibt den Weg frei. Grün.
Am Wasserwerk rechnen wir ab. Umsonst ist
Die Prämie.

BASTIAN: Achtung. Nummer zwei will ausschern.

BARKA: Zeigt ihm den Weg.

KLAMANN: Treibs nicht zu weit, Brigadier.

BOLBIG: Wer fragt dich, Thälmann.

KLAMANN *zu Barka:* Wir werden Ärger kriegen.

BARKA: Wir brauchen Beton.

BOLBIG *zu Kleiber und Gablonzki:*
Worauf wartet ihr?
Der war zu lang in der Versammlung gestern.

Kleiber und Gablonzki ab.

KLAMANN: Wo der Mensch den Kopf hat, hat Bolbig die Schnauze.

BOLBIG: Ein Wort noch und ich zeig dir wo du aufhörst.

KLAMANN *sucht auf dem Boden:*

Hast du überhaupt schon angefangen? Wo bist du?

BOLBIG: Hier.

Elmer fängt den Schlag auf.

Du brauchst nicht rot zu werden, weil du braun warst, nicht meinetwegen, ich bin farbenblind
General.

BASTIAN: Das ist Verleumdung, er war Hauptmann.

Kleiber und Gablonzki kommen zurück.

GABLONZKI: Der kennt unsre Handschrift jetzt.

KLEIBER: Ein schneller Kopf.

KLAMANN *zu Gablonzki:*

Du setz dich lieber auf den Arsch, lern lesen.

GABLONZKI: Qualifizierung? Frag die Intelligenz.
Was hat er von der Wissenschaft? Die Brille.

STIMME SCHLEE: Halt. Kommen Sie zurück. *Schlee.*

BOLBIG: Ein Weib.

SCHLEE: Holen Sie den Dumper zurück. Das ist Diebstahl.

KLEIBER: Haben Sie sich verlaufen, meine Dame?
Zu Klamann, der ihn zurückhalten will: Du bleibst anständig, du bist in der Partei. Kommen Sie, ich zeig Ihnen den Weg. Mach das Licht aus, Bastian.

GABLONZKI: Nehmen Sie meinen Wegweiser, Fräulein. Dankschreiben aus aller Welt.

BOLBIG: Welchen Dumper? Da fährt der dritte und wir brauchen mehr. Was wollen Sie? Wir baun Ihnen ein Schwimmbecken, Sie brauchen sich nur auszuziehn, schon steht es, aber kümmern Sie sich nicht um den Beton, den die Bauleitung uns stiehlt für den Trümmerbau am Kraftwerk.

SCHLEE: Ich bin als Ingenieur hier, die Frau ist Nebensache.

GABLONZKI: Da kennen Sie uns schlecht.

BARKA: Hände weg. Sie sind Ingenieur? Sie wollen hier arbeiten? Warum? Eins nach dem andern, erst der Einstand. *Er will sie küssen, und sie ohrfeigt ihn.*

KLAMANN *pfeift: DU HAST GLÜCK BEI DEN FRAUN BEL AMI.*

BOLBIG: Das wirst du abarbeiten, Thälmann. Du hast Glück, daß du kein Mann bist, Ingenieur.

Barka *zur Schlee, hutschwenkend:* Es war mir ein Vergnügen.
Zur Brigade:
Wir leben nicht ewig, Schluß mit dem Zirkus jetzt
Da fährt Beton, sieben Dumper, teilt euch die.

Klamann: Mich laß aus, Brigadier.

Barka: Wenn deine Partei hier das Krumme grad macht,
flaggen wir auch rot, Klamann.
Dein drittes Auge, wenns dich ärgert, reiß aus.
Reißt Klamann das Parteiabzeichen ab.
Die Partei kommt und geht, wir arbeiten.
Den ersten Dumper fährst du. *Brigade ab.*

Schlee: Ist es üblich, daß eine Brigade der andern den Beton stiehlt oder haben Sie das eingeführt hier, weil der Plan ein Fetzen Papier ist für Sie?

Barka: Die Welt ist ein Boxring und die Faust hat recht.
Ein Schritt aus der Deckung und du gehst zu Boden.
Ein Schlag zuviel und du wirst ausgezählt.
Der Kommunismus ist was für die Zeitung.
Was wird aus dem Beton, wenn wir ihn nicht klaun? Sind Sie am Kraftwerk gewesen? Machen Sie Ihre schönen blauen Augen auf, eh Sie den Mund aufmachen gegen uns, Fräulein –

Schlee: Schlee. Und meine Augen sind grau.

Barka: Graugrün, wenn Sies genau wissen wolln.
Und den Plan sabotieren die Planer, sie werden bezahlt dafür, wir müssen uns selber helfen seit 1880 – *auf Hasselbein:* fragen Sie den, er weint alle Tage darüber und ändert nichts, auch ein Ingenieur. *Ab.*

Hasselbein: Majestät der Brigadier haben gesprochen. Mit dem Kraftwerk hat er recht, und fragen Sie mich nicht, warum ich den Betonraub übersehe; mit dem Ingenieur hat er auch recht; Hamlet in Leuna, Hans Wurst auf dem Bau, Zweiter Clown im kommunistischen Frühling. Mein Kopf ist mein Buckel. Staub vor den Ellbogen der Praktiker, Halm, der trocken steht im Prämienregen, Schaf unter Wölfen, das unglückliche Bewußtsein, Hegel, Phänomenologie des Geistes, römisch vier. Ich habe zwanzig Pfund verloren hier. Die zwanzig Pfund sind nur ein Vorschuß. Und wenn wir in den Wolken baun, am Ende sind wir Baugrund, was nicht auf den Mond fällt, wächst nach unten. Man soll sich nicht vordrängen, treten Sie zurück, ein Dumper. Sie brauchen sich nicht vorzustellen, ich habe Sie von weitem verehrt auf der Hochschule, eine traurige Gestalt mit kurzsichtigen Eulenaugen damals schon. Sie werden mich nicht bemerkt haben, genausowenig wie Sie mich heute bemerkt haben würden ohne den freundlichen Hinweis des Brigadiers. Sie brauchen sich nicht zu entschuldigen, ich würde mich selbst überfahren, wenn ich einen Wagen hätte, rotäugig von Kalkstaub und schlaflosen Nächten vor Ihren Novizenaugen mit dem frischen Hochglanz aus der Gewi, sprich Theologie für Kosmonauten. Meine Träume haben ihren Platz gefunden alle in Belferts geräumigem Schreibtisch, Muster ohne Wert. Übrigens bin ich nicht betrunken. Ich habe keinen Menschen hier, mit dem ich ein Wort reden kann, das nicht in der Zeitung steht. Im Schoß der Familie auch nicht: mein Vater ist Pastor und redet mit mir durch den Mund Gottes.

Donat geht vorbei. Schlee sieht ihm nach.

SCHLEE: Ich habe Sie wirklich nicht bemerkt auf der Hochschule. *Gehen.*

HASSELBEIN: Regen. Wasser mit Strontium. Nehmen Sie meinen Hut, wenn Sie keinen Minotaurus gebären wollen. Pasiphaë, Königin auf Kreta, ließ sich von dem weißen Stier begatten in der hölzernen Kuh, gebaut von Dädalus, dem Ingenieur des Königs. Sie gebar den Minotaurus, eine Mutation: halb Mensch halb Stier. Was sind die Ehebrüche der Vorzeit gegen den Beischlaf mit der Bombe! Picasso ist ein Realist, die Narrenhand im Schauhaus, er malt die Schrecken der Verwandlung, in zehn Tagen wird er ein Naturalist sein, wenn Belfert hier Bauleiter bleibt. Wir bauen auf den Leichnam der Erfahrung, wir waschen ihn weiß in jeder Produktionsberatung, wir vermehren uns wie Oedipus, im Krebsgang. Vorsicht, Grube. Zwanzig Arme werden Sie auffangen unten, keine Schaufel mich. Die alten Privilegien. *Pfiffe aus der Baugrube.* Sie werden sich als Mann verkleiden müssen, wenn Sie hier arbeiten wollen. *Mustert sie.* Es wird nicht leicht sein. Von mir haben Sie nichts zu fürchten, mich setzt ein Wimpernschlag außer Gefecht. Sehn Sie den Montagekran? 200000 Mark, und arbeitet als Maulwurf, sehn Sie mich: Ingenieur, ich habe 80000 Mark gekostet und arbeite als Clown. *Beide ab.*

ERSTE STIMME: He, was ist los?

ZWEITE STIMME: Die neue Technik streikt.

FERNE STIMME: Ihr kriegt Besuch. Der neue Parteisekretär.

ZWEITE STIMME: Pünktlich zum Lorenschieben.

ERSTE STIMME: Den geh ich mir ansehn.

Kleiber. Gablonzki.

GABLONZKI *hebt die Hand:* Baustelle. Betreten verboten.

Donat.

Sabotage nur auf Befehl der Bauleitung
Und schriftlich. Kinder haften für die Eltern.

KLEIBER: Hast du schon einen Agenten gesehn der wie ein Agent aussieht?

GABLONZKI: Kann sein, das wissen die Agenten auch schon.

KLEIBER: Wie hast du das ausgerechnet so schnell und mit dem nackten Kopf?

Bolbig, Klamann, dann Barka.

BARKA: Ist Sonntag? Solange wir arbeiten, arbeiten wir.
Zu Klamann:
Paß auf, daß dein Genosse vom Gerüst bleibt.
Wenn er sich hier den Hals bricht, gehts auf mich.
Und keine Politik auf meiner Baustelle
Wir kennen alle Märchen, sag ihm das.

DONAT *zu Klamann:* Habt ihr Arbeit für mich, Genosse?

BARKA: Bring ihm einen Schreibtisch.

DONAT: Mein Schreibtisch ist der Bau. Ich weiß nicht, ob ich eine Betonpumpe ersetzen kann, Lorenschieben hab ich gelernt.

BOLBIG: Zehn Runden und du kannst das Kapital
Von der Kommune nicht mehr unterscheiden.

GABLONZKI *zu Donat:*
Die Toten werden nach Feierabend gezählt.

Alle ab. Schlee, Hasselbein.

HASSELBEIN: Die Vorhut hinter der Lore. Mit geklautem Beton. Ich habe auch den Wetterbericht geglaubt. Die Schwalbe ist erfroren. Der dritte Parteisekretär in einem

Jahr: die Revolution ist kein Beruf mehr, seit sie in der Ökonomie stattfindet, wer mit dem Kopf durch die Wand will, muß die Wand im Kopf haben, der Volkswirtschaftsplan ein homerisches Epos, Menschen die Götter im Wettlauf mit ihren Terminen unterm Fuß der Zeit. „Kommunismus, Endbild, immer erfrischtes, mit kleiner / Münze zahlt ihn der Alltag aus, unglänzend, von Schweiß blind." Praxis, Esserin der Utopien.

SCHLEE: Hamlet in Leuna.
Wasch dir die Nacht aus dem Gesicht, mein Prinz.

HASSELBEIN: Und mach dem guten Dänmark schöne Augen.

SCHLEE: Grimassen nimmt der Spiegel nicht mehr an.
Wie halten Sie es aus mit Ihnen? Ich würde mich mir nicht gefallen lassen so, nicht lange. Warum leben Sie?

HASSELBEIN: Eine interessante Frage. Sind Sie sicher, daß ein Leben für die Antwort ausreicht? Sie sollte nicht erlaubt sein, nicht vor Feierabend, nicht solange eine Betonpumpe zählt. Fragen Sie mich nach hundert Jahren wieder.

Brigade. Donat.

BOLBIG: Zähl deine Knochen gleich nach, Sekretär.
Nach Ladenschluß keine Reklamation.
Kannst du die Fahne noch halten? Paß auf
Daß sie dir nicht wegschwimmt im Bauschlamm, frag Elmer
Häuptling bei den Bombern, ein Knall ein Wasserwerk
Drei Kinder auf der Universität jetzt
Umsonst. Warum? Es sind Arbeiterkinder
Weil er den Bomber mit dem Bau vertauscht hat.
Zu Elmer: Bleib ruhig. Der weiß mehr über dich als du. *Zu Donat:* Und wenn du wissen willst, was eine Fahne kostet, frag Bastian, er hat eine Stadt auf dem Rücken getragen, deine ganze Partei hat Platz drin dreimal, wenn du die Steine zusammennimmst.

GABLONZKI: Was willst du, Lorenschieben kann er.

KLEIBER: Wie lange?

DONAT: Solange nicht, daß ich mich dran gewöhne.

BOLBIG: Gablonzki. Er kann seinen Namen nicht schreiben, er bricht sich drei Finger dabei, die Lore balanciert er auf dem nackten Daumen. *Zu Gablonzki:* Laß dein Messer stecken, die Römer konnten auch nicht Deutsch und haben die Kanalisation erfunden. *Zur Schlee, auf Hasselbein:* Das ist kein Mann für Sie, Kollegin. Bei dem regnets durch.

BARKA: Und keine Frau für dich. *Zu Donat:* Mach einen Zimmermannstanz mit mir, das wärmt. Hast du Angst, Sekretär, vor der Arbeiterklasse? *Zieht das Hemd aus.*

BASTIAN: Das ist nicht deine Hochzeit, keine Scherben.
Zu Donat:
Vergiß es. Der Verlierer bist du, Brigadier
Und wenn du dreimal oben bist, es ist unten.
Und der Partei ein Bein gebrochen hast du
Wenn seine Bügelfalte einen Knick hat.
Wir sind kaum warm hier. Willst du wieder ziehn?
Muß es der Blechnapf sein? Mir reicht die Kantine.
Es ist nicht meine Angst, ich hab gesessen.

DONAT: Warum?

BASTIAN: Weiß ichs.

KLEIBER: Er hat dem Amerikaner die Atombombe verkauft.

BASTIAN: Ich machs nicht wieder.

BOLBIG: Es ist Sport, was willst du, die Partei ist dafür.

SCHLEE: Soll ich das Fernsehn bestelln? Die führende Rolle auf dem Rücken im Bauschlamm. Schlimm genug, daß Sie gestohlenen Beton karrn.

DONAT: Eine Autorität, die in der Kreuzlage aussetzt? Was haben Sie gegen Bauschlamm? Über den Beton reden wir später, danke für den Hinweis. *Zu Bastian:* Was hast du gegen Sport, Kollege? *Zu Barka:* Du bist nicht die Arbeiterklasse, ich bin nicht die Partei.

BOLBIG: Kannst du beten, Klamann?

SCHLEE *zu Klamann:* Wenn Sie sich schon Ihr Parteiabzeichen wegnehmen lassen von einem Rowdy, der zufällig Ihr Brigadier ist, oder nicht zufällig, sein Sie wenigstens klüger als der Sekretär jetzt, tun sie was. *Zu Hasselbein:* Und Sie. Verzeihung, ich hatte vergessen, daß Sie nur Ihr eigner Kopf sind.

Zimmermannstanz. Barka stößt Donat um. Beifall der Brigade.

SCHLEE *zu Donat:* Mein erster Tag auf einer Großbaustelle. Vielen Dank für die Lektion.

DONAT *sitzend:* Johanna an der Basis. Was haben Sie erwartet, Tochter Frankreichs? Daß die Partei als Erzengel über den Bau geht? Hab ich gehn gesagt? Schreitet, entschuldigen Sie. *Zu Hasselbein:* Ist das Ihr Bauabschnitt, Ingenieur?

HASSELBEIN: Auf dem Papier. Sie haben die herrschende Klasse kennengelernt. Ich spezialisiere mich hier auf den Fragmentbau.

DONAT: Was brauchen Sie, um hier ein Wasserwerk zu baun?

HASSELBEIN: Ein Wunder.

DONAT: Wunder sind mein Ressort. Ich brauche Zahlen. Geben Sie mir Zahlen, eine Technologie, die stimmt.
Pause.
Ich höre, Sie baun gern Fragmente.

HASSELBEIN: Lieber Ruinen baun als Steine klopfen.
Helden im Kino oder auf dem Bildschirm. *Ab.*

SCHLEE: Ich werde eine Technologie machen.

DONAT: Sie?

SCHLEE: Ich.

DONAT: Ihre Gleichberechtigung ist Gesetz, gleiches Recht auf Schwierigkeiten. Spätestens seit Ihr Name in einem Parteidokument steht, kann er gelöscht werden, wenn Sie das Richtige tun gegen die falschen Leute im falschen Moment. Die Unterlassung ist die Sünde vor der Nachwelt. Mit der wir im Vertrag stehn. Sie werden es in Ihrer Freizeit machen müssen.

SCHLEE: Ja. *Ab.*

KLEIBER: Ich weiß was Bessres in der Nacht als Rechnen.

BOLBIG: Ich bin ein Stier, Kollegin, in Mathematik.
Zu Donat:
Wenn du auf Grund gehst bei der VVB
Wir halten dir den Platz frei an der Lore.

BARKA *zur Brigade:*
Wir brauchen Schalholz. Heute nacht am Kraftwerk.

Gehn.

DONAT: Bleib, Brigadier.

BASTIAN: Das ist die zweite Runde.

KLAMANN: Der Sekretär will mit dir reden.

BARKA: Und ich nicht
Mit ihm.

DONAT: Wo willst du hin? Mein Arm ist länger
Und was ich dir jetzt sag gilt überall hier:
Der Bau ist kein Boxring, mach deine Faust auf
Oder aus deinen Händen keine Wand mehr.
BARKA: Ich habs gehört.
Zur Brigade: Am Kraftwerk.
ELMER: Mich wirst du dort
Nicht sehn, Brigadier.
BASTIAN: Er hat recht, es ist Dummheit.
KLEIBER: Ich bin dabei.
GABLONZKI: Und ich.
BASTIAN: Was weißt du, Blauhemd.
KLAMANN: Mit der Partei leg dich nicht an.
BOLBIG: Wer braucht wen?
Der Film läuft rückwärts, wenn wir unsre Arbeit
Zurücknehmen hier, die Wand läßt von der Wand
Die Steine rennen rückwärts ins Gebirge.
BARKA: Der Plan, wenn er sich querstellt, ist ein Arschwisch
Du willst ihn ändern und ich habs getan
Du in der Leitung, auf dem Baufeld ich. *Ab.*

DER FEHLER

Baustelle
Donat. Bezirkssekretär. Stellvertreter.

BEZIRKSSEKRETÄR: Es gefällt mir nicht, daß ich die Baustelle wiedererkenne. Mit der Ausnahme, die mir noch weniger gefällt: auf jedem Abschnitt rosten zwei Exemplare neuer Technik mehr. Ein Tag ist ein Jahr, was hast du getan in dreißig Jahren? Wir haben dich nicht zum Lorenschieben hergeschickt, am wenigsten dazu, daß du gestohlenen Beton karrst. Wenn du dich beliebt machen willst, mußt du die Arbeit wechseln. Beliebt sind Schlagersänger, sie werden bezahlt dafür. Wir sind die Handlanger der undankbaren Enkel, dafür werden wir bezahlt. Nicht so gut. Wann wird der Brigadier entlassen, dein Tanzpartner? Wir baun die Industrie von morgen, das Fundament heißt Disziplin. Ich will dabeisein, wenn die Produktion anläuft, nicht nur im Geist oder als Götzenbild auf Sperrholz. Und ihr arbeitet noch nicht einmal im Dreischichtsystem.

STELLVERTRETER: Darf ich dich daran erinnern, daß der Arzt dir das Rauchen verboten hat?

BEZIRKSSEKRETÄR: Den Faschismus hat er nicht verboten. Du hast recht, gib mir Feuer. Kritisierst du mich? Meine Arbeit war ein Fehler, wenn sie mich nicht ersetzt hat. Du hast sie dir gefallen lassen. Selbstkritik, Genosse Stellvertreter.

Donat gibt ihm Feuer.

Er hält mich für ersetzbar. Danke für das Kompliment.

ARBEITER *aus dem Boden:* Rauchen verboten, wenn ihr den Kommunismus noch erleben wollt. Erdgas.

STELLVERTRETER: Dein Kompliment war ein Mordversuch.

BEZIRKSSEKRETÄR: Soll ich es dir zurückgeben? Der Brigadier –

DONAT: Wenn ich hier was zu sagen habe, bleibt er.

STELLVERTRETER: Du stehst nicht vor der Mitgliederversammlung, du redest mit deinem Bezirkssekretär.

BEZIRKSSEKRETÄR: Ich hoffe, du hast andre Töne vor der Mitgliederversammlung auch. Wie kannst du der Bezirksleitung widersprechen, solange du nicht das Politbüro selber bist? Er kritisiert mich wieder. Er will meinen Schreibtisch. Meine Meinung hat er schon. Ich weiß nicht, ob du mich verstanden hast. Erzähl mir nichts von Baurekorden, Rekorden mit geklautem Material. Ein teures Beispiel, ein Durchbruch nach hinten, nächstens prämieren wir die Sabotage. Lange genug haben wir den Durchschnitt an die Beispiele verfüttert. Der Durchschnitt ist das Beispiel. Und komm mir nicht mit Lenin, daß die Massen klüger sind als die Partei, ich seh dir an, daß du nach einem Zitat ausholst; ihre Fehler das Echo unsrer Fehler. Ja, wenn sie lernen, was sie wissen. Von wem sollen sie es lernen, wenn nicht von der Partei? Fehler werden auf dem Vormarsch korrigiert. Lies Lenin, du bist kein Intellektueller, du kannst ihn verstehn. Wir haben dich unter den Massen vorgezogen 53 am siebzehnten Juni, als du sie überzeugen wolltest gegen unsre Anweisung mit Reden. Sie haben dich mit Füßen widerlegt zum Gaudium der Kleinbürger hinter den Gardinen, die Knöchel unsrer Polizei waren weiß vom Schießverbot, der Operationstisch war deine Plattform. Hast du keine Strategie gelernt unter den Schuhn, keine Parteidisziplin unterm Messer?

DONAT: Wir haben eine Staatsgrenze seit gestern, unsre Panzer stehn am Brandenburger Tor gegen den dritten Weltkrieg. Wann wird der Brigadier entlassen, vielleicht sagst du mir auch, wohin? Soll ich ihn auf den Mond schießen? Der Himmel ist kein Aus mehr seit Gagarin. Ich weiß nicht, ob ich dich verstanden habe. Mein Dokument ist ein Stück Papier, wenn der Brigadier entlassen wird.

STELLVERTRETER: Ich bin sicher, daß er unrecht hat.

Barka.

BARKA: Gratulation zum Schutzwall. Ihr habt gewonnen eine Runde, aber es ist Tiefschlag. Hätt ich gewußt, daß ich mein eignes Gefängnis bau hier, jede Wand hätt ich mit Dynamit geladen.

DONAT: Das ist Barka. Das ist der Bezirkssekretär.

STELLVERTRETER *zu Barka:* Nimm die Hände aus den Taschen, er hat deinen Wartburg bezahlt.

DONAT: Hör zu, Brigadier: wir werden in drei Schichten baun, ich muß dir nicht erklärn warum, der Bau wird Industrie. Deine Kollegen haben abgelehnt, meine Genossen auch fürs erste, warum muß ich dir auch nicht sagen. Einer wird anfangen, was kommt kommt, wenn ich es nicht durchsetze, setzt es der nächste durch, die Zeit der Helden ist vorbei, jeder auf seinem Platz der erste oder es ist nicht sein Platz. Du bist der eine, mach uns den Anfang.

BARKA *zum Bezirkssekretär:* Habt ihr die Handschelln in der Tasche? *Zum Stellvertreter:* Ich zahl mit meinen Händen seinen Wolga. *Zu Donat:* Warum ich? Was wird am Wasserwerk? Baun wir weiter oder lassen wirs dem Regen? Hasselbein hat uns zum Kraftwerk kommandiert, Anweisung von Belfert, und seine Brille verlegt in der Baubude, damit er nicht sieht, ob wir gehn. Baun wir weiter?

STELLVERTRETER *zum Bezirkssekretär:* Handschellen. Ich muß mich bei dir entschuldigen, du hast recht.

DONAT *zu Barka:* Belfert hat euch ans Kraftwerk geschickt, Belfert ist Oberbauleiter, wollt ihr die Arbeit verweigern?

Barka ab.

STELLVERTRETER: Wann wird der Brigadier entlassen?
DONAT: Morgen.
BEZIRKSSEKRETÄR: Dein Dokument ist ein Stück Pappe, wie?
Recht hattest du, der Brigadier muß bleiben.
Die schnellen Freunde sind die schnellen Feinde
Wir brauchen jeden, der uns was abverlangt.
Zum Stellvertreter:
Wir müssen weiter.
Zu Donat: Wenn du einen Rat willst
Aus deinem Engpaß zwischen Plan und Bau:
Vergiß das Kollektiv nicht überm Tempo.
Die Zukunft ist das größre Kollektiv.

Donat. Schlee. Hasselbein.

DONAT *zur Schlee:* Wo ist die Technologie?
HASSELBEIN: Wie lang ist der Dienstweg.
DONAT *zur Schlee:* In Belferts Schreibtisch immer noch?
SCHLEE: Nicht mehr.
HASSELBEIN: Die VVB sitzt drauf, ein breitrer Hintern. Der Papierkorb faßt auch mehr dort.
SCHLEE: Papier.
DONAT: Was sagt der breite Hintern?
SCHLEE: Warten.
DONAT: Undsoweiter.
Warten und warten und die Zeit läuft Krebsgang
Warten, bis hinten vorn wird, bis der Bau
Aufs Fundament schrumpft wie das Hemd in der Wäsche
Und Gras, die grüne Null, zählt den Beton aus.
Warten und eine Hand nagelt die andre
Und was du übers Knie brichst, bricht dein Knie
Und auf den Knien marschiert die Revolution.
Warten auf gestern, aus dem Sarg in die Mutter
Und vorwärts in die Steinzeit.

Hebt einen Stein auf, zu Hasselbein:
Das ist Ihr Werkzeug. Sagten Sie Bauindustrie?
Die Zukunft, Ingenieur, ist aus der Mode – schimpfen Sie weiter, Sie sind parteilos. Baun ist ein Fehler. Warten ist ein Fehler. Was tun wir?
SCHLEE: Baun.
DONAT: Hab ich Sie gefragt? Wir baun.
HASSELBEIN: Sagten sie baun? Ich hör schwer ohne Brille.

Alle ab.

Brigade.

BOLBIG *singt:*
Schönes Kind aus Baden-Baden,
Ach wie rund sind deine Waden –
Nicht mehr für uns ab gestern.
Pause.
Lang wart ich nicht mehr.
Pause.
Geld ist nicht alles, was ist mehr. Zum Kraftwerk.
Habt ihr Fünf richtig? Elmer, alter Preuße
Wir sind zum Kraftwerk kommandiert, Helm auf.
KLEIBER: Der Brigadier.
KLAMANN *zu Bolbig:* Da gehts zum Kraftwerk, Bolbig.

Barka.

BOLBIG: Wir feiern Richtfest. Hoch die Mauer. Dein Bier.
BARKA: Mir ist die hoch genug. Das Bier stell kalt.
KLEIBER: Baun wir weiter?
BARKA: Nein.
KLEIBER: Zum Kraftwerk?
BARKA: Nein.
KLAMANN: Streik? Das ist ein Schritt weiter als ich mitgeh.
ELMER: Und ich.
KLEIBER: Elmer, vier Kriegsjahre, drei über den Wolken
Schrecken Europas, auf dem Bauch vor der Partei.
ELMER: Als mich der Russe auf den Bau geschickt hat
Hast du dich mit der Hand rasiert noch. Darum.
Ohrfeigt ihn.
BOLBIG *zu Barka:*
Demokratie. Drei Stimmen gegen deine.

Zu Elmer und Klamann:
Sind wir einig, Genossen? Worauf warten wir?
BARKA: Du kannst das Herz aus der Hose nehmen,
Klamann
Wir streiken für die Partei.
BASTIAN: Für den Verrückten
Der morgen Loren schiebt, selber parteilos
Wenn er vor Feierabend nicht zu Kreuz kriecht
Und er wird kriechen und du bist der Schwarze.
Überlegs dir, Brigadier. Ist es dein Bau?
BARKA: Mein Bau oder nicht, es ist meine Arbeit.
Und daß ihrs gleich wißt: demnächst in drei Schichten.
BOLBIG: Hast du drei Schichten gesagt?
GABLONZKI: Muß das sein?
BASTIAN: Das ist
Der Ehrgeiz, der hat Völker aufgerieben.
Mit der Schicht fängts an, dann kommt die
Qualifizierung
Dann kommt der Schwanz: Fließ und Komplex und
wieder
Die Qualifizierung. Und das fünfte Rad sind wir.
GABLONZKI: Hast du Rad gesagt? Der zehnte Fußabtreter
Arschwisch dreitausend sind wir und beschissen
Von Freitag früh bis ins Neandertal.
KLEIBER: Nachtschicht, da kann ich gleich ins Kloster gehn.
Auf zehn Kühltürme wächst ein halber Baum hier
Kein Platz für Liebe zwischen Morgen und Abend
Im Geiseltal baun sie jetzt auch, kein Gedanke
An Deutschlands Zukunft. In der Baracke vielleicht?
Hut ab, zur Sonne:
Du wirst mir fehlen, Gelbe.
BOLBIG: Wir können laufen, er hat seinen Wartburg.
Wir warten zwanzig Flaschen leer auf ihn
Und er, was macht er, geht mit der Partei fremd
Und holt sich das Dreischichtsystem. Bist du
Vor ihrer Mauer in die Knie gegangen?
Haben sie dich scharf gemacht mit einer Prämie
Oder bist du schon so weit, daß du umsonst kriechst?
KLAMANN: Der Arsch von Bolbig, Mittelpunkt der Welt.
BOLBIG: Fühlst du dich stark, den Ostwall hinter dir?
Ist dir ins Fleisch gewachsen neuerdings

Was dir dein Brigadier, Genosse morgen
Wenn er sein Tempo hält und bleibt auf den Knien,
Vom Frack gerissen hat vor nicht viel Wochen?
Das gibt Blutvergiftung, das muß operiert werden,
Klamann.
Zu Elmer, der sich vor Klamann stellt:
Bomben auf England und jetzt Hoch die Mauer.
KLEIBER *stellt sich vor Elmer:*
Lang hat sie nicht gehalten, eure Volksfront.
BASTIAN: Laß die Toten die Toten begraben, sie sind mehr.
Zwanzig Jahr vor dir, Bolbig, warst du auch braun.
Sauf Wasser wenn der Globus Blut schwitzt
Nichts gegen Klamann, einer muß dran glauben
Früher haben sie Jungfraun geopfert, paßt auf
Daß er unschuldig bleibt, nur solang gilt er.
Der Brigadier muß saufen, gebt ihm Bier.
Seit er mit Saufen aufgehört hat, denkt er.
Das greift den Verstand an, nimm die Intelligenz
Zum Beispiel, Hasselbein, und wenn der Prolet hier
Mit dem Denken anfängt, hat er schon verspielt
Gegen die Partei, schuld ist der Wartburg –
BOLBIG: Schuld ist
Das Weib. Kannst du mit dem Arsch wackeln, Kleiber?
Tut es.
Und nächstens geht er auf den Händen vor ihr.
Auf dem Bauch vor der Partei, vor dem Weib auf
Händen.
BARKA *zu Bastian:*
Der Globus dreht sich, Alter, halt die Welt an.
GABLONZKI: Warum machst du den Streber, Brigadier?
Wer kann uns? Weißt du noch, Schwarze Pumpe
Der Krieg um die Prämie, gestrichen für Betonklaun
Am ersten Mai, jeder ein Stuhlbein und
Die Zähne hatten Ausgang, und die VP
Schlief noch, da haben wir Beton geklaut schon
Auf dem nächsten Bau eine Lohngruppe höher.
BARKA: Vergiß es. Erklärs ihm, Klamann. Dein Abzeichen
Gibt Klamann das Parteiabzeichen zurück, der steckt es ein.
Du bist drin oder du bist nicht drin. Steck an
Klamann tut es.
Und sags –

Klamann schweigt.

BOLBIG: Nicht so laut, Klamann, mir platzt das Trommelfell.
KLEIBER: Wo der Junge das herhat. Ein Kopf.
GABLONZKI: Warum bist du noch nicht Minister, Klamann?
KLEIBER: Klamann in Rom und der Papst wird katholisch.
BOLBIG: Hör auf, sonst bricht der Kommunismus aus hier, eh deine Partei auf Grün geschaltet hat.
KLAMANN *zu Barka:*
Ich war zu lang in keiner Versammlung.
BARKA: Ab heute gehst du wieder hin. Ich sag euch
Warum. Weil ich euch sonst die Knochen breche.
BOLBIG: Das werden wir sehn, wer wem die Knochen bricht.

Donat, Schlee, Hasselbein.

DONAT: Wollt ihr hier warten, weil die Welt sich dreht
Bis das Kraftwerk vorbeikommt?
GABLONZKI: Wir streiken.
BARKA: Das Wasserwerk
Mit allen Vieren, und im Dreischichtsystem.
Am Kraftwerk keine Hand, sind wir einig?
DONAT: Nein.
BARKA: Willst du dir selber in den Rücken falln?
Ohne mich. Wenn du den richtigen Kurs fährst
Gegen die falsche Planung, was riskierst du?
Ein Schönheitsfleck in deiner Kaderakte
Oder du wirst zum Arbeiter befördert
In die herrschende Klasse. Wenn ich dir den Helden mach
Für dein Dreischichtsystem, fällt mir vielleicht
Ein Kühlturm ins Genick im Dunkeln.
Es war ein Angebot. Fahr allein Karussell.
Zur Brigade:
Hab ich drei Schichten gesagt? Vergeßt es. Zum Kraftwerk.
SCHLEE: Sie können am Wasserwerk bleiben.
KLEIBER: Wer ist das?
Die haben wir doch schon wo gesehn.
GABLONZKI: Im Kino.
BOLBIG: Der neue Bauleiter. Hasselbein hat seine Hosen ausgezogen mit der Brille. Frierst du im Hemd, Ingenieur?

DONAT *zur Schlee:* Sie müssen auf dem Dienstweg bleiben – *zu Barka:* du auch. *Zu Hasselbein:* Sie sind der Bauleiter.
HASSELBEIN: Nicht mehr lange. Belfert.

Belfert.

BELFERT: Hasselbein. Ich telefoniere mir die Finger ab nach Ihnen und Sie treiben sich auf dem Gelände herum. Warum arbeiten die Leute nicht am Kraftwerk, wie ich angeordnet habe? Ich bin allerhand gewöhnt von Ihnen, wenn Sie meine Anordnungen sabotieren hört der Spaß auf, ich lasse mir nicht auf dem Kopf herumtanzen.
HASSELBEIN: Eine Platzfrage.
BELFERT: Wie?
HASSELBEIN: Sie sagen es. Ihr Kopf ist zu klein.
BELFERT: Wenn Sie so weitermachen, häng ich Ihnen die Gewerkschaft auf, da können Sie sehn wo Sie bleiben, ich esse Sie zum Frühstück, ich mache Sie zum Kulturfunktionär.
HASSELBEIN: Ich bin der letzte, der die Weisheit Ihrer Befehle in Zweifel zieht. Ich hätte sofort eine Atombombe angefordert und die Baustelle dem Erdboden gleichgemacht – *Verbeugung gegen Donat* – unter Führung der Partei versteht sich, hätte ich den Schatten eines Saboteurs bemerkt hier. Sein Wahnsinn ist des armen Hamlet Feind. Sehen Sie selbst, ich bin blind wie Homer ohne Brille. Sie sind Luft für mich. *Geht „blind" auf Belfert zu, der ausweicht.* Meine Brille, und ich hebe die Welt aus den Angeln. Übrigens unterschätzen Sie die Rolle der Kultur. Wissen Sie, wer Theben gebaut hat, Stadt in Böotien, viertausend Jahre alt? Ein Kulturfunktionär. „Aber Amphion schlug die dreisaitige Leier und Steine / paarten mit Steinen sich und siebentorig stand Theben." Drei Saiten. Stellen Sie sich den Effekt von zehn Klavieren vor. Ihre Einladung zum Frühstück muß ich ausschlagen: ich bin ein Kader.
BELFERT *hält sich die Ohren zu:* Ist keiner hier, der ihm das Maul stopft, eh er mich in die Klapsmühle treibt oder ins Zuchthaus? Eine Prämie für einen Maulkorb. Hören Sie auf, Mensch, ich verspreche Ihnen was Sie wollen. Mir ist Strafe genug, daß ich Ihr Chef bin, machen sie mich nicht zu Ihrem Mörder.

Schlee: Der Unterschied ist nicht so groß.

Belfert: Noch ein Verrückter. Eine Verrückte, entschuldigen Sie. Der Unterschied ist auch nicht groß. Nicht mehr. Die Rippe hat sich ausgewachsen. Weiber auf dem Bau. *Zu Hasselbein:* Stellen Sie meinetwegen zwanzig Klaviere auf hier, aber schweigen Sie um Gotteswillen. Schicken Sie die Leute zum Kraftwerk und kein Wort mehr.

Donat: Eine Investleiche für den Quartalsbericht oder ein Wasserwerk für die Chemie, was willst du? Ich will das Wasserwerk. Und im Dreischichtsystem. Der Brigadier wird uns den Anfang machen, die Bezirksleitung fordert es, deine Einwände heb auf für die Parteiversammlung, hast du Einwände? Eh wir sitzen für die Plankorrektur, steht das Wasserwerk. Du brauchst mir nicht zu sagen, daß ich einen Fehler gemacht habe. Das weißt du auch: Ich würde einen größeren Fehler machen jetzt, wenn ich ihn korrigiere, und wenn du ihn zementierst, machst du den größten. Ich bin zu eilig vorgegangen, es war über deine Autorität, geh mit, dann hast du sie wieder.

Belfert *zur Schlee:* Ich sehe, daß ich Sie unterschätzt habe. Ich fange an zu begreifen, was da auf uns zukommt. Mir bricht der Schweiß aus vor der Zukunft, wenn ich sehe, was eine einzige Frau auf einer Baustelle anrichten kann. Ich werde eine Parteistrafe beantragen für mich auf der nächsten Leitungssitzung, weil ich Sie nicht nach Hause geschickt habe am ersten Tag. Den Plan ändern. Wenn hier einer den Plan ändert, ist es die Plankommission. Ich habe nur ein Rückgrat. Sie auch, Hasselbein. Baut was ihr wollt, einen Privatflugplatz oder ein Mondgebirge, aber zeigt mir ein Papier.

Schlee: Ich frage mich, warum Sie noch in der Partei sind.

Belfert: Ich frage mich, wie lange Sie drin sein werden.

Donat: Hier ist keine Parteiversammlung. *Da Schlee auf Belfert losgeht, zu Barka:* Halt sie fest.

Barka tut es.

Belfert: Die drei Schichten sind ein alter Traum von mir. *Zu Barka:* Mich freut besonders, daß gerade Sie den Anfang machen wollen, Sie haben einiges gutzumachen schließlich, und ich rate Ihnen, machen Sies am Kraftwerk. Vielleicht habe ich manchmal nicht den richtigen Ton gefunden, immerhin, Sie sind noch auf der Baustelle trotz allem, ich habe Sie gehalten bis jetzt. *Zu Hasselbein:* Mit oder ohne Brille, es ist Ihr Bauabschnitt. Ich glaube nicht, daß Ihnen die Schiedskommission den Homer abkauft.

BARKA: Fundamente zertrümmern im Dreischichtsystem.

BASTIAN: Nächstens zahlen wir Strafe für jede Wand, die hält.

KLEIBER: Ein Verbesserungsvorschlag: was wir in der Woche baun, lassen wir zusammenschießen sonntags, wozu haben wir die Armee. Stellen Sie sich vor, was wir da einsparn.

HASSELBEIN: Ein Takt Bau, ein Takt Ruine. Ein Schritt vor, ein Schritt zurück. Das ist der Standpunkt, den Archimedes gesucht hat, die Quadratur des Kreises, der Stein der Weisen, die Taktstraße der Zukunft, der industrielle Gottesbeweis. Warum haben Sie nicht Theologie studiert?

BELFERT *zur Brigade:* Eurer Geld liegt am Kraftwerk, für die Lohnbuchhaltung seid ihr Luft hier, und die ist umsonst. *Ab.*

KLEIBER: Wenn es spukt am Lohntag in der Buchhaltung, das sind die Gespenster vom Wasserwerk.

BOLBIG *boxt Kleiber:* Was schreist du, das ist nur der Luftdruck. *Schlägt sich auf Arme, Brust, Schenkel.* Luft. Alles Luft. Ich bin eine Wolke in Hosen.

KLEIBER: Der Wind, das himmlische Kind.

BOLBIG: Mir nach, Gespenster, am Kraftwerk ist die Auferstehung. Hörst du die Mäuse heulen, Gablonzki? Willst du warten, bis dich der Wind mit du anredet hier? Bastian, alter Baugeist, hier spukst du ehrenamtlich. Zieh dein Fleisch wieder an, Elmer, Himmelhund. Klamann, wenn du auch in der Partei bist, mach nicht vorfristig den Engel. Wie fühlst du dich als Vogelscheuche, Brigadier? *Geht rückwärts.* Jetzt bin ich schon im zweiten Aggregatzustand, mit jedem Schritt wirds fester.

BARKA: Komm zurück oder ich schlag dich in den achten.

GABLONZKI: Das ist Freiheitsberaubung, Brigadier.

BARKA: Stimmt.

BASTIAN: Garantierst du den Lohn, Sekretär?

BOLBIG: Im Kommunismus, wenn die Bäume Eier legen.

BARKA: Haben wir schon was umsonst gebaut?
DONAT: Bei den drei Schichten bleibt es?
BARKA: Ich habs gesagt.
BOLBIG: Wenn du dich dreiteiln kannst. Ich hab mich nur einmal.
BARKA: Wir sprechen uns nach Feierabend.

Brigade ab.

DONAT *zu Hasselbein:* Sie können Ihre Brille wiederfinden.
Hasselbein tut es, geht ab.
Zur Schlee: Das wird mich eine Parteistrafe kosten. Ich muß aus dem Fehler einen Beschluß machen heute noch.

Sekretärin.

SEKRETÄRIN: Genosse Donat, morgen acht Uhr dreißig in der VVB. Der Chef schickt den Wagen. Er sagt, Sie wissen schon, worum es geht. *Ab.*
DONAT: Ein Fehler wird schneller gemeldet als korrigiert, und manchmal eh er getan ist. Ich hatte vergessen, daß es neben der kollektiven Leitung, die ich gerade mit Füßen getreten habe, seit achtzig Jahren die Telefonleitung gibt. Warten Sie.
Sekretärin zurück.
Helfen Sie mir die Parteileitung versammeln.
SEKRETÄRIN: Drei Genossen sind nach Zement unterwegs. Zement muß ja sein, zwei wegen der Kulturveranstaltung am Sonntag, Kultur muß ja auch sein. Gerade hat der Chef sie losgeschickt. Wenn Sie mit ihm allein sitzen wolln, er ist da, aber ich weiß nicht, ob er Zeit hat. Die Parteileitung ist nicht beschlußfähig vor morgen. *Ab.*
DONAT: Das Feld ist vermint, der Fehler bleibt mein Fehler. Da haben Sie ein Beispiel für Organisation. Ein Talent, ich fange an zu begreifen, warum Belfert Oberbauleiter geworden ist. Und daß er es bleiben muß, bis die Arbeit sich selber organisiert. Was könnte er leisten, wenn er nur zu telefonieren brauchte. Und soweit werden wir hoffentlich bald sein.
SCHLEE: Ich begreife nicht, wie er es bleiben konnte mit dem, was Sie sein Talent nennen, ich nenne es anders, auf einer sozialistischen Großbaustelle.
Donat lacht.

Ich weiß nicht, was daran komisch ist.

DONAT: Sie werden es auch noch lernen. Jetzt möchten Sie mir Ihr Parteidokument an den Kopf werfen. Tun Sies nicht. Ich würde es Ihnen wiedergeben, ein Fehler vor Publikum, die Mehrheit ist parteilos. Lassen Sie mich meinen zweiten Fehler nicht so bald nach meinem ersten machen. Meinem ersten hier. Unsre Macht ist nicht teilbar, unser Haß für den Feind, teilen Sie sich Ihre Gefühle ein. Sie müssen lange reichen und für viel. Was haben Sie gegen Belfert? Sie sehen, was er tut, ich auch, es gefällt Ihnen nicht, mir auch nicht, ich muß es bezahlen. Kann ich mir leisten, sein Talent zu übersehn, weil er es mißbraucht auf meine Rechnung? Ich bin Parteifunktionär, die Politik macht den Charakter, und die Politik mache ich hier, ich wollte, ich könnte schon wir sagen, wer ist nicht gern wir. Meine Arbeit, sein Vorzeichen zu ändern, nur die Null ist neutral gegen minus und plus. Die Ausnahmen später. Mit der Seele werden wir uns beschäftigen, wenn das synthetische Eiweiß in die Serie geht. Bis dahin Ökonomie. Die schmutzige Praxis. Ich muß meinen Gegenschlag vorbereiten, ich habs auch gelernt. Es soll mir lieb sein, wenn Sie es nicht mehr zu lernen brauchen. Nehmen Sie die Erde, Dunst und flüssiges Feuer am Anfang. Verbrennt sie uns die Sohlen? Kalt und fest rotiert sie unter den Schuhn. Sie ist beinahe schon bewohnbar. Haben Sie Majakowski gelesen? „Für euch / Hab ich den Schwindsuchtspeichel aufgeleckt / Mit der gerauhten Zunge der Plakate."

EIN KOMMUNIST

Flur
Donat. Alter Genosse.

ALTER GENOSSE: Der Anarchist. Und pünktlich zur Erschießung. Mit dir redet keiner, was? Mach dir nichts draus, um so mehr wird über dich geredet, um so lauter werden sie drin mit dir reden. Wie lang ist dein Mut, Bachirew? Uns konnten sie totschlagen, recht hatten wir. Weißt du, ob du recht hast, einer gegen zwanzig, zehn davon Genossen? Einer kann ein Feind sein, zwei können dumm sein, drei feig, aber zwanzig? Gegen den Feind ist leicht recht haben, aber gegen die Genossen? Der Mut braucht Wissenschaft, der Held muß rechnen können. Mein Diplom gilt nur an Feiertagen, auf mich kannst du da drin nicht zählen, ich hab die Ökonomie von unten gesehn, meine Universität war die Straße, ihr habt mehr von uns gelernt als wir. Manchmal mehr als wahr ist: unsre Niederlagen eure Siege, aber vielleicht haben die Schulbücher recht, was weiß das Denkmal von Geschichte. Kaum daß ich noch für die Gewerkschaftsarbeit tauglich bin oder als Beispiel für die Kinder, ein Veteran erzählt. *Hustet.* Rauch weiter. Ich hab nur eine Lunge zu verlieren, und die ist auch nicht mehr komplett. Leuna und Sachsenhausen.

Auftritt ein junger Genosse. Donat will ihm die Hand geben, er nimmt sie nicht.

Junger Genosse: Ich war auch mal jung im Industriebau, habe revolutionär mit R geschrieben und Elan groß. Laß die Karre laufen, wenn du von mir einen Rat willst, Selbstkritik, Schwamm drüber, das Weißwaschen der Gebrannten, die Kuhwärme des Kollektivs. Du gehst als Walgan aus dem Ring, wenn du uns den Bachirew zeigst hier.
Er will Donat die Hand geben, der nimmt sie nicht.

Alter Genosse: Ein Freund in der Not. Warum schlägst du seine Hand aus? Überlegs dir, sie wird dir nicht wieder geboten vor deiner Rehabilitierung. Und vielleicht hat er recht, wie? Die Karre läuft, ein Loch stopft das andre, was schern dich die Folgen. Das Leben hat den Arsch im Gesicht, Ordnung muß sein. Der Kapitalismus stinkt, bunt ist die Leiche, und es mußte mit dem Teufel zugehn, wenn wir ihn nicht einholn auf dem Weg ins Aus. Soll die Welt ändern, der sie gemacht hat, dein Gehalt läuft weiter, dir ist sie rund, laß die Enkel die Enkel begraben. Treibt dir der Hunger von Indien den Bauch auf, gehn deine Kinder in Hamburg auf den Strich und krepieren im Zinn von Bolivien? Die Pest über dich, wenn du umfällst. Daß du Prügel verdient hast, weißt du hoffentlich. Wenigstens die Hälfte von den Prügeln, die du kriegen wirst, hast du verdient. Oder ein Drittel, ich will nicht schönfärben. Der Starke ist am mächtigsten allein, wie? Wozu hast du die Partei? Da kommen deine Sparringspartner. Vor den Chemikern keine Angst. Die stehn über den Dingen, hoch wie ihr Gehalt, und das ist sehr hoch. Bei den Baupraktikern mußt du auf Distanz gehn, sonst kommst du aus dem Clinch nicht mehr heraus. Der Investmann. Auf seine Linke mußt du aufpassen. Belfert kennst du. Du wirst ihn kennenlernen. Die Pfaffen habens leicht: Gerechtigkeit den Toten. Bei uns ist jeder Tag der jüngste. Wir müssen sie uns aus den Zähnen reißen stückweis, die Gerechtigkeit. Deine Hand.

DONAT: Sie sollten dich öfter zu den Kindern schicken.

BAKELIT

Baustelle
Donat. Schlee.

DONAT: Ich bin was man glücklich verheiratet nennt, wir haben ein Kind von sechs. Mit der Partei verheiratet war ich schon vorher. Meine Frau hatte es nicht leicht: Hochzeit beim Talsperrenbau, Flitterwochen im Hochwasser, unser Kind ein Foto in meiner Brusttasche, unsre Gespräche kein Referat lang, zwischen zwei Sitzungen eine Umarmung. Ist das Bigamie? Kann ich verlangen, daß sie mich mit einer Frau teilt auch noch? Meine vierte Großbaustelle, Wismut, Schwarze Pumpe, Rostock vorher, in der Bauleitung am Schreibtisch sitzt mein Feind, es ist eine Berufskrankheit, ich komme dazu wie der Blitz zum Donner, Feinde in der VVB auch und im Ministerium, weil mir der Plan nicht heilig war, fünfzig schulterklopfende Feinde grasen mit hundert Augen meine Biografie ab und meine Kaderakte nach einem faulen Punkt, ich lebe unterm Mikroskop, sie graben mir das Wasser ab mit ihrem volkseigenen Schanzzeug, Kommunisten alle, bis der Staatsanwalt das Gegenteil beweist. Warum widersprechen Sie mir nicht, meine Feinde sind nicht meine Feinde, hab ich ein Recht, den Staatsapparat zu lästern, und wenn es die dritte Parteistrafe ist und dreimal unver-

dient. Ich hör sie jubeln über meine Unmoral, ich kenne die Musik, ich habe mitgesungen, wir stolpern schneller über die Hügel einer Brust als über den Kühlturm der zusammenbricht am Morgen nach der Prämie, nimm dein Gesicht weg, eh ich einen Fehler mache, ich bin ein Mann. Ich bin Parteifunktionär. Wärst du häßlich, wenigstens für mich. Ich bin der letzte, der es sich leisten kann, ich habe keine Augen für den Himmel, außer er ist schwarz vom Rauch aus unsern Fabriken, gelb von unsrer Chemie: Ich liebe dich.
SCHLEE: Ich weiß.
DONAT: Vergiß es. Das ist ein Parteiauftrag.

Schlee ab. Belfert.

BELFERT: Mein Beileid zur Parteistrafe.
DONAT: Meinen Glückwunsch zur Plankorrektur.

Belfert ab. Dreier.

DREIER: Ich bin dir einen Arm schuldig. Sags mir wenn du ihn brauchst.

Donat ab. Hasselbein.

DREIER: Sind Sie immer noch hinter mir her mit Ihrer Neuerung? Sie müssen viel Zeit haben, ich kriege meinen Lohn für meine Arbeit. Schaltafeln aus Plaste. Verrückt.
HASSELBEIN: Mein Vogel oder Ihre Prämie, versuchen Sies, beweisen Sie mir, daß ich ein Idiot bin.
DREIER: Ihre Erfindung ist Beweis genug.
HASSELBEIN: Ihre Arbeit an den Fundamenten war auch ein Novum in der Geschichte der Bauindustrie.
DREIER: Ich habe keine Zeit für Experimente.
HASSELBEIN: Zeigen Sie der Zukunft nicht den Hintern. Stehn Sie dem Fortschritt nicht im Weg. *Dreier schlägt einen Haken, Hasselbein schneidet ihm den Weg ab, Dreier schlägt wieder einen Haken, usw.* Die Welt ist ein Fußball, sie muß bewegt werden. Sie wissen nicht, was das ist, Chemie. Die zweite Erschaffung der Welt, die erste wenn Sie wollen, durch Synthese. Die Natur ist ein Defekt, ein Fehler bei der Projektierung oder ein Loch in der Gütekontrolle, sehn Sie uns an: Fleisch das wächst und fault, wir haben

einen Kopf auf, das ist unsre Chance: in hundert Jahren werden wir den Korpus wechseln wie die Hemden heute, jenseits der Verwesung durch Chemie. Sie riskieren Ihre Auferstehung, jeder Schritt ein Selbstmord. Denken Sie an Jesus, Narr aus Nazareth, erblich belastet, Mutter Jungfrau, Vater Zimmermann. Der Teufel hat ihm die Chemie angeboten auf dem Tempeldach, er hat sie abgelehnt und ist am Holz gestorben als Märtyrer im Zeitlohn. Sehen Sie sich wenigstens die Zeichnung an.

DREIER: Nehmen Sie das weg, es interessiert mich, die Zukunft am Revers macht schon anfällig für das Neue. Gehn Sie zu Barka mit Ihrer Neuerung, warum ich? Steht mein Bild in der „Freiheit"? Mich sieht jeder Bauhund schräg an wegen der Fundamente, ihn lassen sie hochleben, Barka, wenn er vier Tage nicht geklaut hat, gehn Sie zu ihm mit Ihrem Bakelit, wo ist mein Wartburg? Soll er bezahlen für seinen Platz in der Zeitung, der Neuerer, das Beispiel. *Ab.*

Brigade. Hasselbein.

BASTIAN: Seit tausend Jahren machen wirs mit Holz.
KLEIBER: Franz Bastian, Erfinder der Alpen.
KLAMANN: In hundert Jahren ist der Wald aus Plaste.
GABLONZKI: Am Brunnen vor dem Tore
Da steht ein Gummibaum.
HASSELBEIN: Das ist die Zeichnung.
BARKA: Was ist mit dem Kran?
HASSELBEIN: Hinter dem Kran ist die Ingenieurin her seit gestern. Sie hat Waffen, die uns nicht zur Verfügung stehn.

Schlee.

SCHLEE *heiser:* Der Kran ist morgen hier. *Zu Hasselbein:* Fragen Sie mich nicht, was er gekostet hat, ich habe Schwielen auf der Zunge. Wann zeigen Sie mir Ihre Pläne für den Fließbau? Soll ich Ihnen Belferts Schreibtisch bringen auch noch?

GABLONZKI *zu Hasselbein:* Soll ich Ihnen ein Brecheisen borgen?

BOLBIG: Du bist die Maus, Gablonzki, laß die Katze im

Sack. Fließbau heißt Zyklogramm und du mußt lesen lernen. Sei froh, daß es noch Bürokraten gibt.

SCHLEE: Und einen Brigadier, der nicht rot wird, wenn Sie es nicht gelernt haben nach drei Jahren Arbeit in seiner Brigade.

BOLBIG: Vielleicht geben Sie ihm Privatstunden, ich kanns auch gebrauchen, ich hab viel verlernt.

GABLONZKI: Ich geb dir was du brauchst.

BARKA: Auseinander. *Zur Schlee:* Es sind vier Jahre. Danke für den Kran.

SCHLEE: Ich werde bezahlt dafür.

BARKA: Bezahlt wird mancher.

HASSELBEIN: Ich werde den Schreibtisch aufbrechen. *Schlee ab.* Morgen.

STIMME DER SCHLEE: Wann ist morgen?

HASSELBEIN: Fragen Sie Einstein. Der hatte auch Glück, daß er nicht ich war. Bakelit spart Zeit.

BOLBIG: Wohin mit dem Gesparten? Ist ein Puff hier?
Messe gibts zweimal jedes Jahr in Leipzig
Nur für Devisen ziehn sie sich dort aus
Und Rostock ist ein Kloster gegen Hamburg.
Nichts gegen Bakelit, ich bau mit Scheiße
Wenn die Kohlen stimmen, aber Zeit ist Mord.
Nämlich was macht die Zeit mit uns die wir einsparn.
Kleiber zum Beispiel: Zeit und er bellt den Mond an.
Elmer vermehrt sich und sein Nachwuchs nimmt
Den Staat aus und der nimmts von mir. Oder
Gablonzki: Schädelbruch durch Qualifizierung.
Klamann planiert die Höhen der Kultur
Und schreibt Romane und wir müssen sie lesen
Volk ans Sonett, die Schlacht von Bitterfeld.
So schön bist du nicht, Ingenieur. Spar allein.
Zu Barka:
Wir stehn im Hemd durch dein Dreischichtsystem.
Ein Fortschritt weiter und wir stehn im Freien. *Ab.*

BASTIAN: Holz bleibt Holz. Was ist Plaste?

HASSELBEIN: Holz ist Holz, wie? Brett gleich Baum durch Säge, Baum gleich Wurzel aus Wald, und wo nehmen Sie den Wald her, die grüne Prämisse? Ich frage Sie nicht, was grün ist. Der Wald ist ein Wald ist ein Wald ist ein Wald.

KLEIBER: Ich erklärs dir, Bastian. Ein Stuhl ist ein Stuhl ist kein Stuhl ist ein Holz ist ein Leim ist ein HolzplusLeim.
BASTIAN: Die Menschheit wird sich noch zu Tode basteln.
KLEIBER: Am besten gehst du gleich auf allen Vieren.
KLAMANN: Hier geht kein Weg zurück zum Affen, Bastian.
BARKA: Gablonzki. Morgen zwei Stunden vor der Schicht Ist Schule.
GABLONZKI: Warum?
BARKA: Hab ich gefragt, ob du willst?
In der Kantine morgen. Dein Bier ist frei.

Brigade ab.

HASSELBEIN: Ein Wort, Brigadier: auf meinem Weg zum Bau jeden Morgen sehe ich eine alte Frau Unkraut jäten auf einem Feld wenig kleiner als eine Großbaustelle und allein. Sie werden sie nicht bemerkt haben aus Ihrem Auto, sie verbringt ihren Lebensabend mit einer Tätigkeit, die keine fünf Minuten braucht vom Flugzeug aus, ein schnelleres Entwicklungstempo der Chemie vorausgesetzt: Unkrautbekämpfungsmittel. In zwei Jahren oder in einem Jahr, wenn sie überhaupt so lange aushält, wird ihr Rücken so krumm sein, daß sie sich nicht mehr aufrichten kann, wenn die Flugzeuge kommen und das Herbicid vom Himmel fällt, sie wird Gott danken dafür, sie wird fromm sterben, verstehen Sie? Sie können natürlich sagen, was geht mich die alte Frau an, Sie können es unfair finden, daß ich sie für mich arbeiten lasse auch noch.
BARKA: Stimmt. Schreiben Sie den Rest auf und zeigen Sie mir jetzt die Zeichnung.
Hasselbein tut es.
Warum wühlen Sie im Dreck hier, lassen sich schikanieren von Belfert und von mir, Sie könnten drei Etagen höher sitzen. Hier stimmts nicht.
HASSELBEIN: Ändern Sies.
BARKA: Ich werde Ihnen die Zeichnung ruinieren. *Legt sie auf den Boden.*
HASSELBEIN: Meine Träume sind das Brot der Praxis, bin ich Raffael? Und wenn. Die Kunst fängt an, wo das Museum aufhört. Ein Fetzen Leinwand die Sixtinische Madonna, ein Marmorklumpen die kapitolinische Venus, Wort-

schlamm und Versgeröll die Literatur ohne Ihren Blick und Daumenabdruck. Die Rose ist ein Gebrauchsgegenstand.

BARKA *auf dem Boden:* Ja. Wo kriegen wir das Bakelit her?

HASSELBEIN: Ich bin übergelaufen, entschuldigen Sie, ein neuer Gedanke, ein neuer Baustoff, das Unbekannte, Mutter der Wissenschaft und ihre Geliebte, es kommt nicht wieder vor. Der Meister ist unterwegs nach Bakelit seit vier Tagen. Ich hoffe, wir können einen Versuch machen heute noch.

BARKA: Sie sind wieder übergelaufen. Es macht nichts.

Der Meister.

Er sieht nicht aus, als ob er Amerika entdeckt hat.

MEISTER *zeigt seine Schuhe:* Ich hab mir die Brandsohle durchgelaufen auf dem Dienstweg – *zeigt seine leeren Taschen* – Bakelit so viel. Das einzige, was bei uns nicht rationiert ist, sind Schreibtische. Räumt die Bretter weg, ich kann kein Holz mehr sehn. Ich möchte mich an jedem Wald aufhängen, wenigstens gehts dann nicht mehr gegen mich, wenn sie Büros draus baun. Das muß ein Leben sein in der Antarktis, weit und breit kein Baum. Das Erfinderbüro. Ein langer Dürrer, der sich vor Begeisterung nicht lassen kann über deinen Forschergeist, aber schriftlich keine Silbe, und das Neuereraktiv tagt in acht Wochen. Zur Materialverwaltung. Ein kurzer Dicker, der sich auch nicht lassen kann. Dann schickt er dich zum kaufmannischen Leiter, weil es nicht in seiner Macht steht, er ist nur ein Rad und eine Schraube. Dem kommst du grade recht, nämlich da kann jeder kommen und was heißt Einsparung, sparen müssen wir alle, er zuerst und schiebt dich ab zum Technischen Direktor. Der hat keine Zeit für Spielkram, bitte, alle Blumen sollen blühn, aber schriftlich. Zurück ins Erfinderburo, der Kreis ist rund, nach der vierzigsten Runde weißt du das letzte Plenum auswendig, die Weltlage von Kuba bis Kambodscha und die Magengeschwüre der Leitung, aber wo du Bakelit herkriegst keine Silbe, du kommst dir wie ein Parasit vor mit deinem Verbesserungsvorschlag. Das Bakelit ist eingeplant, 1980 können wir damit rechnen. Und nicht für drei Prämien mach ich euch den Weg noch mal. Ich kann keine fünf Schritt mehr gradaus gehn ohne daß ich den

Kopf einzieh, das ist ein Reflex, ich seh nur noch Türen.
Ab.

HASSELBEIN: Entschuldigen Sie, daß ich Sie aufgehalten habe – *rollt die Zeichnung ein* – wir bleiben also bei Holz. Die deutschen Wälder.

BARKA *nimmt die Zeichnung:* Das werden wir sehn, ob ich Bakelit kriege, wenn hier irgendwo Bakelit wächst.

ZWEI ARBEITER

Leunawerk
Ein Arbeiter, Barka.

ARBEITER *ißt:* Der Neuerer. Ich kenn dich aus der Zeitung. Läufst du immer so herum, seit du berühmt bist?

BARKA *nimmt den Schlips ab:*
Die Modenschau war für den Dienstweg. Ich
Brauch Bakelit. Den Neuerer laß in der Zeitung.

ARBEITER: Und wenn dein Schlips durch drei Etagen schleift
Aktivist, er ist die falsche Uniform
Für den Papierkrieg. Das ist so: im Frack
Stehst du allein, im Drillich bist du wir
Und Majestät, die Erde selber kann uns.
Im Ernstfall gehn wir mit der Sonne fremd.
Bakelit brauchst du. Hast du Papier? Die Verwaltung
Hat dir den Hintern gezeigt. Soll ich dir sagen
Was die mir zeigen, wenn ich dir Bakelit geb
Ohne Papier? Die Frage ist schon Rufmord.
Was stehst du da, den Globus im Genick
Wie Thomas Müntzer Fünfzehnfünfundzwanzig?
Hau ab und schnell oder ich zeig dich an
Wegen Verleumdung. Bist du noch da? Gut. Iß
Genosse.

BARKA: Heb dir den Genossen auf
Für die Versammlung.

ARBEITER: Das ist Milch, Vorsicht
Kollege. Der weiße Schrecken, aber Bier
Ist mir zu teuer, seit ich Millionär bin:
Ein Fehlgriff und mein VEB lernt fliegen.
Für deinen Durst von morgen seh ich auch weiß

Nicht lange mehr reimt Bier auf Bau. Nimms leicht.
Warum zerreißt du dich nach Bakelit.
BARKA: Ich brauchs.
ARBEITER: Soll ich dir sagen, was ich brauch?
BARKA: Für eine neue Schalung, Millionär
Im Betonbau. Wenn du weißt was das ist, Beton.
ARBEITER: Wart bis der Morgen verordnet wird. Wer will
Aus deiner Haut fahrn, weil ihm die zu eng wird?
Bist du der eine oder bist du der andre?
Um wieviel Größen bist du dir zu klein?
Vielleicht hat die Zeitung recht, die hörn das Gras
Von morgen. Weißt du wer du morgen bist?
Du gehst mit offnen Augen in die zweite
Verleumdungsklage: Barka gegen Barka.
In jedem von uns steckt ein Kommunist
Und wenn er ausfährt ist Revolution.
Das ist nicht anders, seit Karl Marx die Welt
Entdeckt hat, Polizisten auf der Spur
Und die Gerichtsvollzieher aller Länder
Den Hunger von acht Kindern im Genick
Dazu, Furunkulose auch vom Sitzen
In den Bibliotheken, weil er wissen wollte
Was das ist, Geld, wenn er schon keins hatte.
BARKA *zeigt Geld:* Ich
Hab Geld, und ich bezahl dein Bakelit.
ARBEITER: Den Kommunismus kannst du dir nicht kaufen.
Eine Investleiche wär ohne den
Der Globus heut wie gestern. Nimm zum Beispiel
Den Alten, der an meinem Kessel steht:
Nach vierzig Jahren Leuna lernt er jetzt
Chemie. Schimpft jeden Tag auf die Qualifizierung
Und jeden Tag qualifizierter. Paß auf.
Was macht deine Qualifizierung, Franz?
STIMME *unverständlich ... deutlich:*
Leck mich am Arsch.
ARBEITER: Und wieder drei Fremdworte mehr als gestern.
Das ist die Revolution: Napoleon pflügt
Das Schlachtfeld, Einstein lenkt den Großen Wagen
Und der Chemiearbeiter lernt Chemie.
Ich kann sie nicht getrennt abgeben darum
Den Kommunismus und das Bakelit.

Bei mir nur kommunistisches Bakelit
Genosse Neuerer.

BARKA: Behalts.

ARBEITER: Das ist
Die dritte Verleumdungsklage. Soll ich mir
Nachreden lassen daß ich meinen Staat nicht
Bescheißen kann, wenns sein muß? Keinen Schritt
Aus meiner Halle ohne Bakelit.
Und wenn ich dir die neue Schalung auf
Den Rücken binden muß, du gehst nicht ohne.
Willst du die Neuerung im Kopf behalten
Aus Angst vor deiner eignen Perspektive
Ein Edison der seinen Glühstrumpf frißt.
Dummheit ist kein mildernder Umstand mehr
In sechzehn Jahren hier hast du gelernt
Nach welcher Melodie die Steine tanzen.
Wieviel Bakelit brauchst du?

BARKA: Zehn Platten.

EIN MORGEN

Landschaft
Schlee. Donat.

SCHLEE: Dort baun sie ein Chemiewerk. Frag mich nicht warum, brauchst du ein Chemiewerk? Ich auch nicht, warum also, wer lebt außer uns hier zwischen Mond und Sonne, Nord- und Südpol in der tinteblauen Nacht? Frag die Partei, der Sekretär weiß alles. Kennst du ihn? Er hat überm Knie eine Narbe, seine Haut ist weiß überall, wo die Sonne auf dem Bau nicht hinscheint.

DONAT: Ich hab ihn manchmal im Spiegel gesehn, ein intelligentes Gesicht, aber als Funktionär taugt er da nicht viel, verwechselt rechts und links.

SCHLEE: Ich kenn ihn besser, übrigens sieht er eher dumm aus. Ich hab auch mehr von ihm gesehn als du, kennst du das Muttermal auf seinem Rücken? Und heute nacht hab ich ihn schlafen sehn, aber das darf er nicht wissen, er ist Dogmatiker und es war in meinem Bett. Ich liebe ihn, ich würde lieber auf Steinen schlafen im Sommer und im

Winter als ohne sein Gewicht, an mir ist keine Stelle, die ihn nicht fühlt, wenn ich an ihn denke, aber das darfst du ihm auch nicht sagen: Er hat ein Kind nicht von mir und einen Ring am Finger, der liegt kalt auf meiner Haut, wenn er die Hand auf meine Brust legt.

DONAT *gibt ihr seinen Ring:* Im Spiegel sieht er intelligent aus, vielleicht meinst du einen andern, und er trägt keinen Ring.

SCHLEE *gibt ihm den Ring zurück:* Vielleicht mein ich einen andern. Deine Frau, liebt sie dich? Was geht mich deine Frau an? Bin ich weniger deine Frau? Warum trennt uns, was wir gemeinsam haben? Wie lange noch mein und dein? Du sollst nicht lügen. Kannst du dir eure Nächte abwaschen? Liebst du mich? Genosse Sekretär, der alles weiß, was kommt nach allem?

DONAT: Nichts, und die Ideologie kommt mit der Frühpost.
Beton ist mein Ressort, Beton muß dauern.
Und wenn dir nichts zu wenig ist, mir auch.
Ob ich dich liebe? Was weiß ich von mir?
Die Mondgebirge sind mir weniger Ausland.
Nur bis zur Mitte gehst du in den Wald
Und nicht vorm Ausgang weißt du seine Mitte.
Ich wollte auch, die Nacht wär doppelt und
Der Tag ihr Drilling.
Aus dem Dunst wachsen die Kühltürme in deinen Augen jetzt schon, der Beton tritt aus dem Schatten deiner Brüste wieder in sein Recht auf unsre Arbeit bis zur nächsten Ablösung in einer neuen Nacht. In zwei Stunden ist Schichtwechsel.

SCHLEE: Es wird keine neue Nacht geben. Nicht mit mir.

RICHTFEST

Baustelle
Barka und Elmer mit Fahne und Richtkranz.

BARKA: Wie oft haben wir die Fahne aufgezogen, Elmer, frisch aus dem Konsum oder ausgebleicht von den verschiedenen Wettern, rot oder schwarzrotgold und die

Richtkrone aufgehängt mit dem geklauten Grün, geklaut wars immer, auf einem neuen volkseigenen Betonklotz über unsrer Scheibe Deutschland, frag mich nicht warum, hab ich unsrer gesagt?

Musik: BRÜDER ZUR SONNE ZUR FREIHEIT.

Sind sie hinter dir auch her, Elmer, in der Nacht, Stein auf Stein und Wand an Wand, die VEBs, die du gebaut hast, jagen dich von Bau zu Bau über den Globus, der sich dreht, du mußt sein Tempo halten, wenn du stehnbleibst, rollt er dich ins Leere. Du hast angefangen, du mußt weitermachen, Beton will Beton. Du bist der Bagger, und du bist der Baugrund, auf dich fällt der Stein, den du aufhebst, aus dir wächst die Wand, auf deinen Knochen steht der Bau, noch den Strom ziehn sie aus dir, mit dem die Turbinen das Land unterhalten. Das ist so, Elmer, Fleisch wird Beton, der Mensch ruiniert sich für den Bau, jedes Richtfest ein Vorgeschmack auf die Beerdigung, wenn du dir ein Hemd kaufst, wer kauft wen, du kannst kein Brot essen, es kostet dein Fleisch, du mußt die Kiefer bewegen dazu, Arbeit, Arbeit. Und morgen ist wieder ein Tag und übermorgen, ein Tag kraucht dem andern nach, ein Jahr stürzt ins andre und keine Uhr, die rückwärts geht, Zeit. Warum lebst du, Elmer? Ein Schritt ins Leere, du bist frei von Kind und Kegel, von mir selber frei bin ich, was hält dich, warum halt ich mich fest mit allen vieren an der letzten Sprosse, letzter Ausleger der Erde, einmal schlingt sie uns doch, sie scheißt auf vorn und hinten, morgen ist ihr gestern heute schon, weiß schwarz, in zehn Milliarden Jahren platzt sie selber, die Zeit hat bessre Zähne.

Lärm. Lachen.

Unten versaufen sie die Prämie, Richtfest oder Beerdigung ein Bier, vielleicht haben sie recht. Elmer, warum lebst du? Setz die Mütze auf. Hast du sie abgenommen, als du deine Bomben ausgesät hast über London?

ELMER: Das ist mein zwanzigstes Richtfest, ich hab sie gezählt, seit mich der Russe auf den Bau geschickt hat meine Schulden abarbeiten, die hab ich auch gezählt. Und seit meiner ersten Wand zieh ich den Hut vor jedem Maulwurfshügel.

BARKA: Und ich fahr meine Prämie versaufen jetzt. Drei Kraftwerke auf dem Buckel, einen Staudamm und ein Hüttenwerk, den Globus zähl ich nicht, die müssen herunter. Ich werde viel Bier brauchen diesmal, eine Elbe voll, und ich werde drei Tage lang saufen müssen, sonst wach ich auf morgen, der Himmel ist wie sonst, blau manchmal, schwarz immer, frag Gagarin, der Wald grün und die Erde dreht sich noch, aber ich muß in die Partei eintreten, weil ich rot bin. *Beide ab.*

Nacht.

KLEIBER *hinter Gablonzki, eine Schnapsflasche im Anschlag:*
Keine Bewegung.
GABLONZKI: Mein Jahrgang ist noch nicht dran.
KLEIBER: Kein Neid. Was suchst du auf dem Mond, Gablonzki?
GABLONZKI: Den Fleck, wo ich mich nicht zu qualifiziern brauch.
KLEIBER: Der Mensch ist mehr als seine Qualifizierung.
Klamann.
Da kommt das Beispiel. Klamann, wieviel Dumper
Hast du in Klump gefahren nach der Qualifizierung?
KLAMANN: Drei. Hast du was dagegen?
KLEIBER: Ja.
KLAMANN: Dein Glück.
KLEIBER: Klamann das Vorbild. Der neue Mensch, Gablonzki,
Ist jeder seine eigne Polizei.
Das Loch in deiner Tasche bist du selber
Und was du hast, das hast du dir geklaut
Umsonst ist Spitzenlohn, reich bist du arm
Wer sich ein Bein ausreißt hat drei, der Staat
Bist du, Gablonzki.
GABLONZKI: Du kannst DDR zu mir sagen.
KLEIBER *trinkt aus Gablonzkis Flasche:*
Vom Ich zum Wir.

Bolbig.

BOLBIG *trinkt aus Gablonzkis Flasche:*
Wie lang ist der Rückweg?
GABLONZKI *nimmt Kleibers Brieftasche:*
Rund ist der Kreis.
KLEIBER: He!
GABLONZKI: Was schreist du, Kleiber?
Wenn ich der Staat bin, bist dus auch, eins sind wir
Was Kleiber abgeht, streicht Gablonzki ein
Und Kleiber ist Gablonzki, fehlt dir was?

Und eh du aus der Haut fährst, es ist meine
Im Kommunismus will ich sie heil zurück.
Prügeln sich.
He, ich hab deine Nase im Gesicht.
Jetzt hab ich mich an unsrer Faust gestoßen.

KLEIBER: Jetzt ich.

KLAMANN *greift ein:* Keine Gleichmacherei. Das ist
Der ökonomische Hebel.

BOLBIG *ebenso:* Und das bin ich.

Bastian, Elmer.

BASTIAN: Seid ihr besoffen?

GABLONZKI: Zu wenig, wenn du mich fragst.

KLEIBER: Das sind die drei Gablonzkis, einen kennt ihr. Jetzt ist es nur noch einer, jetzt sinds zwei. Wo habt ihr euern dritten Mann gelassen? *Setzt sich.*
Der Mond kriegt Junge. Auch drei. Der Vater heißt Wodka.

BASTIAN: Kann mir einer sagen, was hier gefeiert wird?

GABLONZKI: Seit sie den Himmel schwarz gestrichen haben
Hier und die Sterne Looping drehn,
Sind wir der Flasche auf den Grund gegangen.
Wir feiern unser eigenes Begräbnis
Eine Brigade wird beerdigt, unsre.

ELMER: So, und was sucht ihr auf dem Flaschengrund?

KLEIBER: Den Brigadier.

ELMER: Er kommt zurück.

BASTIAN: Wer kennt
Den Nächsten.

GABLONZKI: Das weiß ich: kommt er nicht, bin ich weg.

BOLBIG: Den Kommunismus wird er nicht verpassen.

KLAMANN: Der Bau geht weiter.

BOLBIG: Und du machst den Chef.
Lieber zum Erdbau. *Ab.*

Belfert, Hasselbein.

BELFERT *von Hasselbein verfolgt:* Fließbau. Zyklogramm. Ihre Pläne sind gut aufgehoben in meinem Schreibtisch. Sehen Sie sich das Chaos an, entstanden durch den Ausfall eines einzigen Brigadiers an einem einzigen Freitag, und wenn Sie dann noch darauf bestehen, aus dem Industriebau die Bauindustrie zu machen, freiwillig und über Nacht, werde ich mich darauf besinnen müssen, daß es wieder einmal Ihr Bauabschnitt ist, an dem der Fluß stockt. Vielleicht kriegen Sie dann wenigstens einen Vorgeschmack von dem, was auf uns zukommt, wenn Ihre Träume Fleisch beziehungsweise Stahlbeton ansetzen, man soll nicht nach den Sternen greifen, wenn man in der Scheiße steckt. Die Zukunft hat einen weiten Schoß, ich kann warten auf die Schrecknisse, die sie für uns bereithält. Fließbau. Sie werden oben und unten nicht mehr auseinanderhalten können vor lauter Verantwortung. Zyklogramm. Röntgenbild der Baustelle. Das Baufeld ein Operationstisch. Wissen Sie, wie ein Herzinfarkt entsteht? Ein Blutstau und Ihr Zyklogramm steht kopf, noch einer und auf Wiedersehn beim Erdbau. *Er läßt Hasselbein stehn.*

Sekretärin.

SEKRETÄRIN: Eine Kommission ist unterwegs, Kollege Oberbauleiter. Einführung der Fließfertigung. Und Sie werden am Telefon verlangt.

BELFERT: Sehen Sie nicht, daß ich nicht hier bin? *Sekretärin ab.* Hasselbein! *Schnell Hasselbein entgegen, der zurückkommt.* Wie lange wollen Sie sich von mir noch unterdrücken lassen? Ich kann Sie hinauswerfen, das ist alles, und auch dafür muß ich einen Grund erfinden, der nicht nur Sie überzeugt. Nicht daß mir dergleichen schwerfällt nach zwölf Jahren Leitungstätigkeit, aber wo fliegen Sie schon hin, auf eine andre Baustelle. Und ich werde einen Grund erfinden trotzdem heute noch, wenn Sie mir nicht helfen, durchzusetzen auf dem löchrigen Boden der Tatsachen hier, was Sie im Kopf haben und schwarz auf weiß in meinem Schreibtisch. Wollen Sie warten, bis die neue Bauweise ein alter Hut ist? Zahlt Ihnen unser Staat so wenig, daß Sie nicht einmal Ihr Gehalt riskieren wollen für ihn, ohne Weisung oder gegen sie? Darf ich Sie daran erinnern, wer Ihr Studium finanziert hat? Das Recht auf Opportunismus haben Sie verfressen mit dem Stipendium. Was wird aus Deutschland, wenn Ihr Eure Zukunft auf unsern Charakter baut? Und wenn wir Engel wären, unsre Flügel sind verbrannt. Übrigens ist die Weisung unterwegs, mein Mut kommt von oben. Mein Humor ist freiwillig: jede Sitzung eine Schwenkung, und das zehn Jahre lang, da lernt man sich von allen Seiten kennen. Ich kann mir nichts vormachen, nicht mehr, nicht über mich, ein feiger Hund noch vor dem Spiegel. Aber ich habe gehorchen gelernt, als von einem Zungenschlag der Kopf fiel, ich habe beinah ein Recht auf meine Feigheit, wo ist euer Hitler? Belfert ist so feig wie Hasselbein ihn sein läßt, hören Sie auf, mein besseres Selbst zu unterdrücken, stürmen Sie meinen Schreibtisch, kommen Sie, hier ist der Schlüssel. *Beide ab.*

Schlee. Donat.

DONAT: In der nächsten Zeit werden wir uns nur in der Produktionsberatung sehn: Ich habe Belfert eine Kommission auf den Hals geschickt, und das bedeutet Arbeit bis zum Hals für mich auch, wir müssen Ernst machen mit der Industrialisierung endlich, lange genug war Steinzeit. Weißt du, daß Barka verschwunden ist?

SCHLEE: Ja.

DONAT: Der Neuerer war nicht sehr neu, wie? Ich wollte, ich hätte ihn vorher zum Teufel gejagt. Oder er käme zurück. Er reißt mehr ein mit zwei Fehlschichten als er im Quartal gebaut hat. Wir säßen nicht auf Sand jetzt mit einem ganzen Bauabschnitt, wenn wir nicht auf ihn gebaut hätten. So sehr ein Schädling wie er nützlich war, weniger nützlich wäre weniger schädlich, sein Schaden frißt seinen Nutzen auf, er wäre kein Schädling, wenn er ein Schädling gewesen wäre. Und so weiter, wir haben keine Zeit, unsre Nackenschläge auszukosten. Wir müssen einen Erfolg daraus machen, ein Schädling weniger, seine Kaderakte hat Flecken genug, wenn er nicht zurückkommt, werden wir sie vergrößern, eh sein Fehler sein Beispiel auslöscht, ist das zynisch? Geduld und Geduld und Geduld. Aber mancher braucht den Knüppel. Das Dreischichtsystem, die neue Schalung, der Rekord am Kraftwerk und jetzt das. Für die Prämie wäre weniger genug gewesen. Warum das eine und warum das andre? Der Katalysator weiß nichts von Chemie, der Wegweiser kennt seinen Weg nicht, aber der Mensch ist mehr als seine Zellen. Jeder Baum hält sich an die Gesetze, jedes

Pferd kennt seinen Stall, aber der Neuerer ist seinem eignen Beispiel nicht gewachsen.
Nicht einmal ihren Schatten werfen sie voraus, wenn sie die Sonne nicht im Rücken haben. Du brauchst mir nicht zu widersprechen: Wir produzieren nicht für die Produktion, Schwedt nicht für Schwedt, Leuna nicht für Leuna, und Kommunismus für die Kommunisten ist ein Unsinn. Ich bin kein Heiliger. Soll er zum Teufel gehn. Hoffentlich kommt er zurück.

SCHLEE: Wir werden ein Kind haben.

Pause.

DONAT: In ein paar Tagen ist der Bau ein Karussell, der Stein tanzt, ein Jahr und länger haben wir unser Leben abgekürzt für einen Traum, der jetzt Beton wird endlich, ich sollte froh sein über das Stück Zukunft, das in dir wächst, mindestens auch, wofür arbeiten wir, aber Beton ist Beton, Fleisch muß sich ausweisen, und die Dämmerung hat mehr Augen, als der Morgen braucht. Entschuldige, ich weiß nicht, wo mein Kopf steht, mich wundert schon, daß meine Beine nicht rechts gehn, wenn ich links will, oder das rechte links und rechts das linke, Bein gegen Bein, bis der Boden durch ist. Ich wollte, ich wär ein Turmkran, allein mit dem Schnee. Hoffentlich läßt der Winter auf sich warten, wir können gut ohne Schnee auskommen, der Regen macht Schlamm genug, und Kälte haben wir genug in uns selber immer noch. Ohne das Kind könnten wir auch auskommen. Hat er nicht warten können oder sie?

SCHLEE: Entschuldige, daß ich eine Frau bin.

DONAT: Ich hätte es wissen müssen, wie? Nächstens entschuldigen wir uns noch dafür, daß wir nicht auf Rädern laufen und weil unser Fleisch zum Baustoff nicht taugt. Ich kann die Genossen nicht warten lassen. Sehn wir uns heute abend? *Ab.*

SCHLEE: Unser Kind wird mein Kind sein, wir, das bin ich. Hör zu, Sohn oder Tochter, noch kann ich mit dir reden wie mit mir, du hörst mich nicht, HansnochkeinMensch, JanohneHand, Johnkopflos, sieben Monate jünger als du selber, kleiner als dein Daumen sein wird, aber alles dreht sich schon um dich, der Bau dein Spielplatz, entschuldige, daß ich deinen Vater liebe, und werd nicht wie er.

Ein junger Arbeiter.

JUNGER ARBEITER: Hochwasser? Das ist das Frühjahr, die Richtkronen schlagen aus. Soll ich dir ein Kind machen, Puppe?

Baugelände.

JUNGER ARBEITER: Versammeln kann ich mich allein.
Gewerkschaft!
ALTER ARBEITER: Was heißt Gewerkschaft, heute rollt der
Kopf hier.
Der Betonierer ist zurückgekommen.
Der Dreischichtpionier, der Bakelitmensch
Der Neuerer. Er war nicht neu genug.
DRITTER ARBEITER: Und nicht zu alt. Er ist
zurückgekommen.
VIERTER ARBEITER: Er hat kein Loch gefunden in der
Mauer.
Hast du ihm deine Prämie schon vergessen
Das Holz, den Kies, die Schlacht in der Kantine?
DRITTER ARBEITER: Der wird sich nicht mehr kennen nach
dem Festakt.
ALTER ARBEITER: Uns gehts nicht anders vor dem nächsten
Schnee.
Die Zeit wird neuer und der Mensch wird älter.
Fließfertigung kommt auf uns zu jetzt auch noch.
Expertengruppe, mit Belfert, Hasselbein, Schlee, Donat geht vorbei.
Schmeiß deine Uhr weg, sie geht nach.
JUNGER ARBEITER: Sei Vorbild.

Barka und Brigade.

JUNGER ARBEITER: Er kommt.
VIERTER ARBEITER: Wo bleibt das Fernsehn?
DRITTER ARBEITER: Und die Presse.
Gablonzki geht auf sie zu.
KLEIBER *hält ihn zurück:*
Schon deine Zellen für den Lehrgang.

Da Gablonzki gegen ihn ausholt: Und meine.

Dreier.

DREIER: Kollegen, zwischen Schicht und Schicht
Eine Kurzversammlung. Punkt eins heißt Barka.
Ich will dir nicht mit Zahlen kommen, du
Hast selber einen Kopf, rechne dir aus
Was deine Extratour gekostet hat!
Wir reden mit dir als Gewerkschaft hier.
Dein Glück noch, daß du nicht in der Partei bist
Du wärst es nicht mehr nach dem. Also wir
Erwarten deine Selbstkritik, Kollege
Und schnell.
DIE ARBEITER: Mit uns macht keiner so viel Worte.
Du stehst nicht in der Zeitung.
Selbstkritik.
Für eine Woche Urlaub: Selbstkritik.
Rausschmeißen!
BARKA: Ich werds abarbeiten.
Keinem bin ich was schuldig hier bis heute
Als meiner Mutter die Geburt.
DREIER: Und mir
Drei Stapel Schalholz.
EIN ARBEITER: Mir zehn Dumper Kies.
ANDERER: Sein Wartburg, jedes Blech von unserm Geld
Geklautes Material, verpatzte Prämie.
BARKA: Was ich gebaut hab, steht.
EIN ARBEITER: Was war, ist gewesen.
ANDERER: Denkst du an deine schiefen Türme?
DER ARBEITER: Still, Mensch!
ANDERER: Gras, wenn wir dich nicht hätten, grüner Kumpel
Der alles zudeckt!
DREIER: Wir warten immer noch
Auf deine Selbstkritik.
BARKA: Gilt das schon nichts mehr
Dreischichtsystem, Bakelit und Planvorsprung?
DREIER: Nicht jetzt. Und selber hast dus ausgewischt.
DIE ARBEITER: Wir arbeiten alle.
Mehr oder weniger. Ja.
Am liebsten am wenigsten.

BARKA: Ich kann auch wieder gehn.
KLAMANN: Bleib.
BASTIAN: Zweimal ist noch keiner auferstanden.
BOLBIG: Wo willst du hin, Mensch. Die sind überall.
DREIER: Geh, aber hierher kommst du nicht zurück.

Die Expertengruppe kommt zurück.

EIN EXPERTE: Поточное производство во всяком случае экономично. Но оно должно применяться комплексно.
DOLMETSCHER: Er sagt, ökonomisch ist die Fließfertigung in jedem Fall. Aber sie muß komplex angewandt werden, sagt er.
EXPERTE: Тот, кто за коммунизм, тот – за поточное производство: все или никто.
DOLMETSCHER: Er sagt, es ist mit der Fließfertigung wie mit dem Kommunismus: alle oder keiner.
EXPERTE: Одного примера недостаточно.
DOLMETSCHER: Er sagt: das Beispiel macht nicht satt. *Vorbei.*
BARKA: Ich war in Stalinstadt, jetzt Eisenhütte
Sand und Kiefern. Die Schwarze Pumpe auch
Ein Landaas mit verkommnen Büschen vor mir
In Rostock der Hafen, Tag und Nacht die See
Und mein Beton ist nicht gerissen. Jetzt hier.

Donat.

DONAT: Warum?
BARKA: Das frag ich mich, seit ich hier steh.
BASTIAN: Ja, schlimmer als der Kapitalist. Der fragt nicht. Arbeiten muß ich überall. *Zu den Arbeitern:* Warum!

Lachen.

DONAT: Ich bin kein Kapitalist. Und überhaupt
Wir sind nicht so bescheiden. Alles für alle
Und jeden ganz. Den Abschaum zählen wir nicht
Nichts wird nichts. Und nicht nur den Teil von euch
Der Stahl kocht, Kohle baggert und Beton stampft
Den auch, mit dem der Mensch aus sich herausgeht
Zum Beispiel. Jedes Vieh schwitzt ja für sein Fressen
Die Arbeit fängt an, wo der Schweiß aufhört.
Ich frag nicht, damit du mir die Zeitung vorsingst
Aber du mußt es wissen. Morgen besser

Als heute. Was hier anfängt hört nicht auf
Mit uns, aber was lebt muß wachsen und
Haust in der Schwebe zwischen Alt und Neu.
STIMME: Ja. Wo bleibt eure Selbstkritik?
DONAT: Was willst du
Daß wir zurücknehmen solln? Du stehst drauf.
Zwanzig Jahr Aufbau ohne Kapitalisten.
Die Steine lügen nicht.
STIMME: Ja, sie können nicht reden.
DONAT: Reiß ein was du gebaut hast.
Zu Dreier:
Schließ die Versammlung.
Zu Dreier und Barka:
Und kommt, ich brauch euch jetzt bei den Experten.

ZYKLOGRAMM ODER DER TANZ DER STEINE

Baustelle
Ein Maler malt. Hasselbein auf einem Moped, ein gerolltes Papier unterm Arm, hält.

HASSELBEIN: Morgen auf der Großbaustelle. Verschwenden Sie Ihr Auge nicht auf die Natur, die Kulturpaläste hängen voll davon, Malerei für Blinde. *Blickt auf die Staffelei.* Ein Malerauge, das keine drei Monate faßt. Malen Sie wenigstens was Sie nicht sehn.
Ihr Stuhl steht in der Luft seit übermorgen
Schaufeln und Bagger ziehn den Boden weg
Ein Netz aus Gräben und Sie sind der Fisch.
Die Schalung ist ein Wirrwarr: letzte Gotik
Beton klatscht auf sein eisernes Gerippe
Nimmt seinen Platz ein zwischen den Zähnen der Zeit
Die toten Maurer das unterirdische Kraftwerk
Ein betrunkener Waldhüter sah gestern nacht
Einen Schreitbagger über die Heide gehn
König Faulzahn der Luetiker
Liegt seinen Töchtern nicht mehr auf der Tasche
Der arme Thoms hat den Blitz in die Hand genommen.
Und keine Spur davon auf Ihrer Netzhaut.
Rollt sein Papier auf, zeigt es.

Ein Zyklogramm, Kreuzung aus Raum und Zeit, ein Jahr Beton, Stahl undsoweiter. *Rollt das Papier.* Auch als Fernrohr zu verwenden. *Blickt durch das gerollte Papier.* Ein Blick über die Schwelle aus siebenmal Schnee – *hält dem Maler das Fernrohr ans Auge* – Beton fliegt durch die Luft, Stahl pflügt den Acker der Vögel, die Wolken werden bebaut, der Wind ist bewohnbar. Und was wirft Ihr Auge aufs Papier, was mischt Ihr Kopf, Ihre subventionierte Meisterhand, was tut sie? Klatscht den Horizont ab, Schlote aus der Steinzeit, lackiert den Schlamm, das Unbewegte, schminkt den Himmel, den Leichnam des Lichts, das Loch aus Grau und Krähen.

Drei Arbeiter.

ERSTER: Der neue Bagger Schrott.
ZWEITER: Rohrbruch am Kühlturm.
DRITTER: Das Fundament im Sack.
HASSELBEIN *zum ersten:* Bin ich der Schrottplatz?
Zum zweiten:
Die Feuerwehr, wie üblich.
Zum dritten: Die Polizei.
Geht vor. Ich komme nach, geteilt durch drei.
MALER *während Hasselbein sein Fahrzeug in Gang bringt:* Das erinnert mich an einen Kriminalfall aus der Bibel. Der Turmbau. Fragment geblieben durch Mangel an Kooperation. Der Bauherr, Nebukadnezar oder ich hab seinen Namen vergessen, wurde mit einer eigenen Sprache bestraft. Er konnte nur noch mit sich selber reden, blubbblubb und blabla. Das ist der Formalismus.

Hasselbein ab. Maler malt. Hasselbein zurück.

HASSELBEIN: Glücklicher Nebukadnezar. Sie werden in Ihren Bildern wohnen müssen. Ich weiß Bescheid mit Höllenstrafen.
Ich wurde trainiert auf die geistliche Laufbahn
Sohn des Kleinbürgers mit eigenem Samowar
Aber ich trat beizeiten aus dem Startloch
Im Hinterkopf ein Himmel aus Beton. *Ab.*
STIMME: He, Picasso, hast dus eilig ins Museum?
Mach deine Kunststücke da, wo sie nicht den Kopf kosten.
Geh aus dem Schwenkbereich.

Maler ab.

STIMME OBEN: Was kriecht da im Bauschlamm? Die Schnekken vom Erdbau.

STIMME UNTEN: Die Fliegenfänger von der Bau-Union.

STIMME OBEN: Soll ich dir auf die Glatze spucken, Maulwurf?

STIMME UNTEN: Ich nehme dich auf die Schippe, Wolkenkratzer
Und schmeiß dich um die Erde gegen den Wind.
Wenn du herum bist sind wir dreimal durch.
Wir fangen dich wieder auf über der Südsee.

STIMME OBEN: Wir spielen Fußball in der Stratosphäre
Eh euch vom Grundwasser die Schaufel naß wird. –
Habt ihr gehört, Belfert ist General jetzt
Vierzig Betriebe hat er in der Hand.

STIMME UNTEN: Vierzig Sargnägel.

STIMME OBEN: Spar für deinen Kranz.
Das Neue Ökonomische System:
Jeder sein eigner Schwerpunkt oder Engpaß.
Die Welt steht kopf, wir müssen gradestehn
Für unsre eigne Arbeit.

STIMME UNTEN: Dich möcht ich sehn
Wenn du geradestehst, du Fragezeichen.

STIMME OBEN: Das weiß ich jetzt schon: jeden Tag acht Stunden
Wirst du von deinem eignen Schund geschunden.
Der General!

Belfert.

STIMME UNTEN: Achtung, präsentiert den Bagger!

Fünf Schaufeln aus dem Boden.

Schlee.

SCHLEE *ruft:*
Wir kommen aus dem Takt. Ihr seid die Spitze.
Sie müssen zwei Mann abstelln, Brigadier! *Ab.*

Brigade.

BASTIAN: Jetzt baun wir schon zu schnell. Das ist der Fortschritt.

KLEIBER: Eine Aufforderung zur Sabotage.
GABLONZKI: Ich kann auch langsam arbeiten, wenns sein muß.
BOLBIG: Die werden uns noch das Arbeiten verbieten.
Weckt mich, wenn uns der Nachtrab überrennt.
BARKA: Bastian ist Brigadier. Ich geh. Mit Bolbig.
BOLBIG: Warum ich?
BARKA: Weil du fragst.
BOLBIG: Wer hilft mir? Ich
Mach meine Arbeit. Wer lahmt, kann mich nicht treten.
BARKA: Du wirst dir noch den Schädel brechen, Bolbig.
An einem blauen Montag an meiner Faust.
Komm oder geh.
BOLBIG: Schnell hast du beten gelernt.
Nicht auf die eigne Haut ist hier Verlaß
Sie geht mit den Würmern fremd. Der Schnee von gestern.
Was glotzt ihr? Das bin ich. Bolbig und Bolbig.
Wer seid ihr? Wo ist deine Nase, Bastian?
Die neue, die der Konsum dir verpaßt hat
Hält keinen Regen aus: sie ist aus Pappe.
Gablonzki, nimm die Brille ab, sie blendet.
Geh aus der Sonne, Elmer, eh sie dir
Ein Loch in die Maske brennt und dein Gesicht
Scheint durch. Ich werd euch sagen, was ihr seid:
Jeder sein eigenes Gespenst, das seid ihr
Ihr blast euch selber aus den Nasenlöchern.
Und wenn ihr euch die Beine dreimal ausreißt
Das Gras wächst schnell und überholt euch wieder.
Was ich mir aus den Augen reib, das seid ihr.
Was ich mir aus den Augen reib ist mehr.
Und wenn ihr in den Wolken weiterbaut
Und wenn ihr noch den Mond rot streicht zuletzt
Damit die Toten was zu lachen haben
Für euch der Rauch aus Niemands letzter Kippe.
KLEIBER *zu Bolbig:*
Habt ihr Bolbig gekannt? Ich war mit ihm
Beim Industriebau. Das ist lange her.
Es war ein Blonder. Oder wars ein Schwarzer?
Er stopfte das Papier noch in die Pfeife
Wenn seine Kippe keinen Zug mehr ausgab.

Er war ein Kumpel, und das ist länger her.
An einem Hundstag in der zweiten Schicht
Ists ein Jahr her, sinds zehn, ist er verschwunden.
Wir standen im Beton unter der Sonne
Der Schweiß aus allen Poren brannte uns
Das Salz von sieben Meeren in die Haut
Und mehr als alles Bier der Welt und schneller
Als Wodka der gebrannte Clown und wilder
Als Liebe je hat uns der Bau geschleudert
Im Tanz der Steine zwischen Stahlgerippen.
Dem Meer dem grünen Elend macht kein Sturm
Je solchen Seegang wie dem Festland wir.
Und in der Sonne im Beton stand Bolbig
Und riß das Maul auf gegen Raum und Zeit
Und stemmte sich gegen den Fluß der Steine
Und ist verschwunden wie sein Schatten vor ihm
Als ihm die Sonne überm Scheitel stand.
Dann war noch seine Stimme in der Luft
Dann nichts mehr. Das war Bolbig.

Bolbig ab.

Ich geh mit, Brigadier.

SCHNEE

Barka. Bastian.

BASTIAN: Elmer auf Rente, Kleiber in der Armee,
Gablonzki auf dem Weg zur Intelligenz
Und Klamann lernt die Neue Technik meistern.
Nächstens zieht er die Hosen mit dem Kran an
Und bohrt sich in der Nase mit dem Bagger.
Dich seh ich auch schon als Generaldirektor
An jedem Finger einen VEB
Und jeder Furz ist international.
Brandstiftung höchstens kann dich da noch retten
Oder die Axt ins Kabel oder Mord.
Noch eine Qualifizierung und ich kenn mich
In meinem eignen Schädel nicht mehr aus
Bastian der erste ist Bastian der letzte
Grau vor dem ersten, weiß vorm letzten Bau hier.

Schnee.

BARKA: Wo ist Bolbig?
BASTIAN: Bolbig? Wo ist der Schnee im Sommer?
Mensch oder Bau, ihm ist eins was er weiß macht.
Der Regen wäscht nicht alles, wo ist Bolbig?
Gräbt einen Tunnel durch die Elbe vielleicht
Oder lernt fliegen in Berlin überm Schutzwall
So oder so. Frag Bolbig. Wenn du mich fragst:
Auf Bolbig gibt dir keiner mehr heraus
Und hinterm letzten Schnee ist Inflation. –
Da schwimmt was im Gestöber.
Schlee.
Der Strand sind wir.
So objektiv ist keine Schwierigkeit hier
Daß sie an uns vorbeigeht, so viel Zeit hat
Kein Schwerpunkt, daß er warten kann bis ich
Mein Fleisch auszieh bei VVB Erdbau
Zwei Meter unter morgen.
SCHLEE: Frost im Beton.
BASTIAN: In meinen Knochen auch und die gehn mir vor.
Lang genug war die Schicht, auf Eis neun Stunden.
SCHLEE: Die Ablösung findet den Weg nicht.
BASTIAN: Das duckt sich
Ins Bier vor jedem Wind. So faul wie grün.
SCHLEE: Am Kühlturm.
Schwankt, Barka stützt sie.
Ich kann gut allein gehn, bin ich krank?
Fällt um, Barka hebt sie auf.
BASTIAN: Fahr sie zur Klinik. Nach der Wand seh ich.
Und fahr vorsichtig, du fährst drei.
SCHLEE: Ich kann –
BASTIAN: Wir wissen was du kannst: mehr als zehn Schreier.
Engpässe weiten, Havarien ausbügeln
Und Löcher stopfen im Materialfluß
Kraftwerke stricken und Werkhallen nähn
Alles mit einem blauen Augenblick.
SCHLEE: Grau. *Tränen.*
BASTIAN *reicht ihr ein riesiges rotkariertes Taschentuch:*
Kein Wasser jetzt, sonst wird der Pol grün.
BARKA: Graugrün.

BASTIAN: Deine Krankheit ist Natur, der Mensch wär lang schon
Bei den Mammuts, wär die Krankheit ausgestorben
Die du im Leib hast. Wirst du rot vor mir?
Ich bin der Schneemann, mir schlägt kein Baum mehr aus.
Das weiß ich: kurz lebt was in der Mutter stirbt
Und kein Beton macht dich neu wenns dich umbringt.
Zeig mir den Bau der ein Gebornes wert ist.
Was ist ein Kühlturm? Morgen steht ein neuer.
Die Welt ist billig und der Mensch ist teuer. *Ab.*

SCHLEE: Sie brauchen mich nicht zu tragen, geben Sie mir nur Ihren Arm, wenn der Boden schwimmt, es geht auch vorbei.

BARKA: Kein Risiko. *Trägt sie.*
Du wärst mir leichter, wärst du schwer von mir.
So lang der Weg reicht bist du meine Last.
Hinterm Ural ist Nacht. Die Liebespaare
Gehn in die Sträucher oder in die Betten
In jeder Minute auf dem Flugstern hier
Mit Baggern umgegraben und mit Bomben
Mit unserm Schweiß gewaschen und mit Blut
Mit Kraut bewachsen und bebaut mit Steinen
Über dem Lärm aus Stimmen und Papier
Geht einem Mann in einer Frau die Welt auf. –
Siehst du die Städte, die wir morgen baun?
Ein Lichtmeer zwischen Wolken in der Schwebe
Scheinen sie aus der Zukunft hinterm Schnee
Im Negativ durch meine Augendeckel.
Die nach uns wohnen drin und die nach denen.
Gehn ohne Schritt durch Türen, jetzt noch Wald
Sitzen ohne Gewicht auf laubigen Stühlen
Am grünen Tisch und reden ohne Stimme
Ihre Gesichter sind aus Schnee, vom Fleisch
Noch nicht bezogen und kein Unterschied
Und mit Schneeaugen sehn sie mehr als wir
Und in Fabriken die du noch im Kopf hast
Und die in meinen Händen noch nicht reif sind
Läuft ihre unbekannte Produktion
Und aus den Sternen, heut noch überm Pflug
Wächst Brot in ihre zweiunddreißig Zähne.
Kein andrer wollt ich sein als ich und ich

Seit ich das Und kenn zwischen mir und mir
Mein Lebenslauf ist Brückenbau. Ich bin
Der Ponton zwischen Eiszeit und Kommune.
Könnt ich die Zeit zurückdrehn auf den Punkt
Knapp wie die Spanne zwischen Schnee und Wasser
In dem er eins gewesen ist mit dir
Gern laß ich mich in jeden andern sperrn
Ob er der erste war oder der letzte
Von dem dein Schoß blüht.

Pause.

Wo ist der Sekretär?

SCHLEE: Konferenz in Halle.

Pause.

BARKA: Das unterm Schnee heißt Wartburg. Weiter mit
PS, wenn er den Frost verdaut hat und
Hört wieder auf Benzin.

Donat. Schlee.

DONAT: Belfert hat um seine Ablösung gebeten, er will einen ruhigeren Platz an einem besser überdachten Schreibtisch in einem weniger windigen Büro auf langsamerem Boden. Macbeth ist heruntergekommen: lieber ein Helm voll Spinnweben als ein Wald der geht. Er hat eine Selbstkritik aufgeführt in Halle, Applaus auf allen Rängen. Und verdient: ich hätte ihn nicht besser kritisieren können. Aus der Front in die Etappe war seine berechnete Flugbahn. Die Rechnung ist nicht aufgegangen, zu gründlich hat er seine Fehler analysiert, sie waren nicht mehr aufzufinden, der Beweis seiner Unfähigkeit war der Beweis seiner Fähigkeit, sein Schrei nach Ablösung ist untergegangen im Beifall, zweitausend Hände ketten ihn an seinen Platz, den falschen Mann an den falschen Platz, aber er weiß es, also ist er der richtige, seine Intelligenz hat ihn zum Narren gehalten, sein Kopf war ihm im Weg. Undsoweiter. Das sind die neuen Bedingungen: es kostet Schweiß, ein Schurke zu sein, die Karriere frißt den Karrieristen, jeder ist sein eignes Sprungbrett, man muß kopfstehn, wenn man nicht über sich hinauswachsen will, was ist der Sprung über den eignen Schatten, die Sonne in der Hand, wir schleppen alle unsern eignen Leichnam durch die Zeit, der Rest ist Arbeit, nur die Dichter graben noch nach Mist unter den Blumen. Da kommt einer, Shdanow steh mir bei.

Ein Dichter.

Zwei Stunden lang hat er mein Trommelfell beharkt gestern, er wollte nicht glauben, daß ich nicht wenigstens ein Opfer des Personenkults im Schreibtisch habe, jetzt grast er die Baustellen ab nach Konflikten. Passen Sie auf, daß Sie sich nicht die Beine brechen, das Gesicht im Nakken, Orpheus.

Der Dichter sieht sich um, stolpert.

Deswegen brauchen Sie nicht umzufallen, nicht vor mir, es beweist auch nichts.

DICHTER: Es beweist wirklich nichts. Ich suche den Kollegen Hassel Bein.

DONAT: Da können Sie dem Kollegen Hasselbein suchen helfen. Übrigens kommen Sie zu spät: Er ist schon typisch. Wir können wirklich nichts mehr für Sie tun hier, solange Sie herumlaufen mit Ihrem Nichts-Neues-unter-der-Sonne-Gesicht, die Sonne selber ist in jedem Augenblick neu, ein Gebilde, das aus seiner eignen Explosion besteht, nichts, solange Sie die Zähne heben vor dem Brot der Frühe, nichts für eure fleischfressende blutsaufende Kunst. Das Blut ist getrocknet, die Tragödie ist gelaufen, unsern Schatten rennen wir uns an den Sohlen ab, lange genug haben wir euch mit Katastrophen beliefert. Ein Verstoß gegen die Arbeitsschutzbestimmungen ist ein Verstoß gegen die Arbeitsschutzbestimmungen, kein Grund für Poesie. Aus Raum und Zeit wird unser Brot gebacken, Orpheus.

DICHTER: Letzterer wurde in Thrakien von Weibern zerrissen, das heutige Bulgarien, übrigens mit Pflügen.
Denn das Lied schont den Sänger. Der Fleißige hatte besungen.
Alles, Gewächs und Getier und die Glieder lösende Liebe
Aber den Grund nicht: schweißtreibende Arbeit und Werkzeug
Sie pflügten ihn. Das war Orpheus, ich heiße –

Ein Dumper fährt vorbei, der Lärm schluckt den Namen. Dichter ab.

DONAT: Der Kommunist ist gestorben, der Alte mit der halben Lunge, der mir aus meiner vorigen Feigheit geholfen hat, erstickt im Sommer im zu späten Urlaub unter dem Mond, der seine Fahne trägt, unsre, tot und die Ruhr ist noch schwarz in Hamburg fault Fleisch vor der Blüte, Zinn geht vor Blut in Bolivien.
Belfert will dich vor die Parteileitung zitieren wegen Gefährdung der Baumoral, ich kann seinen Antrag nicht ablehnen, ohne daß ich mich verdächtig mache, nicht allein, und wer wird ihn ablehnen außer ich, es ist üblich, die Partei muß alles wissen. Ich wollte auch, wir wären hundert Jahre jünger oder die Zeit wäre älter um so viel, Vater und Mutter, Worte die nichts mehr bedeuten und alles, ein Kind hat soviel Mütter wie es Mütter gibt, soviel Väter wie Väter, und was zwei tun ist nicht für alle. Belfert weiß gut, daß er auf mich zielt: er sitzt fester, wenn er schon hier bleiben muß, mit einem andern Parteisekretär, das ist sein Kinderglaube, und vielleicht reicht es, wenn er mich fragen kann vor der Parteileitung, warum ich seinen Antrag ablehne, etwas bleibt hängen, ich bin der andre Parteisekretär. Wir können Belfert nicht allein regieren lassen, ich werde dich fragen müssen, wer der Vater ist, und du wirst es mir nicht sagen, darum bitte ich dich jetzt.

Schlee lacht.

Hör auf.

Schlee lacht.

Hör auf zu lachen.

Schlee lacht immer noch.

SCHLEE: Entschuldige. Ich finde es auch nicht sehr komisch. Es war dein ungebornes Kind in mir das über dich gelacht hat, es lebt morgen, nicht mehr dein Kind, wenn ich dir die Lüge sage, die du brauchst, wer braucht sie außer dir, und wenn du sie brauchst, wer braucht dich? Wir werden Kinder haben, die Kinder haben werden, eine Generation macht die nächste, die Zukunft uns aus dem Gesicht geschnitten, der Kommunismus gut oder schlecht, wie wir ihn gemacht haben, wir und wir, du weißt es.

DONAT: Kommunismus aus der Hand? Was geht hat den Weg an den Schuhn. – Was willst du, ist ein Fundament gerissen, brennt ein Kühlturm, ist ein Stern entgleist?

SCHLEE: Wer braucht Sterne? Ich werde also lügen für dich und das ist die Wahrheit: dein Kind wird keinen Vater haben, wir werden uns mit Genosse anreden wie vorher, ich werde den Vogel nicht einscharren, der im Frühjahr singt, du wirst die Sonne nicht aus dem Himmel reißen, der Schnee wird nicht liegenbleiben bis zum nächsten Winter.

(1963/64)

Die Umsiedlerin oder
Das Leben auf dem Lande

PERSONEN

NIET, *Umsiedlerin*
FLINT
FLINTE 1
FLINTE 2
BEUTLER
BEUTLERN
KAFFKA
RAMMLER
RAPP
KETZER
TREIBER
TREIBERN
SCHMULKA
SENKPIEL
FONDRAK
BAUER MIT MÜTZE
SIMONEIT
KRÜGER
ERFASSER
HEINZ
HENNE
SIEGFRIED
FLÜCHTLING
VOLKSPOLIZIST
PARTEISEKRETÄR
AKKORDEONSPIELER
ARBEITER
DICKE FRAU
EIN CHRIST
LANDRAT
HITLER } *Gespenster*
FRIEDRICH II. } *Gespenster*
BÄUERINNEN UND BAUERN
2 TRAKTORISTEN
PASTOR
SIEBER

1

Feld

Ein Bauer mit Handwagen, darauf Grenzsteine. Ein Bauer mit Transparent JUNKERLAND IN BAUERNHAND. Ein Bauer mit roter Fahne, Beutler mit Papier. Ein Akkordeonspieler. Musik.

BEUTLER: Mach die Musik aus. In
Durchführung der Verordnung, die Enteignung
Von Junker- und Großgrundbesitz betreffend
Der mit dem heutigen Datum abgeführt wird
In Bauernhand –

BAUER MIT TRANSPARENT:
Red schneller, Bürgermeister.

BEUTLER: Eins nach dem andern. Vor dem Leib die Predigt.
Zum Bauern mit der Fahne:
Bück dich.
Den Bauern als Schreibtisch benutzend.
Fünf Hektar Bodenanteil hiermit
An Kaffka, Erwin, Gutsarbeiter vorher,
Personen acht.

BAUER MIT TRANSPARENT: Der steckt in meiner Haut.
Und der erste Tag, daß ihm sein Fell paßt, ist heute. Den Spaß mit der Frau zähl ich nicht, eine Frau ist ein halber Spaß zum Preis von acht Kindern. Das Freibier am Wahltag zähl ich auch nicht: kurz war der Aufschwung, vier Jahr lang der Kater, Blut gab ich für Bier im Krieg, den ich gewählt hab. Meine Haut ist international. Prügel in Deutschland, in Frankreich Läuse und in Rußland Frost. Durch zwei Kriege hab ich sie getragen, sie wurde nicht dünner dabei, aber dicker. Drei Löcher zuviel hat sie davon: sie war nicht dick genug. Reich bin ich vom dritten: der Dank des Vaterlandes, ein Silberknie. Der Lebensabend ist gesichert, wenn Not am Mann ist, wird ein Knie versetzt. Oder die Erben lassen sich Löffel draus machen nach mir.
Ich sags wies ist: bis dato wär ich gern
Aus meiner Haut gefahrn in eine bessre.
In jeder Bibelstunde hab ich dem
Er zeigt mit dem Daumen nach oben

Im Ohr gelegen um ein feinres Startloch
Oder daß meine Mutter mich zurücknähm.
Aber es ist schon so: aus seiner Schale
Hat keiner einen andern Ausgang als
Nach unten, wo der Wurm den Menschen schält
Und mit der Nabelschnur wird dir von Anfang
Der Rückmarsch in die Mutter abgeschnitten.
Und heute sag ich, gut ists, daß es so ist
Und meine Mutter war der richtige Eingang.

BEUTLER: Kürz deine Sprüche, Kaffka. Du hältst die Bodenreform auf.

KAFFKA: Verbindst du mir das Maul, dem Ochsen, der dich gewählt hat, Bürgermeister, Gutsmelker vorher? Seit Olim hab ich keine Lippe riskiert aus Angst um den Kragen, jetzt red ich bis mir die Schnauze schäumt, nämlich mir ist eine neue Zeit angebrochen – *zieht eine große Taschenuhr* – vor einer Minute.

BEUTLER: Bist du jetzt fertig?

KAFFKA: Ja. *Er wirft das Transparent weg und schleppt einen Grenzstein auf sein Feld.*

BEUTLER: Der nächste. In Durchführung und so weiter.

Der Bauer mit der Fahne verwandelt sich wieder in einen Schreibtisch.

Fünf Hektar Bodenanteil wie gehabt –
An Rapp, Franz, Umsiedler, Personenstand
Vierköpfig.

BAUER MIT FAHNE *noch gebückt:*
Hier. Und der fünfte steckt schon in der Mutter
Wächst um die Wette mit der Saat, wie stehts
Mit Saatgut überhaupt, aus nichts kommt nichts.
Vor meinem ersten Halm schießt er heraus
Und kräht nach seinem Fünfteil von der Ernte.
Was sag ich ihm? Kehrt marsch, die Bodenreform
Hat dich nicht vorgesehn, für dich kein Halm?

BEUTLER: Dein Kind soll füttern, wers gemacht hat. Hat dir
Die Bodenkommission die Frau gepflügt?

BAUER MIT FAHNE: Ich mach mir meine Kinder lieber selber.
Das Feld geht vor der Frau. Was wird mit Saatgut?

Auftritt Flint mit Fahrrad. Er trägt das Transparent.

FLINT: Ich komm vom Kreis. Saatgut kommt hinter mir.

BAUER MIT FAHNE: Wann kommen Pferde?
FLINT: Wie der Satan bin ich
Gefahrn, daß ich zur Bodenreform zurechtkomm
Auf die das Volk gewartet hat seit Müntzer.
BAUER MIT FAHNE: Nichts gegen die Bodenreform. Wann kommen Pferde?
BEUTLER: Musik.

Musik.

FLINT: Gibt dein Klavier kein neues Lied her?
AKKORDEONSPIELER: Ich kann kein neues Lied.
FLINT: Ich brings dir bei.

Er stellt sich hinter den Akkordeonspieler und führt ihm die Hände.

BEUTLER: Was willst du. Deutschland hat den Krieg verlorn.
FLINT: Ihr habt den Krieg gewonnen. Merkt ihrs noch nicht?
Ein Jahr, dann fährst du deinen eignen Traktor
Du auch, und habt vergessen, was ein Pferd ist.
BAUER MIT FAHNE: Bis dahin lieg ich selber unterm Pflug.
Fünf Hektar nährn mich nicht und meinen Nachwuchs.
FLINT: So nährn sie einen andern
Zu Beutler: Streich ihn aus.

Beutler tut es.

BAUER MIT FAHNE: Der Strich geht in den Magen.
BEUTLER: Du wirst bedient
Nach Wunsch, Umsiedler.
BAUER MIT FAHNE: Mein Wunsch heißt fünf Hektar.
BEUTLER: Die Revolution kennt keinen Aufenthalt.
Und weiter geht die Bodenreform. Der Nächste.
BAUER MIT FAHNE *nimmt die Mütze ab:*
Was meine Schnauze etwa hier gefehlt hat
Bitt ich die Herrn ergebenst meinem Bauch
Nicht anzukreiden, in Erwägung, weil der
Fünf Mägen hat. Ich werd mich dankbar zeigen.
FLINT *brüllt:* Behalt die Mütze auf und laß den Herrn weg.
BAUER MIT FAHNE *setzt die Mütze auf:* Jawohl.
FLINT: Und wenn du wissen willst, wer hier

Dein Herr ist, kauf dir einen Spiegel.
BAUER MIT FAHNE: Jawohl.
FLINT: Und wenn du einen Herrn brauchst außer dir:
Hinter der Elbe ist der Markt für Knechte.
Lauf, daß du dich noch vor der Krise los wirst.
BAUER MIT FAHNE: Hierbleiben, wenns erlaubt ist, wär mir lieber.
FLINT: Gut, ich erlaubs dir, aber mit Bewährung.
Was deinen Dank angeht, der ist für die
Dies nicht mehr brauchen, weil sie nichts mehr brauchen
Weil sie sich ausgegeben haben dafür
Daß du in deinen Acker deinen Schweiß
Jetzt investiern kannst. Nämlich keinen Schritt
Auf eignem Boden gingst du, hätten die
Vorm letzten Gang gescheut wie ihr vorm ersten.
BAUER MIT FAHNE: Ich habs verstanden:

Er läßt die Fahne fallen und nimmt seinen Grenzstein vom Wagen.

FLINT: Heb die Fahne auf.
BAUER MIT GRENZSTEIN: Hab ich die Hand frei?
AKKORDEONSPIELER: Scheiß auf deinen Grenzstein.
BAUER: Das könnt euch passen.

Er begibt sich auf sein Feld.

FLINT: Wieder ein Kulak mehr.
BEUTLER: Musik!

Die drei ab mit Musik. Flint, allein, hebt die Fahne auf. Auftritt Rammler.

FLINT: Willst du dir eine Scheibe abschneiden, Kulak, von der Bodenreform? Sei froh, daß du drei Hektar zu wenig hast für die Enteignung. Arm wie ein Junker wärst du, drei Hektar reicher.
RAMMLER: Weiß ich, was ein Kulak ist? Ich bin Deutscher. Deine Hand, Flint. Hast du keine frei? Will dir keiner die Schleppe tragen, daß du sie selber halten mußt schon bei der Siegesfeier, die Reklame auch?
FLINT: Daß ich dir nicht in die Fresse schlagen darf jetzt, Ortsbauernführer, ist ein nationales Unglück.
RAMMLER: Tu dir keinen Zwang an, ich bin CDU, ich halt

die andre Backe auch noch hin aus Parteigeist. Dann kann ich sie beide herzeigen im Demokratischen Block.

Flint ab. Rammler lacht.

Zu den Neubauern: Braucht ihr Pferde?
KAFFKA: Nicht von dir.
RAMMLER: Wollt ihr euch selber vor den Pflug schirrn?
Gesetzt, ihr hättet einen Pflug.
KAFFKA: Wir kriegen.
RAPP: Von der Bauernhilfe.
RAMMLER: Den Gaul?
RAPP: Den Pflug.
KAFFKA: Und wenn ichs mit dem Daumen pflüg, s'ist meins.
RAMMLER: Meins! Wenn die Katze aus dem Sack springt, heißt sie Kolchose. Meins.
Zu Rapp: Ich borg dir einen Gaul
Flüchtling. Du gibst mir eine halbe Ernte.
So gern ich dir helf, umsonst kann ichs nicht machen.
Mir hat der Krieg auch mitgespielt.
KAFFKA: Wärs so.
RAMMLER: Wir kommen alle aus der Mutter, Kaffka
Und gehn den gleichen Weg in Gottes Hand
Der uns gemodelt hat aus einem Klumpen.
Ein Dreck, wenn er die Faust macht, sind wir wieder.
Vier Sorten Stiefel im Gesicht jetzt auch noch
Das halbe Ausland wischt sich an uns ab
Der letzte Jud kann uns in Scheiben schneiden.
Der Deutsche muß zusammenhalten, mein ich.
KAFFKA: Wir kommen aus verschiednen Müttern, Rammler
Und wenn mein Hund dich anpißt, sind wir quitt.
Mein erstes Bett war deine Ackerfurche
Hoferbe vor dem ersten Schiß warst du.
Mein Acker ist zu schad für deine Stiefel
Geh mir vom Feld, Kulak.
RAMMLER: Was willst du, Kaffka. Zum
Ausbeuter ist der Mensch geborn, du auch.
Das wäscht dir kein Regen ab, das ist Natur
Der Herrgott hat dich so geschaffen, mach was.
Vor der Entbindung hast du deine Mutter
Schon ausgenommen, Parasit und Blutsäufer
Am Nabelschlauch, und ohne Rücksicht dann

Milch getankt an ihrer Brust ein Jahr oder länger. Ich
Hätt auch gern Kommunismus, die Idee
Ist gut. Wenn nur die Menschen besser wärn.
Der Kommunismus ist was für die Zeitung.
Zu Rapp:
Ein ganzer Gaul für eine halbe Ernte. *Ab.*

KAFFKA: Ich weiß, wer hier den Dummen macht.

RAPP: Ich auch.

Flint. Ein Bauer mit Büchern.

FLINT: Bücher. Woher?

BAUER: Vom Schloß, wo sonst.

FLINT: Schaff sie zurück.

BAUER: Warum? Kein Hahn kräht danach, seit die Herrschaft Ausgang hat, das halbe Dorf kocht seine Wassersuppe und wischt sich den Arsch mit der Schloßbücherei. Warum soll grad ich die Ausnahme machen acht Mäuler und kein trockner Ast im ganzen Landkreis nach drei Wochen Regen, acht Ärsche und kein Papier? Willst du Bücher lesen, den Magen an den Knien? Ich bin schon spät dran, die dicken sind vorbei. Am besten ist Meinkampf, das kauft in Berlin der Amerikaner. *Geht.*

FLINT *ihm in den Weg:* Schillerundgöthe, wer hat ihm den
Bauch gefüllt? Homer, wer hat ihn angezogen?
Kein Buchstab ohne dich und kein Gedanke.
Dein krummer Buckel, deine krumme Hand.
Und dir ists für den Rauch und für den Hintern.
Die Bücher sind Gemeindeeigentum.
Schaff sie zurück aufs Schloß, Kulturhaus morgen.

BAUER: Machs selber, Jesus. Ich hab andre Sorgen.

Er läßt die Bücher fallen und geht ab. Flint hebt die Bücher auf und geht mit Fahrrad, Fahne, Schild und Büchern.

Auftreten Hitler mit Eva Braun-Brüsten, angebissenem Teppich und Benzinkanister, und Friedrich II. von Preußen, der ihn verfolgt, zwischen den Beinen seinen Krückstock. Hitler springt Flint auf den Rücken, Friedrich II. springt Hitler auf den Rücken. Wiederholte Versuche Flints, sie abzuschütteln. Bei jedem Versuch fällt etwas andres oder alles andre mit: das Fahrrad, die Fahne, das Schild, die Bücher.

2

Trüber Morgen. Verkommene Landarbeiterkate. Davor steht der Neubauer Ketzer und blickt in den Himmel. Ein Solleintreiber mit einer Aktentasche, Beutler und Treiber treten auf.

KETZER: Wirds regnen heute, Treiber?
BEUTLER: Auf dich.
Der Arbeiter-und-Bauern-Staat, vertreten
Von meiner Wenigkeit und dem Kollegen
Erfasser hier, hat eine Fordrung an dich
Ketzer, betreffend Sollrückstände, die er
Durch deinen Mangel an Freiwilligkeit
Zwangsweise einzutreiben jetzt gewillt ist.
Desgleichen der Kollege Treiber, Bauer und
Viehhalter hierorts, hat auch eine Fordrung.
Der Staat hat den Vortritt. Nach dir, Kollege.

ERFASSER *nimmt ein Papier aus der Aktentasche:* Das Milchsoll.

KETZER: Die Kuh, die der eine nicht hat, kann der andre nicht melken.

ERFASSER: Keine Milch?

KETZER: Keine.

ERFASSER *nimmt ein andres Papier aus der Aktentasche:* Dann ists die Ordnungsstrafe.

KETZER: Es heißt, das Pferd füttert die Kuh. Mir hat der Gaul die Kuh gefressen.

ERFASSER: Krepiert?

KETZER: Getauscht.

ERFASSER: Wilde Veräußerung von eingetragenem Nutzvieh. Das verbessert Ihre Lage nicht, mein lieber Schwan!

KETZER: Ohne Gaul konnte ich die Kuh nicht halten –

BEUTLER: Die Futterfrage.

KETZER: Den Gaul, womit wollt ich ihn kaufen als mit der Kuh? Tausend Jahre hat uns der Junker geritten. Kaum ist er abgesessen, sitzt der Kulak auf, dem Kulak der Staat, unsrer, beide unsereinem.

ERFASSER: Ich will das nicht gehört haben, verstehen Sie mich? Aber wenn Sie weiter solche Reden führen vor Zeugen, muß ich sie gehört haben. Also machen Sie keinen Ärger hier, ich tue auch nur meine Pflicht. Ungern, das kann ich Ihnen sagen. Ich mache die Gesetze nicht, ich bade sie aus; immer auf der Achse, drei Stiefelsohlen wöchentlich und ein Fahrradschlauch aus eigener Tasche. Zahlen Sie bar oder Scheck?

KETZER *kehrt seine Taschen um: sie sind leer:* Mein Bankbuch.

ERFASSER *nimmt ein drittes Papier aus der Aktentasche:* Dann ists die Pfändung.

KETZER: Ich hab noch ein Hemd auf dem Leib. Hier! Was brauch ich ein Hemd. *Zieht das Hemd aus, wirft es dem Erfasser vor.* Und sieben Häute drunter, sechs kannst du mir noch abziehn. Wenn Frost kommt, steck ich meine Kate an, klein, aber mein. Das wärmt. Pfänden willst du? Pflanz dein Siegel auf den Grund und Boden, den ihr mir beschert habt. Der Herr hats gegeben, der Herr hats genommen. *Wirft mit Erdklumpen.* Schmeckt dir die freie Scholle? Stopf die Schindeln nach. *Deckt sein Dach ab, wirft mit den Schindeln.* Was brauch ich ein Dach überm Kopf? Der Regen juckt die Toten.

ERFASSER *flieht:* Meine Herren, Sie werden zugeben, daß das zu weit geht. Ich kann nicht als Schießscheibe arbeiten auch noch, mit meinem Gehalt, das schon kümmerlich ist. *Zu Ketzer:* Das hat Folgen. *Ab.*

Beutler lacht.

TREIBER: Das war der. Jetzt ich.
Dein Feld hat keine Furche, die mein Gaul nicht
Gezogen hat. Du wolltst ihn abarbeiten
Mit Rübenhacken. Als die Rüben reif warn
Hast du dich ausgeschmiert mit Rheuma. Ich
Hab selber keinen graden Knochen mehr
Reis ich drauf? Saatkartoffeln hast du dann
Mir abgeflennt im vorigen Frühjahr mit
Im-Herbst-hast-du-sie-wieder. Ich habs schriftlich.
Und bald ist wieder Herbst, und ich wart noch drauf.
Jetzt kann ich nicht mehr warten, Ketzer. Ich
Hab mehr als du, aber daß ich was wegschenk
An dich aus freien Stücken, so viel auch nicht
Und die Erfassung im Genick wie jeder.
Mir greift, wenn ich meins nicht zusammenhalt
Dein Staat nicht unter die Arme, also, wenn du
Nicht auf dem Fleck mir die Kartoffeln zahlst

Mit Kartoffeln und mit Geld den Leihgaul
Helf ich mir selber, und dein Gaul geht mit.
KETZER: Wenn du ein Jahr gewartet hast –
TREIBER: Zwei Jahr.
KETZER: Die Woche kannst du auch noch warten, Treiber.
TREIBER: Sagst du mir, was ich kann?
KETZER: Beutler, sag dus ihm
BEUTLER *zu Ketzer:*
Wo einer recht hat, hat er recht.
KETZER: Beutler
Du warst nicht immer Bürgermeister. Weißt du
Die Zeit noch? Melker warn wir, Kumpels, keiner
Mehr als der andre, einer für den andern.
Ein Herz und eine Kehle warn wir, Beutler
Den letzten Tropfen haben wir geteilt noch
Vier Jahr lang und die Arbeit auch geteilt
Im Gutsstall. Manche Kuh hab ich gestrichen
An deiner Stelle, wenn du fett warst. Du
An meiner Stelle auch, wenn ich fett war.
Und jetzt ists nicht gewesen und mich melkst du.
BEUTLER: Das Bier von gestern ist das Bier von gestern.
Den Regen schwitzt das Feld aus in der Sonne.
Ich hab ein Amt jetzt, Junge. Das bringt Pflichten.
Als Bürgermeister muß ich allen gleich
Gerecht sein. Meine traurige Pflicht ist, daß ich
Dem gegen dich zu seinem Recht verhelf jetzt.
KETZER: Der Gaul ist mein Letztes. Wenn ihr den mir
Wegnehmt, ists der Strick.
BEUTLER: Wart auf die Trecker
Die euch der Staat versprochen hat.
KETZER: Versprochen.
Glaubst du dran? Ich glaub nichts mehr.
BEUTLER: Dann ists der Strick.
Ab.
KETZER: He, laß mein Pferd los, Treiber, oder du kennst mich nicht mehr.
Da Treiber nicht losläßt:
Das weiß ich: du kommst auch noch untern Hammer.
Der über uns mahlt langsam, aber Feinmehl.
Zum Pferd:
Das ist der Abschied, Brauner. Wärst du lahm!

Wenig Gewinn hab ich aus dir gezogen
Zugkraft. Beschissen bin ich heut und morgen
Wenn du mir abgeführt wirst, Haferfresser
Mit meinen letzten Kröten unterm Huf
Du Hund. Wenn du Charakter hast, keil aus, Gaul.
Das Vieh denkt nur an Fressen. Das ist der Undank.
Der Hafer reut mich. Verrecken soll er dir.
Da! *Er zieht ein Messer, sticht das Pferd ab.*

TREIBER: Das warst du. Neubauern. Kein Verstand
Für die Wirtschaft und kein Herz fürs Vieh. *Ab.*

KETZER *ruft ihm nach:*
He, Treiber! Dein toter Gaul will reiten. Bück dich.
Soll ich dein Eigentum zum Schinder schleppen?
Sack ein, was dir gehört. Ein Sack voll Knochen.
Spann den Kadaver vor den Pflug, Aas düngt.
Allein.
Die Hauptsache am Bauer ist das Vieh
Er ist kein Mensch ohne, er kann sich kopfstelln
Sein Feld sein Grab, mit seinen Knochen düngt ers
Und vor der Ernte erntet sein Feld ihn
Er feiert Kirmes zwischen den sechs Brettern.
Ein Vieh macht keinen Bauern ohne Knecht
Die Kuh melkt ihn, der Gaul legt ihm den Zaum an
Der Staat macht ihn zur Sau und stopft ihn pfundweis
Dem Volk ins Maul, durch tausend Mägen geht er
Der Dümmste kann ihn in die Pfanne schlagen
Greift zu, es ist mein Leib, wies in der Schrift heißt.
Er wirft das Messer weg und zieht einen Strick aus der Tasche.
Halt aus, Strick, Kumpel. Meinem Alten hast du
Aus der Not geholfen, seinem Alten vorher.
Nummer drei bin ich, drei Mann an einem Strick.
Du bist der Dietrich, der das letzte Loch
Aufschließt für sieben Groschen, die Himmelsleiter.
Ein Sprung ins Schwarze und ich kann der Welt
Die Zunge zeigen, wenn der Haken hält.
Ab, die Schlinge um den Hals, den Strick nachschleifend.

Zwei Bauern laufen über die Bühne.

ERSTER: Trecker kommen, Ketzer.
Tritt in die Kate. Der ist schon kalt.

ZWEITER *holt das Messer:* Schad um den Gaul.

3

Küche
Beutlern. Beutler. Siegfried.

SIEGFRIED: Trecker kommen, Bürgermeister.
BEUTLER: Mein Dienst ist um. Der Bürgermeister kann mich.
SIEGFRIED: Das will ich sehn. *Ab.*

Beutler läßt sich von seiner Frau die Stiefel ausziehn, die Frau fällt mit den Stiefeln um.
Auftritt Niet, die Umsiedlerin.

NIET: Frau Bürgermeister, ist der Herd frei?
BEUTLERN: Nein.

Niet ab.

BEUTLER: Das Gesetzblatt.
Beutler macht aus dem Gesetzblatt eine Fliegenklatsche und jagt Fliegen. Auftritt Rammler.
Ein Fliegenjahr. Verschwind, Frau. Politik.

Beutlern ab.

RAMMLER: Dein Speck.
BEUTLER: Warst du beim Landrat?
RAMMLER: Ja.
BEUTLER: Und bringst
Den Speck zurück? Er hat ihn nicht genommen?
Wars ihm zu wenig?
RAMMLER: Er sieht nicht so aus
Als ob er einen Speck von dir geschenkt nimmt.
BEUTLER: Der Fleischwolf, der den ganzen Landkreis ausnimmt
Mit sieben Kindern, jedes Jahr ein Wurf?
RAMMLER: Ich red vom neuen Landrat. Deiner sitzt.
BEUTLER: Du hast ihm doch den Speck nicht offeriert
Etwa? Hat er gefragt, warum du kommst?
Was hast du ihm gesagt warum?
RAMMLER: Ich will mich
Beschwern, hab ich gesagt. Der Bürgermeister

Ist mir zu links, hab ich gesagt, und daß du
Die Bündnispolitik mit Füßen trittst hier.
Ich hab ihm was erzählt von Repressalien
Altbauernschinden und Neubauernvorziehn.
BEUTLER: So? Das war gut! Und er?
RAMMLER: Er hat gelacht.
BEUTLER: Und dann?
RAMMLER: Dann hab ich mich beschwert, weil er
Gelacht hat.
BEUTLER: Und?
RAMMLER: Dann hat er mir versprochen
Er wird dir ins Gewissen reden, daß du
Die Bündnispolitik nicht übers Knie brichst
Obzwar in guter Absicht, in der Hitze
Vom Klassenkampf, der einmal sein muß.
BEUTLER: Und?
RAMMLER: Und ich hab drauf bestanden, daß du fliegst.
BEUTLER: Das geht zu weit. Du mußt auch wissen, wo
Der Spaß aufhört. Was weiter?
RAMMLER: Weiter nichts.
Er muß zur Sitzung, sagte er und hat mir
Die Tür gezeigt, und auf dem Flur noch hab ich
Ihn lachen hörn.
BEUTLER: Gut.
RAMMLER: Ich finds nicht gut.
Ich saug mir ein Lamento aus den Fingern
Ich plag mich ab, daß ichs im Brustton vorbring
Er schluckt es, meine Arie schmeckt ihm, und
Er lacht mir ins Gesicht, der Bolschewik.
Ein Kerl, der keine eignen Hosen hatte
Als mir ein Grundbesitz beinah gehört hat
In der Ukraine, größer als sein Landkreis.
Ich bin dem Staat vielleicht ein bessrer Bürger
Als mancher, der ihm auf der Tasche liegt
Der erste Staat ists auch nicht, dem ichs bin
Ich kann verlangen, daß der Schein gewahrt wird.

Beutler lacht. Auftritt, den Hut im Gesicht, ein politischer Flüchtling.

FLÜCHTLING: Ich bin auf der Durchreise. Im Amt bis gestern, von unten geschmiert, von oben traktiert, hoch im

Kurs bei der Bevölkerung, mein Bauch ist der Beweis, mit der Regierung auch auf Du, der Schrecken der Vorzimmer im Kreismaßstab, politischer Flüchtling heute. Sie kämmen die Dörfer ab, vornweg der Kreisparteimensch, SED auf Zündapp, jeden nackten Hintern fragt er, warum er keine Hose hat, der neue Landrat hinterher im alten Opel und erntet, was die Partei ihm gesät hat, setzt ab und setzt ein. Hinter mir ist Polizei her auch noch. Einer hat Feuer gelegt an den Maschinenschuppen, Trecker drin. Mir hängen sie Beihilfe an, weils mit gemeindeeigenem Benzin war. Woher sollt ers nehmen, alles rationiert. Du mußt mir an die Elbe helfen, Beutler, es kann im Jauchkübel sein, aber Tempo, ich hab keine Lust auf Bergwerk oder Bautzen.

BEUTLER: Ich auch nicht, also warum soll ich dir helfen?

FLÜCHTLING: Kann sein, du hilfst dir selber, wenn du mir hilfst.
Kollegen warn wir, Bürgermeister beide.
Kollegen sind wir wieder morgen, wenn du
Das Klima wechseln mußt wie heute ich.

BEUTLER: Kann sein, ich helf mir, wenn ich dich jetzt anzeig.
Pause.
Daß du dein Dorf im Stich läßt, laß ich durchgehn.
Die sehn dich auch von hinten lieber als
Von vorn, am liebsten hinter Gittern, ich kenn dich.
Aber was ist mit der Gemeindekasse?
Hast du die etwa auch im Stich gelassen?
Dann kommst du nicht weit.

FLÜCHTLING: Ich bin ehrlich. Leider.

BEUTLER: Dann ists das Bergwerk.

FLÜCHTLING: Die Kasse war auch leer.

Beutler macht die Tür auf.

Viel war nicht drin.

Beutler macht die Tür zu.

BEUTLER: Wieviel?

RAMMLER: Was wirst du kriegen
Für den Maschinenschuppen, Trecker drin?

FLÜCHTLING: Was werd ich kriegen. Wenn ich Glück hab, zwanzig.

RAMMLER: Was sind dir zwanzig Jahre wert, in Freiheit?

FLÜCHTLING: Hab ich zwanzig gesagt? Das war gelogen.
Wenns schlimm kommt, zehn, und beim Volksrichter
komm ich
Mit der Hälfte weg. Gefährlich sind die alten:
Angstbeißer. Fünf Jahr, denk ich, wär das höchste.
Vom Schuppen steht noch eine Wand, die Trecker
Sind heil geblieben. Also drei, wenns schlimm kommt.
RAMMLER: Vielleicht kommst du mit einem Orden weg
Und wenn ich meine Gäule elbwärts abjag
Für deine Freiheit, jag ich sie für nichts ab.
Der Flüchtling zahlt, Rammler steckt ein.
Fünf Finger hat die Hand.
Der Flüchtling zahlt, Rammler steckt ein.
Ich hab zwei Hände.
Der Flüchtling zahlt, Rammler steckt ein.
Das Futter für den Gaul.
Der Flüchtling zahlt usw.
Der Gaul ist satt.
Wo bleibt die Miete fürs Quartier? Denkst du
Der Platz in meiner Jauche ist umsonst?
Kann sein, es kostet mich die halbe Ernte
Flüchtling, daß ich dich drin wohnen laß. Kann sein
Die Rüben machen kehrt und wachsen rückwärts
Weil du mir meine Jauche infiziert hast
Mit Politik. Politik verdirbt den Acker.
BEUTLER: Und den Charakter. Daß ich euch nicht anzeig.
Er hält dem Flüchtling eine, Rammler die andre Hand hin.
Beide zahlen.
RAMMLER: Wie lange warst du Bürgermeister, Flüchtling?
FLÜCHTLING: Vier Jahr, und ihr habt meine Ernte.
RAMMLER: Dann
Ists immer noch das Bergwerk.
BEUTLER: Ja, Glück auf.
FLÜCHTLING *leert seine Taschen aus:*
Jetzt habt ihr alles, was ich hab.
RAMMLER: S ist wenig.
Ich hol aus meiner letzten Milchkuh in
Vier Wochen viermal mehr heraus als du
Aus deinem ganzen Kuhdorf in vier Jahren
Herausgemolken hast. Und so was macht
Der Staat zum Bürgermeister! Dümmer als

Die Polizei! So was gehört nach Bautzen.
Gib her, ich borg dir ein Fahrrad ohne Bereifung. Wenn du nicht auf den Felgen fahrn willst, zieh den Mantel aus, ich glaub, er paßt mir. Dir wird warm genug sein, die Justiz im Nacken.

FLÜCHTLING – *nimmt sein Gebiß aus dem Mund* –
Wollt ihr die Uhr noch? Mein Gebiß? Zu kaun
Hab ich ja so nichts drüben, ganz habt ihr
Mich ausgeschlachtet. Hungern kann ich zahnlos.

BEUTLER: Behalts, aber die Uhr laß da und ab, eh die
Justiz kommt!

Schritte.

RAMMLER: Da kommt sie schon.

Der Flüchtling taucht unter den Tisch. Auftritt Treiber, Fleisch im Arm.

TREIBER: Was habt ihr unterm Tisch?
RAMMLER: Ein großes Tier, Bürgermeister bis gestern.
TREIBER *stößt den Bürgermeister mit dem Stiefel an:*
Kannst du melken, Bürgermeister? Ich brauch einen Stallknecht.

Der Flüchtling taucht auf.

BEUTLER: Er muß weg.
TREIBER: Feuer unterm Hintern?
RAMMLER: Großfeuer.
TREIBER: Ich brauch einen Schlachtschein. *Er legt das Fleisch auf den Tisch.*
BEUTLER: Mein Risiko wächst mit jeden Abstich, aber
Mein Anteil hat die Schwindsucht. Keinen Schlachtschein.
TREIBER *nimmt das Fleisch weg:* Kein Schein kein Fleisch.
BEUTLER: Kein Fleisch kein Schein.
TREIBER *legt das Fleisch wieder auf den Tisch:*
Vielleicht tret ich dir gleich die ganze Sau ab
Von Kopf bis Schinken und mir bleibt der Schwanz.
BEUTLER: Unser Quartier ist ein Loch, wenns ans Licht
kommt.
Dir bleibt der Hof, ich werd den Posten los.
Und ich verlang noch nicht die Hälfte.
RAMMLER: Weil sich
Ein Landrat überfressen hat, solln wir

Den Gürtel enger schnalln? Wenn dir der neue
Bauchschmerzen macht: eh dem ein Auge aufgeht
Hinter der Brille, die ich ihm verpaßt hab
Hat schon die zehnte Sau den Darm passiert
Deinen und unsern. Und wer sagt hier was
Von Schlachten? Diebstahl wars. Wer klaut heut nicht?
Hunger kennt kein Gebot, am wenigsten
Das sechste.

BEUTLER: Stimmt. Die Hälfte. Oder kein
Papier. Ein ganzer Schein, ein halbes Schwein.

TREIBER: Ketzer ist tot.

BEUTLER: Das Herz?

TREIBER: Der Hals.

BEUTLER: Du hast ihm
Den Strick gedreht, Kalmück.

FLÜCHTLING: Es heißt Kulak.

TREIBER: Hab ich ihm die Erfassung auf den Hals
Geschickt als Bürgermeister?

FLÜCHTLING: Neubauer?

RAMMLER: Ja.

FLÜCHTLING: Ich kenn da einen Fall: ein Bürgermeister
Der über Leichen ging. Er kam bis Bautzen.
Sie warn nicht groß genug. Das war sein Fehler.
Die kleinste Leiche macht den größten Stunk hier.
Kommst du gleich mit?

BEUTLER: Wie groß bist du? Kann sein
Der Tote macht mir einen Fleck aufs Vorhemd
Ich brauch ein Fleckenwasser, und kann sein
Wenn ich dich liquidieren laß, hab ich eins.
S ist dialektisch; eins und eins macht null.
Zu Treiber:
Kulak, ich mach dir nicht den Leichenwäscher.
Da ist die Tür und nimm dein Fleisch mit. Weißt euch
Die Schweine selber, die ihr absticht schwarz.
Von mir kein Gramm.
Zu Rammler: Du auch nicht.
Ruft: Das Gesetzblatt.

Beutlern bringt das Gesetzblatt.

TREIBER: Regierst du nach der Schnur? Bis du dran hängst.
Ab.

RAMMLER: Nichts gegen dein Gesetzblatt.
Zieht ein Buch aus der Tasche. Kennst du das?
FLÜCHTLING: Der Kurze Lehrgang.
RAMMLER: Lang genug.
GESCHICHTE-DERKAPEDEESUINKLAMMERNB.
Zu Beutler:
Kennst du die Stelle mit dem alten Griechen
Und wie er in der Luft zerrissen wird
Weil die Verbindung mit der Masse abreißt?
FLÜCHTLING: Ich kenn sie. Ich kenn alle Stellen.
RAMMLER: Sag die.
Flüchtling tut es, unverständlich.
Das war zu schnell. Sags langsam.
Flüchtling wie oben.
Langsam, sag ich.
Flüchtling wie oben.
Nennst du das langsam?
FLÜCHTLING: Anders kann ichs nicht.
RAMMLER: Mit dir geht ein Talent über die Elbe.
Antäus. Seine Mutter war, so heißts
Im Märchen, und ein Märchen ists, der Globus
Und keiner konnt ihm an den Wagen fahrn
Solang er mit der Mutter im Konnex war.
Dann kam Herr Kules, nahm ihn bei der Gurgel
Und hielt ihn in der Luft, bis die ihm ausging.
Und was die Erde in den Märchenbüchern
Das ist die Masse in der Politik.
Drum halt dich an die Masse, Beutler. Ein
Melkschemel war dein Amtssitz. Weißt dus noch?
Leicht wird ers wieder, wenn das Volk dich falln läßt.
Der Mensch muß wissen, wo er hingehört.
Wer hat dir in den Bürgermeisterstuhl
Geholfen, Melker, aus dem Kuhstall?
BEUTLER: Ihr.
Und wie ich oben bleib, weiß ich. Hast du
Dem Landrat nicht erzählt, der Bürgermeister
Ist dir zu links? Es war ne Lüge, denkst du.
Ich muß es wissen, und ich sag, s war keine.
Steht auf.
Auf Wiedersehn, Kulak, im Kommunismus!

Zum Flüchtling:
Brandstifter, heb den Fuß von meiner Schwelle!
Eh du die Elbe siehst, wird dich mit Macht
Der Wunsch befalln, du hättest deine Mutter
Von außen nie gesehn: ich zeig dich an.
Rammler und Flüchtling ab.
Die Stiefel! Laß den Flüchtling an den Herd.
Schneid Speck. Vom Landrat. Mehr. Den Schlips.
Den roten.

Beutlern bringt die Stiefel, schneidet Speck, bringt den falschen Schlips, dann den roten.

BEUTLERN: Sie können Ihre Suppe kochen.
BEUTLER *nimmt den Speck auf:* Mehr.
Beutlern schneidet mehr.
Speck, junge Frau, für Sie. Keiner soll hungern.
BEUTLERN: Warum kriechst du dem Flüchtling in den
Hintern?
BEUTLER: Weil ich den Staat bescheißen muß. Die Nelke.
Der Fortschritt sitzt mir auf den Fersen. Ein
Stolpern jetzt und im Stallgang lieg ich wieder
Abtritt für Rindvieh und Kulak. Die Hand
Ist weich geworden, Macht macht weiche Hände.
Betrachtet seinen Daumen.
Den Melkerdaumen nehm ich mit ins Grab
Den Krüppel. Und mir selber wenn ich fehlgreif
Passierts vielleicht, daß ich dem Kommunismus
Den Melkerdaumen machen muß. Der bloße
Gedanke macht nen Kommunisten aus mir
Rot wie die Sünde in der Heiligen Schrift.
Und besser sitzt sichs unterm Euter noch
Als überm Blechnapf, sagen die Experten
Ein Kurort ist der Stall gegen den Schacht.
Der Bauch steht auf dem Spiel. Studier die Regeln
Schädel. Nach jedem Wind aus Osten häng
Den Überzieher. Auf dem Dienstweg kriech
In jeden Hintern, der dir vorgesetzt wird.
Steig aus eh er auf Grundeis geht. Und wenn du
Noch einen Fußtritt landen kannst, land ihn.
Bedenk: du brauchst ein Sprungbrett in den nächsten.
Wenn dir die Leitung einheizt, pack dir Kohlen

Reichlich aufs Schädeldach. Das Feuer wird
Zu Wasser eh du eine Blase ziehst.
S ist gegen die Natur, doch dialektisch.
Als neuer Adam steigst du aus der Taufe
Und füllst die Backen an der alten Raufe. *Ab.*

BEUTLERN: Wer ihr den Bauch gemacht hat, möcht ich wissen.

4

Kammer
Niet. Fondrak.

NIET: Fondrak, mir paßt kein Kleid mehr, wie lang soll ich
Spießruten laufen? Unterm Schlehstrauch nachts
War ich dir gut genug fürs Leben, schön auch
Mit Kirschenmund und Brust wie eine Gräfin.

FONDRAK: Das war bei Vollmond, jetzt bin ich erwerbslos.
Die Brust ist auch nicht, was sie war, wirds auch
Nicht wieder, hier, wo die Bonzen uns das Fleisch
Wegschnappen, und jetzt wächst dir noch ein Fresser.
Nimmt ihr den Speck aus der Hand und ißt ihn auf.
Schaumgummi, wenn der Busen nachläßt, gibts beim Amerikaner. In der Illustrierten stehts drin, die der junge Senkpiel mitgebracht hat vom Ferkelschieben aus Berlin. Hol Bier.

5

Dorfstraße. Heinz, im Blauhemd, bringt ein Wegschild an: MAS. Auftritt der Sollerfasser, Aktentasche unterm Arm, großes Loch in der Hose.

ERFASSER: Staub geschluckt und Spinnweben gefressen auf der Tenne, durch Sauställe gewatet, Mist bis an die Socken, auf beschissenen Hühnerstiegen herumgeturnt, den Eiern nach, dem Fleisch und dem Getreide, die der Kollege Bauer nicht abliefern will, der filzige Bundesgenosse. Lieber sitz ich mich krumm am Schreibtisch.

Wir machen eine Bodenreform, Land kriegt
Was in den Furchen kroch, der Knecht wird Bauer
Wir sagen ihm: pflügs, hol heraus, was drin steckt
Wir brauchen Lebensmittel für den Aufbau.
Was macht er? Reißt sichs untern Nagel, füllt sich
Scheißt auf die Sollverordnung, schiebt und läßt
Den Hund los auf die Staatsmacht. Hier, mein Anzug
Im Koffer durch den Krieg gerettet, Kammgarn.
Bloß weil ich ihm ein Ferkel aus dem Stall zieh!
Hängt mit dem Fleischsoll und im Stall zwei Ferkel!
Wo hat er seins denn her, wer hat gesagt:
Hand auf, hier hast du: Grund und Boden, Vieh
Kredit und Saatgut, alles? Wir, sein Staat.
Und er macht den Hund los. Dreckbauern. Eine Schußwaffe werde ich beantragen zur Selbstverteidigung. Oder ich schule um und geh in die Kultur. *Zieht eine Wurst aus der Tasche, ißt.* Der Bauer kultiviert den Boden, wir kultivieren den Bauern. Das ist die Kulturrevolution. Ich pflüge Hirne, wie der Dichter sagt. Vielleicht werde ich den Kulturpalast übernehmen hier.

HEINZ: Von mir aus, aber wir haben keinen Kulturpalast.

ERFASSER: Jedes Dorf wird einen Kulturpalast haben.
Fressend ab.

Auftritt Henne.

HEINZ: Trecker kommen.

HENNE *besieht das Schild:* Nicht zu früh.

HEINZ: Vor acht Tagen hat der Pastor um die Befreiung gepredigt, heute sind die Trecker da, was willst du.

Auftritt Senkpiel, besieht das Schild, wartet.

SENKPIEL: Wieviel?

HEINZ: Zwei Stück.

Auftritt ein junger Bauer, besieht das Schild, wartet, dann ebenso ein alter.

ALTER BAUER: Zwei Trecker sind ein Dreck auf zwanzig Bauern.

HENNE: Auf neunzehn. Ketzer hat sich aufgehängt.

Auftritt Flint mit Fahrrad.

FLINT: Komm ich zu spät?
SENKPIEL: Du nicht.
FLINT: Mir ist schon angst, daß ich den Kommunismus verpaß durch Parteiarbeit.
Den Klassenkampf ankurbeln in drei Dörfern
Mit einem Fahrrad und ohne Waffenschein
Dazu die Wirtschaft auf dem Hals – Was ist?
Trauert ihr dem Leihgaul nach? Soll ich Kränze bestelln?
SENKPIEL: Einen.
HENNE: Für Ketzer.
FLINT: Ketzer ist gestorben?
HENNE: Ja.
SENKPIEL: Am Strick.
HENNE: Weil ihm der Gaul krepiert ist, Treiber
Hat ihm den pfänden wolln für Schulden, darum.
FLINT: Das ist ungesetzlich.
SENKPIEL: Sagte die Sau nach der Schwarzschlachtung.
HEINZ: Das hörte die Volkspolizei, holte den Bauern ab und wenn er nicht gestorben ist, sitzt er noch.
JUNGER BAUER: Und woran ist der Gaul krepiert?
HENNE: Am Messer.
Er hat ihn abgestochen.
JUNGER BAUER: Ketzer?
HENNE: Ja.
ALTER BAUER: Die einzige Milchkuh hat er weggegeben
Für einen Gaul. Der Gaul jetzt hin für nichts
Und keine Aussicht mehr auf Sollerfüllung.
Am Haken hing er, der für Zaumzeug war.
FLINT: Hat er nicht warten können? Pferd weg Strick her
War alles, was ihm in den Kopf ging? Ihr
Habt auch nicht mehr gewußt? Wenn der Kulak mich
Einseift, seif ich den Strick. Der beste Staat
Ist machtlos auf die Länge, wenn das Volk
Sich hinter seinem Rücken aufhängt und
Die Hände hochnimmt vor der Reaktion
Die er schon unterm Fuß hat, aus Gewohnheit.
Was glotzt ihr? Das
er zeigt auf sein Parteiabzeichen
ist ein Stück Blech, wenn drunter
Kein Herz schlägt, das mit andern gleichen Takt hält.
Wars mein Privatspaß, als Braun Trumpf war, daß ich

Den Schädel unters Beil gehalten hab?
Hats mir mehr eingebracht?

ALTER BAUER: Der Solleintreiber
Hat ihm auch zugesetzt.

FLINT: Setzt er mir nicht zu?
Und ich verlangs von ihm, daß er mir zusetzt.

Schweigen.

Er hat gewußt, daß wir die Trecker kriegen.

ALTER BAUER: Daß es versprochen war, nicht daß wir kriegen.

FLINT *brüllt:*
Tanks habt ihr losgeschickt, Traktoren kriegt ihr.

Auftreten Rammler und Treiber.

RAMMLER: Mich hat er neunzehnhundertfünfundvierzig
Von meinem besten Gaul befreit, der Russe.

FLINT: Bedank dich, daß du deinen Kopf noch aufhast.

RAMMLER: Wann kommst du meine Rüben hacken, Henne?

Henne will die Mütze ziehn.

FLINT: Behalt die Mütze auf, du hast Traktoren.

Henne gehorcht.

TREIBER: Drei Stück sind nach Granzow gekommen, Russentrecker. Der erste liegt schon auf der Schnauze, ein Ersatzteil fehlt. Der Traktorist pflügt die Kneipe, drillt den Wirt und tankt Bier.

HEINZ: Geht aus dem Weg eh wir euch unterpflügen.

RAMMLER: Bis eure Trecker auf der Schnauze liegen.

Rammler und Treiber ab. Ein Volkspolizist fährt auf die Bühne.

HEINZ: Hinter wem bist du her?

POLIZIST *hält:* Ein Bürgermeister. Habt ihr ihn gesehn?

HEINZ: Zu lange. Rauch eine Zigarette mit mir, Genosse. *Gibt ihm eine Zigarette.* Du gibst mir meinen Glauben an die Volksmacht wieder. Traktoren kriegen wir und der Bürgermeister wird verhaftet. Wenn das kein Feiertag ist!

POLIZIST *raucht:* Er soll hier durchgekommen sein, aus Germe, auf einem Fahrrad ohne Bereifung. Euer Bürgermeister hat es angezeigt.

HEINZ: Beutler?

POLIZIST: Ja.

FLINT: Mit der Gemeindekasse?
POLIZIST: Wer?
FLINT: Dein Kunde.
POLIZIST: Ja.
HEINZ: Dann kontrollier gleich, ob unsrer ein Fahrrad zu wenig im Schuppen hat und in der Hose einen Hunderter zu viel.
POLIZIST: Ich hab keinen Haussuchungsbefehl.
HEINZ: Immer der Papierkrieg.
POLIZIST: Ihr könnt ihn anzeigen. Wenns stimmt, wars Wachsamkeit und ihr kriegt eine Belobigung, stimmts nicht, ist es Verleumdung und strafbar. *Ab.*
HEINZ: Da fährt er, mit meiner letzten Aktiven hinter dem Falschen her.
FLINT: Ein Lump weniger ist ein Lump weniger.
HEINZ *schlägt mit dem Hammer auf das Wegschild:* Einer nach dem andern.

Auftreten von verschiedenen Seiten Siegfried und die Schmulka.

SIEGFRIED: Trecker kommen, Schmulka.
HEINZ: Traktoristen auch.
FLINT: Hast du die Fahne aufgezogen?
SIEGFRIED: Ja.
FLINT: Die alte Scheune
Wird MAS. Wo die Gendarmen auf uns
Herumgedroschen haben unter Brüning
Die halbe Nacht durch für das rote Inlett
Das wir am Schloßtor aufgezogen hatten
Stehn die Traktoren aus dem roten Rußland.
SENKPIEL: Zwei Stück.
FLINT: Die haben auch so angefangen, mit
Feldern von Tanks gewalzt, Dörfern zerschossen
Hunger im Bauch, auch der und jener noch beim
Kulaken in der Schraube, bloß im Kopf
Das Licht, von Lenin ihnen aufgesteckt
Und manchem gings auch manchmal wieder aus
Durch Magenleere, und die halbe Welt blies
Die Backen auf dagegen, und ihr wißt
Was draus geworden ist, und so wirds bei uns.
SIEGFRIED *zur Schmulka:*
Aus Stalingrad.

Junger Bauer: Ich denk, das steht nicht mehr.
Siegfried: Das steht schon wieder. In der Zeit, wo ihr
Ein Feld pflügt, stelln sie dort ein Kraftwerk hin.
Die Städte schießen aus dem Boden wie
Bei dir das Unkraut, und im Handumdrehn
Ist eine Wüste Wassertank geworden.
Uns nimmt der Himmel in den Doppelnelson
Biegt Mann und Vieh den Nacken bodenwärts
Nach Wasser, wenn er keinen Regen ausspuckt.
Dort kann der Bauer große Bogen spucken.
Henne: In der Kolchose.
Siegfried: Bist du dagegen?
Junger Bauer: Bist du dafür?
Siegfried: Was sonst.
Flint *souffliert:* Nein.
Siegfried: Nein.
Flint: Kolchos ist Feindparole.
Siegfried sieht ihn empört an.
Flint *leise:* Bis auf weitres.

Traktorenlärm. Volk.
Schmulka winkt.

Siegfried: Willst du jetzt auch noch in die Stadt, weil wir
Ein Kuhdorf sind, weg von den Treckern, Schmulka?
Die Technik zieht den Kommunismus nach sich
Und das steht fest: im Kommunismus, Schmulka
Ist Stadt und Land egal, kein Unterschied.
Spar dir den Umweg also und bleib gleich hier.
Schmulka *heftig winkend:*
Ich weiß nicht, ob ich so lang warten kann.
Flint: Der Sozialismus fährt ins Dorf mit vierundzwanzig
Pferdestärken, und ihr steht da wie der Kapitalist bei der
Maiparade auf dem Roten Platz.
Wenn sie euch schon nichts kosten, keinen Groschen
Wir haben sie bezahlt. Winkt wenigstens.
Henne winkt.
Junger Bauer: Der reißt vier Ochsen um.
Flint: Und zehn Kulaken.
Henne *noch winkend:* Und übers Jahr den Feldrain.
Heinz: Vielleicht montierst du gleich den Motor aus
Und spannst den Leihgaul vor, weils dir zu schnell geht.

EINE ALTE: Bei dem Radau soll ein Mensch schlafen.
EIN ALTER: Im Sozialismus wird nicht mehr geschlafen, Alte.

Alle ab, außer Siegfried, der die Schmulka zurückhält.

SIEGFRIED: Schmulka, warum hast du gewinkt? Ich weiß, warum ich gewinkt hab.
SCHMULKA: Ich auch.
SIEGFRIED: Traktoren schickt uns die Sowjetmacht, Schmulka.
Die Ernte auf dem Halm, die Saat im Boden
Den Boden selber haben wir verbrannt
Vom Weißmeer bis zum Schwarzmeer. Die Sowjetmacht
Drückt beide Augen zu und schickt Traktoren.
Das hat die Welt noch nicht gesehn. Du siehst es
Der Sozialismus fährt an dir vorbei.
Und alles, was du siehst ist, der drauf sitzt
Hat Hosen an, und alles was du denkst
Ist, wann er die herunterläßt vor dir.
SCHMULKA: Ja. *Ab.*

Auftritt Beutler.

SIEGFRIED: Bist du wieder im Dienst, Bürgermeister? Zur Parade zu spät.
BEUTLER: Viel Wind um zwei Trecker.
SIEGFRIED: Ab morgen mußt du früher aufstehn, Oberhaupt, sonst kommst du unter die Räder, das Dorf ist motorisiert. Wir feiern jetzt. *Schnell ab.*
BEUTLER: Das Blauhemd bläst sich auf.

Auftritt der Volkspolizist mit dem Exbürgermeister in Handschellen.

BEUTLER: Ein schnelles Wiedersehn.
FLÜCHTLING: Nicht unser letztes.
BEUTLER: Ist das der Weg zur Elbe, Bruder? Hier gehts
Nach Bautzen. Kennst dus? Eine Vorstadt von Sibirien.
FLÜCHTLING: Bald wirst dus selber kennen.
BEUTLER: Der Mensch beschleunigt sich, der Globus schrumpft
Man muß kein Lump sein, um herumzukommen.
Im Extrazug als Delegierter fahr ich

Im zehnten Jahr vielleicht den Fleck vorbei
Wo du den Boden umgräbst schandenhalber.
Der Mensch hat einen Mund und einen Hintern
Genauso hat der Kommunismus auch
Nen Vordereingang und nen Hintereingang.

FLÜCHTLING: Paß auf, daß du die nicht verwechselst etwa
Und kriechst ihm ins Gebiß statt in den Hintern.

BEUTLER: Dich, Schädling, spuckt er aus und scheißt noch drauf.

FLÜCHTLING: Hätt ich die Hand frei, wüßt ich dir die Antwort.

BEUTLER: Drückt dich dein Armband?

FLÜCHTLING: Deine Größe ist
Auch noch am Lager.

POLIZIST: Habt ihr ausdiskutiert?
Setz dich in Marsch, Bürgermeister, du hast mir genug Überstunden gemacht. Blasen hab ich mir gelaufen, das Rad an der Hand, deinetwegen. Ich könnte beim Skat sitzen, hättst du kein Feuer gelegt, du Idiot. Ein Mittagessen hab ich schon verpaßt. Fünfzig Gramm Fleisch für einen kleinen Fisch wie du.

FLÜCHTLING: Wenn dir dein Auftrag ernst ist, nimm den auch mit.

BEUTLER: Geh hinter ihm, Kamerad, er ist gefährlich.

Der Gefangene wirft einen Stein. Beutler weicht aus.

POLIZIST: Ich brauch keine Ratschläge von Zivilisten. *Zum Gefangenen:* Los.

FLÜCHTLING *zum Polizisten:*
Ich sag dir, nimm ihn gleich mit, sonst bereust du
Weil du den Weg noch einmal abgehn mußt.
Schwarzschlachten, Mord, Raub – im Gesetzbuch steht
Kein Paragraph, auf dem der nicht herumtritt.

POLIZIST: Von dir brauch ich auch keine Ratschläge.

Beutler will auf den Gefangenen losgehn, der Polizist hält ihn zurück.

Keine Übergriffe! Ich muß ihn lebend abliefern. *Zum Gefangenen:* Bei dem Strafregister wird er im Auto abgeholt, hin und zurück eine Stunde.

FLÜCHTLING: Eine Ungerechtigkeit.

BEUTLER: Dir werd ich zeigen, Lump, was gerecht ist.

Dein Dorf liegt auf dem Weg, ich sorg dafür
Daß sie Spalier stehn, wenn du durchmarschierst.
Dann kriegst du, was du brauchst: zum Abschied Saures.
Wütend ab.

FLÜCHTLING *ruft ihm nach:*
Auf Wiedersehn, Schwarzschlächter, in Sibirien. *Ab mit der Polizei.*

Auftreten von verschiedenen Seiten die Umsiedlerin mit Bierkrug und der Bauer mit der Mütze.

MÜTZE: Bier holen für den Liebsten?
Umsiedlerin geht weiter.
Wärs für mich
Ich ließ die Frau nicht nach Bier gehn.
NIET: Es ist nicht für Sie.
MÜTZE: Da wär vielleicht ein andrer grad so gut
Wenns um das Kind ist oder besser auch.
Niet *bleibt stehn:*
Gut oder nicht, es ist seins
Wenn ichs auch anders wollte. Und ich wills nicht.
MÜTZE: Wer einen Schritt macht, kann den andern lassen.
NIET: Wärs mit zwei Beinen, könnt ichs. Ich hab vier jetzt.
MÜTZE: Dem Kind wär wohl der falsche recht, der ihm gut ist.
NIET: Es wächst nicht aus der Welt und der wärs unrecht.
Ich muß auch gehn jetzt, und Sie brauchen Ihre
Zeit auch. Schone gibts viel, wer eine Frau will.
MÜTZE: Ich seh, ich halt Sie auf, aber zu spät
Ist manchmal nicht zu spät, wenn ich auch keiner
Mehr von den Schnellen bin, das ist nun so:
Da steht vielleicht am Feldweg, den man jeden
Tag abfährt, ein Baum, kein großer, eingestaubt
Von den Fuhrwerken, überall nicht viel anders
Als andre Bäume, und dann doch ganz anders
Nämlich wenn man ein Auge drauf hat. Zwei
Jahr lang fährt man den Weg schon, jeden Tag
Früh auf den Acker, spät heim und nicht vorm dritten
Merkt man den Baum, der da schon vier Jahr steht.
NIET: Vielleicht versteh ichs. Und jetzt muß ich gehn. *Ab.*

6

Dorfkrug
FDJ. Traktoristen.
Flint, in Rednerpose, wartet auf Publikum. Auftreten Sieber und ein andrer Bauer.

SIEBER: Wie lang ist deine Rede, Flint? Morgen
Muß ich aufs Feld.
FLINT: So lang wie ihr sie braucht.
BAUER: Ich brauch sie so lang. *Ab.*

Auftritt Henne.

HENNE: Worauf wartst du, Flint?
FLINT: Auf zwanzig Bauern. Habt ihr nicht gesagt
Zwei Trecker sind ein Dreck auf zwanzig Bauern?

Auftritt Senkpiel.

SENKPIEL: Auf neunzehn, Flint.
FLINT: Ich seh hier keine neunzehn.
SENKPIEL: Wenn du noch lange wartst, stehst du allein.
HENNE: Ich bleib.

Auftritt alter Bauer.

ALTER BAUER: Ein Dreck, und das ist meine Meinung.

Auftreten Simoneit und andre Bauern.

FLINT: Der Saal war voll, solang die Bäuche leer warn.
SENKPIEL: Im Schädel war auch Platz damals, gestopft voll
Mit eurer Politik jetzt. Ihr stopft nach
Ein Bund aufs andre immer, Stroh auf Stroh
Wenn eine Lage fault, die nächste drüber
Und staunt noch, wenns dem zehnten stinkt. Den zeig mir
Der nicht die Nase voll hat und die Schnauze
Mit Politik so, daß sie ihm zum Hals
Heraushängt.
FLINT: In deinem Schädel ist noch Platz. –
Vor wenig Jahren haben wir, Kollegen
Die neue Zeit – die Spätgeburt, in letzter
Minute und mit fremdem Bajonett

Der Mutter aus dem kranken Leib geschnitten –
Festlich eröffnet in der alten Scheune
Jetzt MAS. So sah sie aus, die neue
Zeit: nackt, wie Neugeborne immer, naß
Von Mutterblut –
SENKPIEL: Beschissen auch.
FLINT: Von wem.
Im Wehrmachtsauto saß der Junker, fuhr
Angst im Genick, ohne Chauffeur, knieweich
Sein Bankbuch mit und seine Weiber, westwärts.
Kein Hund hat ihm in die Reifen gebissen, und nicht zur Hölle fuhr er, sondern auf sein Gut in Bayern, sein Platz an der Wand ist noch leer.
Der alte Bauer ist eingeschlafen, schnarcht.
Und wenn du nicht bald aufwachst, kommt er wieder.
Der alte Bauer wacht auf.
Dich mein ich, ja.
ALTER BAUER: Wer kommt?
SENKPIEL: Der Junker.
ALTER BAUER *springt auf, nimmt eine militärische Haltung ein, dann:* Wo?

Lachen.

FLINT: Aus dem Osten kamen die Trecks, Umsiedler wie Heuschrecken, brachten den Hunger mit und den Typhus, die Rote Armee kam mit der Rechnung für vier Jahre Krieg, Menschenschinden und verbrannte Erde, aber mit Frieden auch und Bodenreform.
Da war das Stiefellecken nicht mehr Trumpf
Das Zuckerlecken noch nicht: Brachland gabs
Zu viel, Zugvieh zu wenig, Trecker keinen.
Da fraß der Große wieder den Kleinen auf, ich hab acht Pferde, was hast du? Hack meine Rüben, wenn du dein Feld gepflügt willst, oder spann dich selber vor den Pflug und krepier in der Furche, Hunger habt ihr? Ich bin satt.
Jetzt sind wir vierundzwanzig Pferde weiter.
SENKPIEL: Ich seh hier keine vierundzwanzig Pferde.
HEINZ: Ein Trecker hat zwölf Pferdestärken. Zwei Mal zwölf macht vierundzwanzig.

Ein Traktorist wiehert.

FLINT: Und der Leihgaul
Ist für den Schinder. Und im Kommunismus
Hängt sich der Traktorist auch an den Nagel
Der Bauer legt die Technik an die Leine
Setzt sich ans Schaltbrett wie ein Ingenieur
Traktoristen lachen.
Und schaltet ein früh, abends aus, dazwischen
Schach, Kino undsoweiter im Kulturhaus.
SENKPIEL *zum alten Bauern:*
Wir sind im Kommunismus, Franz, wach auf.
ALTER BAUER: Was ist? Ich bin dafür. *Hebt die rechte Hand, schläft weiter.*
SENKPIEL: Der Kommunismus
Ist ausgebrochen. Deine Alte ist schon
Verstaatlicht.
ALTER BAUER: Meine Alte? Das ist gut.
Kichert: Der Staat wird seine Freude an ihr haben.
Seine Frau haut ihm ins Genick.
Im Kommunismus wird nicht mehr geschlagen.

Auftritt Beutler:

BEUTLER: Das ist ein Festtag wie er selten auftritt
Nicht alle Tage kriegt ein Dorf zwei Trecker
Das muß ein schlechter Bürgermeister sein
Dem nicht das Herz aufgeht in solchen Fällen
Und auf die Zunge tritt und Reden schwingt.
Ich kann mir meine Rede einsparn heute, weil
Hier der Kollege Flint schon, mein geschätzter
Vorredner, besser als ichs kann zum Ausdruck
Gebracht hat, wie uns allen um die Brust ist.
Mir aus dem Herzen, Flint, hast du geredet.
SIEGFRIED: Hast du ihn durch die Mauer reden hörn?
BEUTLER: Ich weiß, er ist uns über mit der Schnauze.
FLINT: Ich kenn mich besser aus in deinem Herz.
BEUTLER: Wer kennt den Nächsten, Flint? Zum Beispiel du
Hängst mit dem Fleischsoll und wer dich nicht kennt
Könnt meinen, deine Zunge ist gespalten
Mit einer Hälfte redst du Kommunismus
Und mit der andern hältst du Fleisch zurück
Das dir der Staat abfordern muß, weil Not herrscht.

Wer dich nicht kennt, könnt so was denken, Flint.
Ich kenn dich.
FLINT: Bier für alle.
KRÜGER: Hast du Geld?
FLINT: Ja. *Zählt sein Geld, dann:*
Morgen.
KRÜGER: Wann ist morgen?
JUNGER BAUER: Übermorgen.

Lachen.

KRÜGER: Morgen. Weiß ich, was morgen ist. Weißt dus?
Schnell tritt der Staat den Unternehmer an.
Kann sein, im Augenblick, wo ich zehn Biere
Ausschenk dir zu Gefalln, Flint, auf Kredit hier
Setzt in der Kreisstadt der Abteilungsleiter
An seinem Schreibtisch zwischen zwei Zigarrn
Sein Friedrich-Wilhelm unter das Papier
Das mich zum Bettler macht auf Lebenszeit
Oder im Postsack kommt schon auf mich zu
Der eingeschriebne Brief, der mich ins Mark trifft
Und eh ich dir die Biere abkassiert hab
Kassiert dein Staat, ich sag nichts gegen ihn
Was ich mit Schweiß gezahlt hab und mein Vater
Zwei Generationen und vermehrt mit Fleiß.
Flint lacht.
Ich weiß, du hängst mich lieber heut als morgen.
Der ganze Grund, warum dus läßt, ist der:
Du darfst nicht, weil der Mittelstand mit dir
Verbündet ist. Ich weiß es aus der Zeitung.
FLINT: Kommt Zeit, kommt Rat.
KRÜGER: Ja, und das weiß ich auch:
Manch einem gehts mit dir wie dirs mit mir geht.
Vielleicht sitzt mancher hier sogar und heute
Der keine Augen mehr für einen Baum hat
Weil er schon jeden Ast bloß noch drauf ansieht
Ob er dich aushält, Flint, wenns anders kommt.
Ich bin der erste, der das Messer nimmt
Und dich abschneidet. Aber heute Bier
Für morgen Geld geht über meine Mittel.
Mir steht das Wasser bis zum Hals geschäftlich.
Kein Schlaf mehr. Jede Nacht derselbe Schrecktraum:

Der Pleitegeier hackt nach meiner Leber.
Oder Versteigrung. Unterm Hammer: ich
Und beide Daumen in der Steuerschraube.
Der Doktor sagt: kein Bier. Ich sag, s ist seelisch
Und daß die Welt auf Geld reimt macht mich krank.
Ich wär gesund, könnt ich die Gottesgabe
Ausschenken wie der Herr den Heiligen Geist
Gratis, statt daß ich euer Geld mir auflad
Wie eine Kreuzlast und wie einen Buckel
Auf den die Kinder schon mit Fingern zeigen:
Seht den da, der nimmt Geld, ein Kapitalist!
Dabei mach ich den Kuli für die Steuer
Lad auf, schlepp zum Finanzamt und lad ab.
Du wirsts nicht glauben: Geld widert mich an, Flint.
TRAKTORIST: Ein Bier für dich, Budiker. Und der Schein hier
Fünf Mark, ist deiner, wenn du ihn ins Maul nimmst.

Krüger tut es.

ZWEITER TRAKTORIST: Wenn du ihn auffrißt, kriegst du
zehn von mir.

Krüger tut es, und der Traktorist gibt ihm zehn Mark.

FLINT *zu den Traktoristen:*
Hier ist kein Zirkus.
Zu Krüger: Bring, was ich bestellt hab.
BEUTLER: Ich zahls dir, Krüger.
Zu Flint: Jeder was er kann. Du
Hasts auf der Zunge, ich habs in der Hand.
EIN BAUER: Man weiß woher.
BEUTLER: Was weiß man?
SENKPIEL: Eine Sau hat
Aus einem Bauch geredet.
BEUTLER: Weiß man auch
Was auf Verleumdung steht, und von Personen
Neuerdings besonders, die den Staat verkörpern.
Der Traktorist lacht.
Ich borg dir das Gesetzblatt, du lachst nicht mehr.
Zu Senkpiel:
Wenn ich dich nach Beweisen frag, wo sind sie?
Und wenn dich das Gericht fragt, wo bleibst du? *Geht.*
SENKPIEL: Da, wo du hingehörst.

BEUTLER *kommt zurück:* Ging das auf mich?
HENNE: Sag nein. Du hast Familie.
SENKPIEL: Ja, auf dich.
BEUTLER: Ein Wort zu viel. Ich kann mich taubstelln, wenn du
Die Schweine reden hörst aus fremden Bäuchen
Und wärs ein Stall voll, wenns auf die Person geht.
Da sag ich mir: hör weg, der Mann hat Kinder.
Jetzt kann ichs nicht mehr, weils den Staat betrifft
Der Staat rangiert vor dir, denn: du hast Kinder.
Ein Kind kommt ohne Vater aus, wenns sein muß
Wie viele müssens! ohne Frieden nicht.
Und unser Staat, das weiß man, ist der Frieden.
SENKPIEL: Gegen den Staat hab ich kein Wort geäußert.
BEUTLER: Du hast geäußert, ich gehör nach Bautzen.
SENKPIEL: Eins weiter, wenn man mich fragt.
BEUTLER: Ihr habts gehört.
Und statt in Bautzen bin ich Bürgermeister.
Also du hast geäußert, unser Staat macht
Was in den Knast gehört, zum Bürgermeister.
Du hast geäußert, wenn du dem Gericht hier
Die Wahrheit sagst, gehst du den Weg nach Bautzen.
Also du hast geäußert, unser Staat schickt
Nach Bautzen einen, der die Wahrheit sagt.
Ihr habts gehört. Also du bist ein Staatsfeind.
Und weil der Frieden eins mit unserm Staat ist
Bist du ein Friedensfeind. Und weil die Kinder
Den Frieden brauchen vor der Muttermilch
Bist du ein Kinderschlächter.
SENKPIEL *zu Henne:* Halt mich!
BEUTLER: Halt ihn.
Tus für die Kinder. Zehn Jahr hat er weg.
Wenn ihn jetzt keiner festhält, kriegt er zwanzig
Und grau sind seine Jüngsten, wenn er heimkommt.
FLINT: Wenn mich jetzt keiner festhält, stirbt jetzt einer.

Bauern halten ihn fest.

BEUTLER: Kein Terror, Flint! Vielleicht kann ich ihn bessern
Durch Überzeugung, und der Schreck reicht aus.
Mir wirds auch schwer, nicht mit der Faust zu reden

Aber der Kopf, Flint, macht die Politik. *Geht.*

FLINT *reißt sich los:*
Wenn ich vor dir sterb, Beutler, schwör ich den
Materialismus ab und werd katholisch
Damit ich dir als Geist erscheinen kann
Und dich im Schlaf erwürgen.

BEUTLER: Doppelzüngler. *Ab.*

Auftritt Umsiedlerin mit Bierkrug.

KRÜGER: Was wolln Sie?
NIET: Bier, einen halben.
KRÜGER: Hier ist geschlossene Gesellschaft heute.
FLINT: Bier für alle, hab ich gesagt.
Bier für alle.
Die wir geschunden haben und die uns
Geschunden hat, die alte Erde: unser.
Die neue Technik, die uns auch nicht grün war
Mit Tanks und Bombern, unser jetzt und friedlich.
In einer Hand, was nicht zusammenging
Die alte Erde und die neue Technik.
Kein Blutvergießen mehr, kein Schweiß mehr morgen.

FLINTE 1: Auf deine Linksgetraute, Flint! Wer ist die nächste? Ich hab ihm die Stange gehalten, als er gegen Hitler gesessen hat. *Zeigt auf Flinte 2:* Das ist der Dank.

SENKPIEL: Die Stange hat sie ihm gehalten.

Lachen.

HEINZ *singt:*
Die Beeren hängen wieder rot am Strauch.
Und deine Brüste, Frau, die hängen auch.
Flinte 1 haut Heinz eine Ohrfeige und geht ab.
Zu den Traktoristen:
Das war die Flinte. Und sie war geladen.
Und jetzt halt ich die andre Backe hin:
Es war einmal ein Gutsknecht, hat acht Kinder, geht auf den Gutskartoffelacker, klaut acht Gutskartoffeln. Kommt der Gutsherr, zählt die Gutskartoffeln, kassiert die acht geklauten, tritt dem Gutsknecht in den Hintern 1934. Elf Jahre später, Hitler kauft Benzin, marschiert aufs Standesamt, kein Auge bleibt trocken, der Gutsherr packt seinen Ahnenpaß ein, der Gutsknecht hilft packen,

und der Herr tritt ab, die Hosen voll vor Stalin. Den Kartoffelacker soll der Gutsknecht kriegen, dem der Magen singt vor Hunger, seinen Kindern auch, soweit übrig. Aber der sperrt sich: Unrecht Gut und so weiter, hängt die Zunge in den Westen, dem Junker nach, zum Stiefellecken. Erst ein neuer Arschtritt überzeugt ihn.
Und in zwei Jahren wird er Feuer spein
Wenn ihr die Raine umpflügt. Keine Rede
Von Unrecht Gut, nur meins, meins, meins.
Dann braucht er
Den dritten Arschtritt.

Henne haut Heinz eine Ohrfeige.

HEINZ: Was hab ich gesagt?
TRAKTORIST: Bier für den Komiker.
ALTER BAUER *zu Henne:* Wenn der Gaul auf den Trecker scheißt, hat der Apfel Vorfahrt.
HENNE: Er hat mich in den Arsch getreten, stimmt
Für acht Kartoffeln. Das stimmt auch: zwei Kühe
Hat er mir abgetreten, als er ging, und
Was ist ein Arschtritt für zwei Kühe.
ALTER BAUER: Nichts.

Traktoristen lachen ungeheuer.

ERSTER TRAKTORIST: Als der liebe Gott den Bauern in die Mache nahm, war das Gehirn noch nicht erfunden. Erst als der Traktorist in Produktion ging, hat der Alte gemerkt, was fehlt. Aber wie er den Bauern wieder aus dem Verkehr ziehn will und ihm auch eins einbaun, wars zu spät: der hat schon Stroh im Kopf, weil ihm die Scheune voll nicht langt und die Hoftür vorm Schädel.
HENNE: Rotzbengel, grüner.
ERSTER TRAKTORIST *zieht die Jacke aus usw:* Hast du einen letzten Wunsch?
Sag schnell.
ZWEITER TRAKTORIST: Zieh wieder an und setz dich. – Er hat schon Schulden: ein halber Bauer und drei Nasenbeine.
HEINZ: Was kostet der Bauer?
ERSTER TRAKTORIST: Drei Schichten, Bauern sind im Preis gesenkt, aber die Liste hat Lücken. Das ist der Neid bei

ihm. Ich bin siebenundzwanzigmal vorbestraft wegen Körperverletzung, zwölfmal mit tödlichem Ausgang. Wegen Sachbeschädigung auch: zwei Kneipen in Strausberg bis auf die Grundmauern.

Schmulka steht auf und geht, den ersten Traktoristen streifend, sich umblickend, langsam ab.

ERSTER TRAKTORIST: Stehst du drauf?
HEINZ: Ich nicht.
ERSTER TRAKTORIST *zu Siegfried:* Du?

Pause.

SIEGFRIED: Mir sind die Trecker wichtiger.
ERSTER TRAKTORIST: Richtig. Opfer müssen gebracht werden. *Nimmt zwei Streichhölzer, verkürzt eins, hält beide, mit der Hand verdeckt, dem andern Traktoristen hin.* Kurz verliert.
ZWEITER TRAKTORIST *zieht das kurze:* Du hast Vorfahrt.
ERSTER TRAKTORIST *zu Siegfried:* Zeig mir den Weg. Ich zeig dir, wo die Trecker stehn. Du kannst sie putzen. *Ab.*

Siegfried geht ihm nach. Man hört eine Schlägerei. Siegfried kommt zurück mit einem blauen Auge.

FLINT: Was war?
SIEGFRIED: Ich hab ihm den Weg gezeigt.
HEINZ: Mit einem Auge?
SIEGFRIED: Willst du auch eins? Und seinen Trecker kann er selber putzen.
SENKPIEL: Ich hab da ein Stück Brachfeld, Traktorist
Seit 45 nicht gepflügt. Ich brauchs.
ZWEITER TRAKTORIST: Ich hab hier Knochen, Bauer, an die vierzig, heil
Durch vier Jahr Krieg gebracht, kein Kalk zu viel.
Die brauch ich auch. Ich hab was gegen Minen.
SENKPIEL: Wer denkt an so was.
ZWEITER TRAKTORIST: Dems passiert ist nicht mehr.
In Brandenburg zum Beispiel wars mein Kumpel.
Wir standen da an den Traktoren abends
Rauchten, Bauern dabei, die lamentierten
Um einen Fetzen Brachfeld, Minen drin.
Ich sagte: Meine Knochen brauch ich noch
Jagt eure Gäule drüber, wenn ihrs braucht

Ich hab was gegen Minen. Sagt mein Kumpel:
Ich gegen Kohldampf, schmeißt den Stummel weg
Und sitzt schon auf dem Traktor und fährt los.
Es war die Himmelfahrt, der Traktor auch hin.

Schweigen. Dann nimmt Henne die Mütze ab, nach ihm die andern, zuletzt der Erzähler. Die Umsiedlerin wartet noch an der Theke.

ZWEITER TRAKTORIST: Wenn du die Frau noch länger auf dein Dünnbier warten läßt mit ihrem dicken Bauch, passiert was, Budiker.

Krüger füllt Bier in den Krug. Umsiedlerin ab. Der Traktorist wirft Geld auf den Tisch und geht ebenfalls ab.

KRÜGER: Ich muß mein Inventar versichern lassen. *Streicht das Geld ein.* Drei Mark zu viel. Das aast mit dem Geld. Unsereiner muß arbeiten.

ALTER BAUER: Nichts gegen Trecker. Aber wissen möcht ich
Wozu der Fahrer gut sein soll. Weißt dus, Flint?

Flint schweigt.

Der sieht vielleicht vom Sattel aus noch seinen
Lohnzettel, auf die Furche scheißt er schon
Grad oder ungrad, wenns nur schnell geht, flach
Geht ihm am schnellsten.

FLINT: Wenn dus dir gefalln läßt.

Ab in „Männer".

BAUER: Ein Unglück bleibt nicht lang allein. Wir haben
Den Abschaum aus dem Osten schon am Hals
Jetzt kommt der Kehricht aus der Stadt hinzu.
Wir sind der Schuttplatz.

SIMONEIT *schlägt ihn:* Das ist für den Abschaum.

BAUER: Hebst du die Hand auf gegen einen Deutschen?

Heinz pfeift die ersten Takte des Deutschlandlieds.

EIN ANDERER BAUER *schlägt Simoneit:*
Dir werd ich zeigen, wer hier deutsch ist, Pollack.

KRÜGER: Machts draußen ab.

BAUER: Hier drin ist Platz genug.

Schlägerei, bis Flint von „Männer" zurückkommt.

FLINT: Seid ihr besoffen? Auseinander!

KRÜGER: Und ich bin noch nicht versichert.

Bauern ab. Auftritt Fondrak, Flint bleibt.

Der Flüchtling ist grad weg, dein Kind im Bauch
Mit Bier.

FONDRAK: Ein Kind zu viel, und Bier zu wenig.

KRÜGER: Die Frau hat bezahlt.

FONDRAK *kehrt seine Taschen um, schmeißt Geld auf die Theke:* Hab ich den Krieg gewonnen?

KRÜGER: Ich? Fehlt ein Groschen.

FONDRAK: Krüger, sei ein Mensch!

KRÜGER: Sags dem Finanzamt.

FONDRAK: Weil ich Durst hab, Krüger.

KRÜGER: Ja, wer kein Geld hat, hat auch keinen Durst. *Lacht.*

FONDRAK: Was ist schwärzer, Krüger: die Nacht, dein Schnaps oder deine tote Sau? Wieviel Bier kommt auf drei Eimer Wasser?

Krüger, nach einem Blick auf Flint, gibt Fondrak Bier.

FONDRAK *zu Flint:* Wissen ist Macht. *Trinkt aus.* Im Kommunismus ist das Bier umsonst?

FLINT: Bier auch.

FONDRAK: Kannst du den Kommunismus gleich machen? Wie wärs mit einer Lage für den Anfang?

FLINT: Wie wärs mit einer Bauernstelle, Fondrak? Du kannst zusammenziehn mit der Umsiedlerin und hast Geld für Bier.

FONDRAK: Musik von morgen. Mein Durst ist von heute. Bier. Muß ich mir das gefallen lassen?

FLINT: Jetzt mußt dus.

FONDRAK: Eine Zigarette, Krüger, auf Umsiedlerkredit. Viertausend Stück hab ich gehabt in Polen vor dem Endsieg. Der Obergefreite hat sie mir abgejagt, ich war Gefreiter. Der Hund.

FLINT *geht:* Überlegs dir mit der Bauernstelle, Fondrak.

FONDRAK: Der Karpfen wollte angeln, da fiel er in den Teich.

FLINT: Das soll ein Pferd sein, sagte der Esel vom Auto. *Ab.*

FONDRAK: Bier, Krüger. Ich bezahl, wenn Warschau wieder deutsch wird.

KRÜGER: Ich seh dich nicht in Warschau.

FONDRAK: Der Amerikaner wirds schon machen. Wenn du mir schon kein Bier bringst, Krüger, und Zigaretten auch nicht, bring mir wenigstens ein Weib auf Umsiedlerkredit, es kann deins sein.

Heinz und Siegfried lachen.

Wir hatten einen in Gubernik, der hats auf dem Dorfplatz gemacht in der Sonne. Der Pastor kam zuerst: Haben Sie kein Schamgefühl, Herr Kosleck? Nein, sagt der, er hat keins. Dann kam die Polizei mit Gummiknüppel und Sirene, wie der Erzengel ins Paradies, zuletzt die Feuerwehr mit Spritzen, und das war die Sintflut.

SIEGFRIED: Moral hast du wohl keine, Fondrak?

FONDRAK: Ich hab die Moral: der Kommunismus braucht mehr Leute, daß er schnell geht, und aus einer Frau, wenns hochkommt, kommt im Jahr ein Kind, Zwillinge sind schon ein Glücksfall. Überall, steht in der Zeitung, steigern sie die Produktion jetzt. Da muß sich die Moral auch nach der Decke strecken. Willst du dir sagen lassen, du klappst nach? Die Moral hab ich, hast du ne bessre?

Heinz und Siegfried ab.

Im Kommunismus bist du fällig, Krüger. Wenn der Kommissar die Reihe abgeht mit: Wo ist der Obergefreite, der meinem Kumpel Fondrak die Zigaretten abgejagt hat in Polen auf dem Rückzug, viertausend Stück, der Hund? Und wo ist Krüger, der ihm kein Bier gegeben hat, das Kapitalistenschwein? Und wenn er die Kanone wieder einsteckt, und die raucht noch, fragt er mich: Fondrak, fragt er, Fondrak, alter Büchsenöffner, wollen wir ein Faß aufmachen? Und dann machen wir ein Faß auf.

Rammler und Treiber treten auf.

TREIBER: Brauchst Arbeit, Fondrak?

FONDRAK: Ich brauch Bier.

TREIBER: Kauf dirs.

FONDRAK: Brauchst eine Arbeitskraft?

TREIBER: Ja.

FONDRAK: Kauf dir eine.

Treiber kauft Bier für Fondrak.

RAMMLER: Mit dem laß dich nicht ein. Fang lieber gleich

Bei mir an: leichte Arbeit, schweres Geld.
Kauft Bier für Fondrak.
FONDRAK *trinkt aus:*
Leer. Eine Bauernstelle kann ich kriegen.

Rammler und Treiber kaufen Bier für Fondrak.

RAMMLER: Hast du den Strick dazu? Von zwanzig einer
Erhängt sich bei den reformierten Bauern.
Warum? Die andern haben keinen Strick.

Fondrak trinkt aus, Rammler und Treiber kaufen Bier, Fondrak trinkt aus.

FONDRAK: Ein Wort und ich bin Bergmann wer ist mehr.
RAMMLER: Akkord ist Mord, hab ich mir sagen lassen.
FONDRAK: Geld stinkt nicht, sagte der Krämer, und zog den Dukaten aus der Scheiße.

Rammler und Treiber kaufen Bier für Fondrak. Der trinkt aus.

TREIBER: Dein Bier hast du gehabt.
FONDRAK: Zu wenig.
RAMMLER UND TREIBER: Bier.
Für Fondrak.

Krüger bringt Bier, Fondrak trinkt aus.

FONDRAK: Bier.
TREIBER: Hast du noch Durst, du Vieh?

Fondrak fällt um. Die Bauern versuchen ihn zu teilen.

KRÜGER: Ihr kriegt ihn nicht auseinander.
Krüger bringt Würfel. Die Bauern würfeln um Fondrak.
Die Jacke ist noch gut. *Zieht Fondrak die Jacke aus.* Bierschulden.

Treiber ab mit Fondrak auf dem Rücken, von Rammler verfolgt.

KRÜGER *sieht ihnen nach:* Die Hose ist besser.

Pause.
Auftritt der Bauer mit der Mütze.

MÜTZE: Das hättst du sehn solln, Krüger.
KRÜGER: Was denn?
MÜTZE: Draußen.

KRÜGER: Ich weiß, wies draußen aussieht, hab drei Fenster
Zwei auf die Straße, auf den Hof eins. Bier?
MÜTZE *nickt:*
Das hast du nicht gesehn: durchs Dorf marschiert
Mit krummen Knien, sein eigner Ochse, Treiber.
Der Schweiß läuft ihm herunter, auf dem Buckel
Abschleppt er Seine Majestät den Knecht
Die rare Arbeitskraft, gekauft mit Bier
Und überfüllt mit teurem Bier jetzt: Fondrak.
Und fünf Schritt hinterher schleicht Rammler, auch scharf
Auf eine billige Kraft und lauert, wann
Der Konkurrenz die Knie einknicken, und
Jetzt kommts noch besser: Treiber, dem die Zunge
Heraushängt, hält, schmeißt Fondrak ab und geht
Ein Fuhrwerk holen, Rammler greift gleich zu
Und lädt sich Fondrak auf und ab mit Stolpern.
Wie Treiber mit dem Fuhrwerk wiederkommt
Zweispännig, ist ihm seine Arbeitskraft
Schon außer Sicht und bei der Konkurrenz.
Und so weit sind wir schon: der Kleine reitet
Den Großen, wer zu viel hat hat zu wenig
Hunger ernährt, Geld zehrt.
KRÜGER: Verkehrte Welt.
Noch Bier?
MÜTZE: Verkehrt, sagst du? Von dir kein Bier.

7

a

Landstraße
Von verschiedenen Seiten der SED-Kreissekretar auf einem Motorrad und auf einem Fahrrad Flint.

SEKRETÄR: Fährst du dein Fleisch abliefern, Flint?
FLINT: Könnt ichs.
Vier Wochen Schulung und dazu noch Rotlauf.
Die Theorie geht vor dem Fleischsoll, denk ich.
SEKRETÄR: Du denkst! Der Mensch lebt vom Bewußtsein, wie?

Regiert, karrt Schutt weg, mauert Häuser, klaubt
Fabriken aus dem Schrott mit Margarine?
FLINT: Ich werds mir von den Rippen schneiden.
SEKRETÄR: Wann?
FLINT: Ich laß mein Feld Feld sein, vom Pflug weg fahr ich
Weils mir um mehr ist als um meinen Krautacker
Mit einem Sack voll Sorgen zur Partei
Treff dich, und eh ich abgeladen habe
Springst du mir mit dem Sollfleisch ins Gesicht.

Auftritt eine dicke Frau mit Fahrrad und riesigem Rucksack. Flint will ab.

SEKRETÄR: Wir sind nicht fertig miteinander, Flint.
DICKE FRAU: Das ist ein Zufall. Sieben Tage im
Parteibüro umsonst wen such ich wie
Die Laus im Frackhemd und kein Fatz von ihm
Kein Knopf, brach steht sein Schreibtisch und am achten
Zehn Kilometer vor der Stadt beim Radfahrn
Daß die Verbindung mit dem Dorf nicht abreißt
Und mit der Bundesfreundin dort, die auch
Befreit sein will, hier, zwischen Flinz und Banse
Wen treff ich? Den Genossen Sekretär.
Mein Mann treibt Ehebruch mit seiner Schreibkraft.
SEKRETÄR *auf den Rucksack blickend, uninteressiert:*
So?
DICKE FRAU: Ja.

Pause.

Er holt sie mit dem Auto ab früh
Und bringt sie abends heim auch mit dem Auto.
SEKRETÄR *mäßig interessiert:*
Das kostet wohl Benzin, was?
DICKE FRAU: Und nicht seins.
Und jeden Sonntag fährt er sie ins Grüne
Auch mit Benzin.
SEKRETÄR *interessiert:* Dienstwagen?
DICKE FRAU *strahlt:* Ja. Dienstwagen.
Und jeden Sonntag. Und ich hab kein Auto
Und mit dem Fahrrad hängen sie mich gleich ab.
Flint lacht.
Aber ich weiß genug, bin nicht die Dümmste,

Vom Kilometerzähler hab ich, hier
Die Zahlen aufgeschrieben, und der lügt nicht.

SEKRETÄR: Dienstwagen. Gut, wir gehn der Sache nach.
So, und jetzt dreh dein Fahrrad um und liefre
Die Schinken wieder ab, von denen du
Die Bundesfreundinnen befreit hast und
Der Sache gehn wir auch nach, und dein Mann
Wenn ihm die Marschverpflegung zu gering ist
Kann er zu Fuß gehn in den Sozialismus.

Die dicke Frau dreht ihr Fahrrad um und fährt schnell zurück.

FLINT: Der würd ich auch die Ehe brechen.

SEKRETÄR: Er kann es ohne Benzin machen.

FLINT: Vielleicht kann er das nicht.

Auftritt ein junger Mann mit Fahrrad.

JUNGER MANN *zum Sekretär:* Ich bin aus Fietgest, seit Granzow hinter dir her. In Lane hätt ich dich gehabt, wenn die Kulaken weniger Kühe hätten. Per Rad durch eine Herde Rindvieh, da kannst du auch mit Elefanten boxen.

SEKRETÄR: Du mußt es wissen. Was willst du? Braucht euer Bürgermeister einen neuen Papierkorb für meine Briefe, die er nicht beantwortet?

JUNGER MANN: Wir brauchen Ersatzteile.

SEKRETÄR: Pflügt mit Pferden.

JUNGER MANN: Wir haben keine Pferde.

SEKRETÄR: Ich auch nicht.

JUNGER MANN: Wir können uns nicht selber vor den Pflug schirrn.

SEKRETÄR: Warum nicht?

Der junge Mann mit dem Fahrrad ab.

FLINT. Wie solln die Massen zur Partei Vertrauen haben, wenn du ihnen Saures gibst mit Schirrteuchselbervordenpflug, weil sie Ersatzteile brauchen.

SEKRETÄR: Hast du welche? Warum sagst du das nicht gleich. Jetzt dauerts länger. Ich muß drei Dörfer liegen lassen, oder morgen in der Sitzung aus dem Ärmel reden. Was ich tun werde. Hör zu. Wenn ich dem Jungen sage: gut, ich reiße mir ein Bein aus oder drei für Ersatzteile, und was die Aussaat angeht: ihr seid in der Klemme und der Mensch geht vorm Termin, was passiert? Fein von der Partei, sagt Fietgest, daß sie uns Ersatzteile besorgt, aber dazu ist sie da, und mit der Aussaat warten wir bis nach der Ernte, die Partei hat uns gesagt, der Mensch geht vorm Termin, und wer wird sich gegen die Partei stelln? Die Ersatzteile werden mich drei Tage kosten, Zeit, Benzin und Stimme. Und vielleicht weiß ich am dritten, daß ich sie nicht kriegen kann, für Fietgest nicht und überhaupt nicht bis auf weiteres. Unsere Industrie steckt in den Windeln, die Planung auch, der Staat überhaupt, und es war eine schwere Geburt, Kaiserschnitt, nicht zu vergessen. In Fietgest werden sie sich jetzt ein Bein ausreißen, und ich schicke ihnen eine Reparaturkolonne auf den Hals. Wer weiß, ob sie da noch Ersatzteile brauchen.

FLINT: Ich habs auch manchmal satt. Zum Beispiel, wenn die
Genossen mir in der Versammlung umfalln.
Das kriecht dem Bürgermeister nach, eh du
Bis drei zählst, dem Kulaken in den Hintern.
Und was du an den Haaren etwa
In die Versammlung schleifst, kuscht auch: Umsiedler, feige Hunde,
Und du stehst da wie Gott im Hemd, allein.
Revolution ist eine Kleinigkeit mit Vollmacht. Wenn du ein Gesetz hast beispielsweise: Mit Zuchthaus wird bestraft, wer die Mütze abnimmt vor einem Kulaken. Oder kannst den Bürgermeister an die Wand stelln einfach, der nicht funktioniert.

SEKRETÄR *lacht:* Genosse Mauser hat Redeverbot, Flint. Bautzen ist das höchste, oder eine Reise hinter den Ural, in schweren Fällen. Damit müssen wir auskommen, du auch. Zu wenig Hände, zu viel Arbeit, und den Amerikaner vor der Nase, der auf seiner Bombe sitzt. Noch Fragen?

FLINT: Ja.

SEKRETÄR: Braucht ihr Agitationsmaterial?

FLINT: An Papier ist kein Mangel.

SEKRETÄR: Habt ihr Traktoren bekommen?

FLINT: Zwei Stück.

SEKRETÄR: Bücher auch?

FLINT: Bücher auch.

SEKRETÄR: Lies nach, was du nicht verstehst. Und sing nicht wie ein Kandidat nach dem ersten Agitationseinsatz. Und steck den Revolver ein, alter Sektierer. Zehn Minuten. Macht drei Dörfer, die ich rechts liegen lassen muß. Deine Schuld, wenn die katholisch bleiben oder morgen leerstehn durch Westflucht.

b

Von verschiedenen Seiten Flinte 1, zu Fuß, und der Kreissekretär mit Motorrad.

SEKRETÄR: Wohin, Genossin Flint?

FLINTE: In die Stadt zum Doktor.

SEKRETÄR: Ich hab deinen Mann getroffen. Warum marschiert ihr getrennt?

FLINTE: Das Fahrrad hat er mitgenommen ins neue Leben, die Frau war ihm zu alt.

SEKRETÄR: Die Ausbeuter haben wir vom Hals. Wer sich duckt, macht neue. Ich sollte dich laufen lassen. Steig auf.

c

Flint, Flinte, Sekretär.

SEKRETÄR: Die Massen sehn dir nicht bloß auf den Bauch und auf die Finger, dein Bett steht auf der Straße, du bist die herrschende Klasse, Flint, steig ab. Wie willst du den Staat lenken, wenn dir der Schwanz übern Kopf wächst.

FLINT *steigt vom Rad:* Das kann ich schon singen.

Fahrradübergabe. Sekretär und Flinte nach verschiedenen Seiten ab.

Warum kommst du nicht gleich mit dem Kastriermesser? Das muß ich mir sagen lassen von einem, der Thälmann bloß auf Bildern gesehn hat. Abfährt sie und ich steh da mit zwei Beinen, zwölf Kilometer vor mir. Das muß mir passiern. *Geht.* 18 hat keiner gefragt, wohin mein drittes Bein steht. Das Fleischsoll haben wir mit dem Gewehr beglichen. Jetzt ist halb Deutschland unser, und auf einmal soll ich leben wie der Preuße im Gesangbuch. So

fromm warn die Pfaffen nicht. Bei denen heißts bereun und weitermachen. Einen Papst hats gegeben sogar, ders erlaubt hat. Jeder mit jeder von Mai bis August. Müssen wir päpstlicher sein als der Papst? Ich hör die Antwort schon. Bin ich der Papst? Ich kanns dir nicht erlauben. Klemm den Schwanz ein, du bist die herrschende Klasse.
Nicht schießen, ein Klassenfeind.
Und wenn er zehnmal recht hat, ein Unrecht bleibts.
Ich steh im Klassenkampf mit dem Kulaken.
Der läßt sichs wohlsein, rund von freier Spitze
Und keiner schikaniert ihn, wenn er fremdgeht.

Ein Bauer in neuer Westkluft fährt vorbei.

Da kommt so ein Verbrecher. He, was haben wir bezahlt für deine Westkluft, Parasit? Wieviel Fleisch hast du verschoben? Der hat Glück, daß die Partei mich zum Fußgänger degradiert hat. Den hätt ich ausgezogen bis aufs Osthemd.
Ich will ja gar nicht viel, ich bin trainiert drauf
An Fleischtöpfen gradaus vorbeizugehn
Und keinen Daumen breit ab von der Linie
Fürs bessre Leben, das vielleicht zu spät kommt
Was mich betrifft, und immer morgen, morgen
Und eh du deinen Fisch hast, hat der Wurm dich.
Noch zehn Kilometer.
Manchmal komm ich mir vor wie Moses selber.
Der brachte seine Mannschaft auf den Trichter
Wo Milch und Honig fließt, und was für ihn
Heraussprang, war das Schwarze unterm Nagel.
Grad konnt er sie noch fressen sehn, dann starb er. *Ab.*

Mit leerem Rucksack fährt die dicke Frau über die Bühne.

8

Wiese, Abend
Schmulka und Siegfried, Bücher schleppend.

SIEGFRIED: Im Kommunismus, wenn die Arbeit aufhört
Zeit ist umsonst, Maschinen machen alles
So kommt es nämlich, les ich alle Bücher.

SCHMULKA: Mein Wunsch vom Kommunismus ist lang schlafen
Statt mit den Hühnern aufstehn, weil die Kuh brüllt
Oder der Bauer, lauter als die Kuh.
Der Melkschemel wär meine letzte Arbeit
Ich hack ihn mit der Axt klein. Und mein erster
Gang wär im besten Kleid quer durch den Roggen
Der mir die Haut geschunden hat, bis Blut kam
Beim Garbenbinden und beim Hockenaufstelln
Und wenn der Mohn im ganzen Feld blüht, freuts mich.
Abends geh ich zum Tanz im neuen Westkleid
Wenn ich durchs Dorf geh, hängen alle Weiber
Im Fenster, alt und junge, schwarz vor Neid
Weil alle Männer mir nachlaufen, aber
Ich geh mit keinem, der kein Auto hat.
SIEGFRIED *lacht:*
Ein Auto hat im Kommunismus jeder.
SCHMULKA: Wenn jeder eins hat, geh ich auch mit jedem.
SIEGFRIED: Das darfst du nicht.
SCHMULKA: Im Kommunismus darf man.
SIEGFRIED: Wenn alles aufhört, die Moral hört nicht auf.
SCHMULKA: Liebst du mich, Siegfried?
SIEGFRIED: Warum fragst du, Schmulka?
Die KOMMUNISTISCHE MORAL hab ich dir
Geschenkt zum Frauentag und zum Geburtstag
Bebel. Die drei Grundzüge lern ich dir
Zwei kannst du schon, aus Liebe, und du fragst noch.
Schmulka wirft die Bücher ab.
Schmulka, die Literatur!
SCHMULKA: Du liebst mich nicht.
SIEGFRIED: Erst müssen wir den Kommunismus aufbaun
Und in der Literatur steht, wies gemacht wird.

Versuchung.

SCHMULKA: Jetzt oder nie. Auf deinen dritten Grundzug
Pfeif ich, den ich noch nicht weiß, und auf Bebel
Und auf die KOMMUNISTISCHE MORAL.
Ich leb nur einmal, leicht wird keinmal draus.
Das ist mein erster Grundzug und mein letzter
Und deine Bibeln kannst du selber schleppen.

Dein Kommunismus, der im Buch steht, weiß ich
Ob er nicht ausfällt wie der Tanz am Sonntag
Wenn die Kapelle steckenbleibt mit Regen.
Ich geh. Wenn du mich wiedersehn willst, mußt du
Eintritt bezahlen. Auf der Leinwand kannst du
Mich wiedersehn. Seh ich so aus, als braucht ichs
Von einem, der noch feucht ist von der Mutter?
Geht.
SIEGFRIED: Entlarvst du dich, Kulakenbrut?
SCHMULKA: Mein Vater
Ist Mittelbauer.
SIEGFRIED: Komm zurück. Dich schluckt
Der bürgerliche Sumpf, wenn du nicht umkehrst.
Denk an den ersten Grundzug. Noch ist Zeit. –
Schmulka ab.
Ich will, daß sie ein neuer Mensch wird. Sie will
Daß ich ihr einen neuen Menschen mach erst.
Laß ichs, hat der Verband ein Mitglied weniger.
Tu ichs, hat er eins mehr zwar oder zwei
In fünfzehn Jahren und verliert keins, aber
Was ist ein Mitglied gegen die Moral?
Ich laß es also. Warum laß ichs ungern?
Als Mitglied hab ich ein Bewußtsein, aber
Der Mensch ist ein Ensemble, und als Mensch
Der ein Ensemble ist, hab ich ein Mitglied
Das kein Bewußtsein hat. Es ist spontan
Springt von der Linie ab, versteift sich auf
Den eignen Vorteil, stellt sich gegen die Leitung
Stößt die Beschlüsse um. Ein Widerspruch.
Wo ist die Lösung? *Sucht in der Literatur*
Ohne Widersprüche
Gings dreimal schneller mit dem Kommunismus.
Zum Beispiel: wär kein Hunger, wieviel Brot gäbs.
Wieviel Moral, wenn nicht die Liebe wär.
Ich zieh das Blauhemd aus. Ja, so wirds gehn. *Tut es.*
Im Kommunismus wird man weiter sehn.
Schmulka! *Rennt ab, ohne die Literatur.*

9

Wiese. Nacht.
Auftreten Flint und Flinte 1. Setzen sich ins Gras.

FLINTE: Wir waren lang nicht in den Wiesen, Flint.
FLINT: Ja, dreißig Jahr lang.
FLINTE: Einunddreißig, Flint.
Pause.
Du wirst doch nicht dasselbe von mir wolln jetzt
Wie damals, Flint? Es wär auch nicht dasselbe.
FLINT: Ja, man wird älter.
FLINTE: Mit andern kannst dus noch.
FLINT: Bleib sachlich. Daß dein leeres Bett dich wurmt
Ich bin der letzte, ders nicht versteht. Bloß: mußt dus
Auf die Straße stelln und ausschrein? Laß die Kirche
Im Dorf.
FLINTE: Ja, und den Pastor in der Köchin.
FLINT *lacht, dann:*
Ich bin dein Mann, mit mir kannst du umspringen.
Das ist das eine. Das andre ist: du kannst mich
Mit mir nicht über einen Kamm schern, ich bin
Die Leute wissens, die Partei hier. Das
Ist, was du madig machst, hackst du auf mich ein.
Zeigt sein Parteiabzeichen.
FLINTE: Ja, du scheißt drauf, ich solls blankreiben.
FLINT: Fünf Jahr im Lager keine Frau und nichts
Da will man noch was leben, wenn man freikommt.
FLINTE: Mir war der Schoß auch kein Eisloch die Zeit
Und ich hätt haben können, wonach mir heiß war
Und hab gewartet die fünf Jahre und
Wie du gekommen bist, wars für ein halbes.
FLINT: Ich laß dir deine Freiheit, laß mir meine.
FLINTE: Sagte der Bräutigam nach dem zehnten Kind.
FLINT: Ich wärs gern, aber ich bin nicht aus Eisen.
Hab ich gesagt, ich wärs gern? Ich wärs nicht gern.
Zu lang hab ich die Liebe nicht geschmeckt
Zu gut ist der Geschmack mir in Erinnrung.
Die Himmelfahrt für den Proleten wars
Ein Vorgeschmack vom Kommunismus jetzt.
Wir müssen noch allerhand Mist auf die Schaufel neh-

men, wenn wir die Welt in einen Garten umbaun wolln aus dem Sturzacker, den sie jetzt vorstellt.
Mein Anteil ist nicht größer als mein Anrecht.

FLINTE: Der rote Flint, der rote Schürzenjäger.

FLINT: Nenns wie du willst. Es ist auch das: gegen Kapp hat schießen genügt, Kimme und Korn auf eine Junkerfresse und Schuß nach dem Exerzierreglement, gelernt für den Kaiser mit der Flinte von Krupp. Das war einfach. Dann hat uns die Rechte ins Pulver gepißt, Ebert und Konsorten, zuletzt mit Hindenburg, dem alten Nachttopf, und Hitler kam und aus der Traum. Kein Unterschied, Kommune oder Sozi: Eintopf mit Stacheldraht. Da mußte einer schon Noske heißen und ihr Bluthund gewesen sein. Der kriegte seinen Knochen: Staatspension. Schwer wars, aber zu verstehn leicht.

FLINTE: Wer hat dir die Socken gestopft gegen Kapp und das Hemd gewaschen, Essen in den Roten Busch geschleppt vier Wochen, wie die SA dich gejagt haben, und die Zunge zerbissen im Sturmlokal und kein Wort?

FLINT: Du. Und so ists nicht, daß ich dirs vergeß.
S ist aber so, weil wir jetzt oben sind
Daß ich auf mehr zu sehn hab als auf zwei.
Keine Regierung drüber, selber sind wirs
Und Pieck ist Trumpf und Macht macht Sorgen. So stehts.
Der Staat lenkt sich nicht aus dem Handgelenk wie ein Ochse. Bergab vielleicht, da hat der Stein Beine, aber bergauf geht unsre Richtung. Und so sieht er aus, unser Staat: zusammengeflickt mit eigenen Resten aus Zwölf Jahren Heil und zwei Kriegen, nach einer Vorlage, die nicht auf unserm Mist gewachsen ist. Und wir haben ihn nicht selber demontiert, da haperts bei der Montage. Schnell ist ein Teil falsch eingepaßt, auswechseln dauert, und es muß in voller Fahrt sein, wenn der Karrn steht, klaun sie uns die Räder.
Da raucht der Kopf.
Du kannst nicht schwimmen? Da ist Wasser. Spring.
Du hast den Hals riskiert beim Flugblattstreun
Jetzt mach Gesetze, Junge. Hast das Maul
Gehalten vor den Gummiknüppeln eisern
Red jetzt. Du kannst nicht? Was du nicht kannst, lern

Im Schnellgang. Alles mußt du wissen, und
Das auch noch: wenn du alles weißt, es langt nicht
Wenns bei dir bleibt. Sä aus, was du im Kopf hast.
Agitation und Feldbau, Viehzucht und Klassenkampf.
Vom Gaul auf den Trecker, vom Acker ans Schaltbrett.
Zwei Hände sind zu wenig. Hab ich mehr?
Schlau sein wie tausend Mann, mit einem Kopf.
Da brauchst du eine Frau, die selber Geist hat.
Wenn ich die noch mitschleppen muß, wo bleib ich?
Das ist nichts gegen dich, woher sollst dus haben?

FLINTE: Ja, schlau wie tausend Mann, ich bin die Dumme.
Hat dir mein Kopf heiß gemacht
Solang ich dir woanders heiß genug war?
Und woher soll ichs haben, wenn von dir nicht?
Und wo hast dus her? Wer hat den Kindern das Brot aus den Zähnen gezogen für Bücher? Du hast die Weisheit mit Löffeln gefressen. Ich hab den Müllschlucker gemacht auf dem Gut.
Hättst du die Tochter vom Baron genommen
Wenn du Staat machen willst, statt seine Stallmagd.
Arbeiten immer, aufm Gut für Taglohn
Daheim für nichts und wenig gute Worte.
Kinder austragen, in die Welt schrein, aufziehn
Bis mir die Brust vorm Bauch hing, auch für nichts.
Ein altes Weib, nach dem kein Hahn kräht, Zielscheib
Für Witze, abgeschoben für ein frisches
Fleisch jetzt, mit dem du deinen Spaß hast. Ich
Hab auch bezahlt, und mehr als ich herauskrieg.

FLINT: Du weißt zu wenig. Das macht sauer. Lern was.
Ich sage: was ich weiß, macht mir nicht heiß.
Du denkst, dein Kopf ist was zum DurchdieWandgehn
Und was du in den Sand steckst, wenn die stehnbleibt.
Was Imperialismus ist zum Beispiel, weißt dus?

Flinte ab, von Flint unbemerkt.

Kapitalismus nämlich, wenn er stinkt.
Lenin hats rausgekriegt, und tausend Bücher
Was sag ich, hunderttausend Bücher hat er
Auslesen müssen, eh ers rausgekriegt hat.
Wenn du mit Lernen anfängst, gilt kein Aufhörn.
Da gibts die Widersprüche zum Beispiel. Da lernst du schon nicht aus. Der Imperialismus und wir, das ist ein

Widerspruch, der ist antagonistisch. Das heißt: kein Pardon wird gegeben. Das heißt: er uns oder wir ihn. Das heißt: wir ihn. Was unsern Streit angeht, der ist nicht antagonistisch. Verstehst dus? Was du nicht verstehst, frag. He, warum fragst du nicht? Willst du dumm bleiben? *Bemerkt, er ist allein, steht auf.* Weg ist sie. Und ich hab den Mond agitiert. Das ist auch so ein Mitläufer und kleinbürgerliches Element. *Ab.*

Umsiedlerin, Fondrak.

FONDRAK: Der Mond ist dicker geworden, du auch. *Die Frau im Arm, hinter ihrem Rücken Bier trinkend.* Das Bier nicht leider. Vier Jahr Frieden und noch keine zwölf Prozent.

Die Frau macht sich los.

Ein Kriegsgrund. Hast du viel unterm Kleid? Kann sein, der Rasen zwischen uns wird Staatsgrenze plötzlich, man hat schon Pferde kalben sehn aus Politik, du stehst in Rußland ohne einen Schritt, ich in Amerika, und Kinder machen auf dem Grenzstrich ist Export und verboten, Import wird auch bestraft. Wenn ich bloß nach deiner Brust greif, wird schon geschossen. *Setzt sich.* Kann sein, mich trifft der Schlag eh ich hier aufsteh. Oder ein Stück von einem Stern, der vor dreitausend Jahren geplatzt ist, dich auch. Oder der Boden, mit Füßen getreten seit Adam, von Vieh und Fahrzeug strapaziert, mit Bomben neuerdings, reißt, warum soll er halten, nichts hält ewig, ein Loch kommt zum andern, und wir gehn ab, dem alten Griechen nach, der in den Krater gesprungen ist, weil ihm kein Bier mehr geschmeckt hat, ich hab seinen Namen vergessen. Oder die Schwerkraft setzt aus, der ganze dreckige Stern kommt ins Schleudern, und wir machen die Himmelfahrt gleich, ohne den Umweg durch die Würmer. Kann sein, der Stern trifft einen andern, Flint zum Beispiel, der mir einen Hof anhängen will, oder Krüger, die Trichine, der von meinem Durst lebt. Kann sein, die Schwerkraft setzt nicht aus, der Boden hält noch eine Weile, warum soll er reißen, wenn er so lang gehalten hat, aber wie lang halt ich, das Sterben ist dem Menschen angeborn, der Wurm hat den Oberbefehl: Nimm deine Knochen zusammen, Fondrak, und zieh dein Fleisch aus.

Umarmung. Ein Pärchen geht vorbei.

Was kommt, geht wieder, Hitler hat zwölf Jahr
Gedauert und ging auch vorbei. Bleib liegen.
Wenn du dir schon den Tag versaun mußt, acht Stunden
Mit Arbeit und für andre, die Nacht gehört mir.
Und die ist kurz genug und aus, wenns hell wird
Und in der Sonne springt kein Bock in Preußen.
Im Gras ist auch mehr Platz als bloß für drei.

10

Wiese, Tag
Niet. Bäuerin. Niet nimmt Laken von der Leine. Bäuerin zählt. Detonation. Henne und Heinz schleppen einen Traktoristen auf die Bühne.

HENNE: Er ist mit dem Traktor auf eine Mine gekommen auf meinem Feld. Wir brauchen was Leinenes, daß er nicht ausblutet, bis der Doktor kommt.
BÄUERIN: Hab ich die Mine gelegt? Ist es sein Feld?
HEINZ: Sein Bein.
TRAKTORIST: Wenn mir der Knochen demontiert wird, Leute
Für dein Scheißfeld, schlag ich euch alle tot
Mit der Prothese.
HEINZ: Sonst noch alles dran?
TRAKTORIST: Die Zukunft ist gesichert, wenn du das meinst.

Niet zerreißt ein Laken.

Bäuerin *schreit:* Mein Laken!
Niet verbindet den Traktoristen.
Ich kann kein Blut sehn. Die kanns.
Henne und Heinz ab mit dem Traktoristen.
Das Laken geht vom Lohn ab, daß Sies wissen.
NIET: Ja.

11

Dorfstraße
Ein Traktorist, betrunken, liegt im Weg und schnarcht. Ein Bauer fällt über ihn.

BAUER: Habt ihr gefeiert?
TRAKTORIST: Hast du was dagegen?

BAUER: Nein.
TRAKTORIST: Dein Glück.

Der Traktorist will ab, der Bauer hält ihn mit einer Zigarre auf, der Traktorist will mit der Zigarre ab, der Bauer gibt ihm Feuer, der Traktorist raucht und will ab, der Bauer gibt ihm noch zwei Zigarren.

BAUER: Es bleibt in der Familie.
TRAKTORIST *kommt zurück, umarmt ihn:* Bist dus, Schwiegervater? Daß so ein Knochen so ein Fleisch abwirft. Hast du mehr davon? Ich sammle.
BAUER: Ich hab nichts gegen einen Trecker in der Familie, und Beleidigungen überhör ich, wenns in der Verwandtschaft bleibt. Aber das ist meine Meinung: wer meine Tochter pflügen will, der soll mein Feld nicht liegen lassen.
TRAKTORIST *zieht einen Packen Fotografien aus der Gesäßtasche:* So viel Pferde hat mein Stall.
BAUER *nach langem Suchen, zeigt:* Das ist sie. Und du fährst gut mit ihr. Ich hab ihre Mutter schon zwanzig Jahre und sie arbeitet noch für drei.
TRAKTORIST *steckt die Fotografien wieder ein:* Sackgasse. Was ich von ihr brauch, hab ich ohne Papier.
BAUER: Treibs nicht zu weit. Ich bin auch ein Mensch und hab meine Grenze.
TRAKTORIST: Wenn du ein Mensch wärst, würdest du mich in den Arsch treten jetzt. Ein Sklave deiner Liegenschaften, ein Knecht des Privateigentums, ein Opfer des Kapitalismus, ein rothaariger Widerspruch, ein Produktionsverhältnis, das bist du. Und statt daß du mich in den Arsch trittst, wirst du deine Brieftasche vom Arsch ziehn jetzt und legst mir einen Zwanziger auf die nackte Hand, damit ich morgen deinen Acker pflüg außer der Reihe – *der Bauer tut es* – oder übermorgen, und einen Zehner auf die andre, damit ich gerade pflüg. *Der Bauer tut es, der Traktorist geht ab, kommt zurück.* Ich mag Wellfleisch. Was gibts zu essen, wenn ich pflügen komm?

Schweigen.

BAUER *finster:* Wellfleisch.

Der Traktorist geht pfeifend ab. Auftritt mit offener Bluse die Schmulka.

Wie läufst du herum? Knöpf deine Bluse zu.
SCHMULKA: Mir ist nicht kalt. Hast du den Traktorist gesehn?
BAUER *zeigt:* Da.

Schmulka will ihre Bluse zuknöpfen.

Laß auf, wenn dir warm ist.

Vater und Tochter nach verschiedenen Seiten ab. Heinz und Siegfried mit einer Schubkarre, darauf Bücher. Zwei Bauern.

HEINZ: Wie wärs mit einem Buch, Kollegen? Die Kultur kommt aufs Land und die Wissenschaft. Das Buch ein Hebel zum besseren Leben. Kostenlos.
ERSTER BAUER: Beim Packen für HeiminsReich war Platz in meinem Rucksack für die Bibel oder Speck. Rat was ich eingepackt hab.
HEINZ: Die Bibel.

Lachen. Der zweite Bauer nähert sich den Büchern.

ERSTER BAUER: Bleib von den Büchern weg, ich warn dich. Du hältst den Kopf ins Buch, und wenn du ihn herausnimmst, hast du dich um den Verstand gelesen und vermachst der Solidarität deine zweitbeste Sau. Bleib weg, mit der Kultur ist nicht zu spaßen.
ZWEITER BAUER: Habt ihr das Buch „Kartoffelernte ohne Saatkartoffeln"?
Die Bauern lachen.
HEINZ: Nimm das.
ZWEITER BAUER *liest:* „DIE FURCHEN SINGEN. Ein sozialistischer Bauernroman". Wenn ich Musik will, hab ich Radio. *Nimmt ein anderes Buch auf, liest:* „DAS MORGENROT DES TRAKTORISTEN. Fünf Gesänge". Sein Frühstück wär mir lieber. Fünf Gänge. *Geht von den Büchern weg.*

Umsiedlerin geht vorbei. Sie trägt einen Korb mit Wäsche.

HEINZ: Zum Kind das Buch, damit es intelligent wird Oder Minister.
NIET: Ich hab keine Hand frei. *Ab.*

Auftritt Flinte 1.

FLINTE: Habt ihr ein Buch von Lenin?
SIEGFRIED: Wir haben alle Bücher.
ZWEITER BAUER: Seit sie allein schläft, legt sie sich auf Bücher.

Heinz gibt der Flinte ein Buch.

FLINTE: Empiriokritizismus, was ist das?
HEINZ: Romane hat er nicht geschrieben.

Flinte ab mit dem Empiriokritizismus. Auftritt Beutler.

BEUTLER: Alles von Stalin.

Heinz packt ihm Bücher auf, Beutler will ab.

HEINZ: Wart, es kommt noch mehr.
ERSTER BAUER *während Heinz und Siegfried Beutler weitere Bücher aufpacken:*
Rot wird wers braucht.
BEUTLER: Mach du den Bürgermeister.
Ein Wort und auf der Stelle tret ich dir
Mein Amt ab und den Posten Politik hier.
Wenn ihr für euern Vorteil Augen hättet
Kein Blatt von dem braucht ich allein zu schleppen.
Mir riecht auch Wellfleisch besser als Papier.
Für euch, ihr Ochsen, kürz ich meinen Nachtschlaf
Und les mir eine Brille an mit Stalin
Einer für alle. Und besser ständs mit allem
Wenn alle für den einen auch einständen
Bei passender Gelegenheit.

Beutler ab, bis über den Kopf bepackt mit Büchern. Auftritt in neuer Westkluft Sieber.

HEINZ: Der Amerikaner kommt.
SIEGFRIED: Der Eierschieber.
HEINZ: So alt und geht noch auf den Strich.
SIEBER: Blaupinne.
HEINZ: Kannst du noch Deutsch?
SIEBER: Besser als Russisch, Pimpf.
SIEGFRIED: Soll ich dir sagen, was du bist? Der Bandwurm
Im Fleisch der Republik –

SIEBER: Ein magrer Happen.
SIEGFRIED: Du sorgst dafür. Und daß du abgeführt wirst
Bei der nächsten Wurmkur, Finne, dafür sorg ich.
SIEBER *zieht eine amerikanische Zigarettenpackung:*
Zigarette?

Die Bauern gehn wie an Schnüren gezogen auf Sieber zu und bauen sich vor ihm auf. Heinz verläßt den Bücherkarren und geht ebenfalls, die Hand nach einer Zigarette ausstreckend, auf Sieber zu.

SIEGFRIED: Wir nehmen nichts von denen.
HEINZ *steckt die Hand in die Tasche:*
Kein Stück.
SIEGFRIED: Und wenn du denkst, du kannst dich bilden
Umsonst, Blindgänger, aus volkseignen Büchern
Vom Westen die Schale, vom Osten den Kern –
HEINZ: Langsam.
Du drückst die falsche Tube. Literatur
Ist für die Blöden, Bücher kriegt wers braucht.
SIEGFRIED: Wenn er die Amerikanerkluft nicht auszieht
Kein Buch.
SIEBER: Die Weisheit könnt ihr selber löffeln.
Ich hab was Bessres. Illustriert und wahr.
Er zieht eine Westillustrierte. Hier.

Bauern scharen sich um ihn.

ERSTER BAUER *liest:*
ZONENWIRTSCHAFT BRICHT ZUSAMMEN!
ZWEITER BAUER: Wann?
ERSTER BAUER: Das steht nicht drin.

Heinz und Siegfried lachen.

DRITTER BAUER: Zähls an den Löchern ab
Die du dir in den Gurt bohrst wochenweise
Der dich zusammenhält seit der Befreiung.
Im Kommunismus steht die Hose leer.

Vorbei.

SIEBER: Nicht meine.

Lachen.

ERSTER BAUER *liest:* PANKOFFS TERROR DEZIMIERT DIE BAUERNSCHAFT
ZWEITER BAUER: Fall um, Franz, du bist tot.
ERSTER BAUER: Was ist das, Terror?
HEINZ: Eine Hunderasse.
ERSTER BAUER *zeigt in die Zeitung:*
Der lebt nicht schlecht, der Hund.
ZWEITER BAUER: Was für ein Hund?
ERSTER BAUER: Der Pudel von der Gräfin Mariza.
So leben da schon die Hunde.
ZWEITER BAUER: Und die Grafen.
ERSTER BAUER: Wenn dort ein Graf schon wie ein Graf lebt, hier
Versetzen sie für Speck den Vatermörder.
Da möcht ich wissen, wie der Bauer tafelt.
ZWEITER BAUER: Milch saufen die schon nicht mehr, das ist unfein.
Die baden drin.
ERSTER BAUER: Die Bauern?
ZWEITER BAUER: Filmschauspieler.
ERSTER BAUER *enttäuscht:*
Wenigstens eine Zeitung, wo was drinsteht.

Auftritt Treiber, von Henne verfolgt, der eine Liste und einen Bleistift in der Hand hält.

HENNE: Du bist auch für den Frieden, Treiber, denk ich.
TREIBER: Ja, für den Frieden sind wir gut genug.
HENNE: Auf einem Bein kann er nicht stehn, der Frieden.
TREIBER: Dein Frieden ist nicht meiner. Ich erlaß dir
Von deiner Saatkartoffelschuld die Hälfte
Und du steckst deinen Wisch ein und erläßt mir
Die Unterschrift.
HENNE: Der Frieden geht dir auch
Vor Saatkartoffeln, Treiber, denk ich.
TREIBER: Ja.
Ich unterschreib den Frieden, und übers Jahr heißts:
Wer für den Frieden ist, in die Kolchose!
Und: du hast unterschrieben, Treiber, wirds bald.
HENNE: Mir geht der Frieden vor den Saatkartoffeln.
TREIBER: Sags euerm Solleintreiber, wenn er dir
Das Fell abziehn kommt, weil dein Soll nicht eingeht

S ist für den Frieden, daß dein Soll nicht eingeht
Und agitier mit dem Gerichtsvollzieher
Den ich dir aufn Hals schick nach Kartoffeln. *Ab.*

Henne steckt Liste und Bleistift ein. Pause. Dann nimmt Henne die Liste wieder aus der Tasche und nimmt die Verfolgung wieder auf, die Bauern hinterher, neugierig auf den Ausgang. Glocken.

SIEGFRIED: Jetzt müssen wir die Bücher selber lesen.

Heinz und Siegfried mit dem Bücherkarren ab. Auftritt Fondrak.

FONDRAK: Durst, heb dich weg. *Trinkt eine Flasche leer.*
Das war die letzte Warnung.
Ich bin auch bloß ein Mensch, lieber Mörder als Leiche.
Einen feuchten Tod sollst du kriegen. Durst, und einen langen. *Kehrt seine Taschen um. Leer.*
Das wird ein trockner Sonntag.
Ein Bauer tritt auf. Fondrak bedroht ihn mit der Flasche.
Zahl oder stirb.
BAUER: Vielleicht zahlt die Versicherung was auf meine Leiche. *Ab.*

Auftritt ein Christ.

FONDRAK: Bruder, was hältst du von den zehn Geboten?
Du kannst zwei Leben retten, gib mir Geld
Wenn dir an deiner Seele liegt, für Bier.
CHRIST: Mir liegt an deiner auch, ich geb dir kein Geld.
FONDRAK: Da geht er hin, die Hose voll Papiergeld
Und auf der Seele einen Mord, ein Christ!
CHRIST: Dir könnts nicht schaden, Fondrak, wenn du mitgingst.
FONDRAK: Ehrt mich, aber ich hab keinen Hunger auf den Leib des Herrn, er ist mir zu mager, und keinen Durst auf sein Blut, es ist mir zu dünn. Kein Wunder, zweitausend Jahre zehrn sie von ihm, ich frag mich, wie lang er noch vorhält. Wenn er das Bier erfunden hätte, vielleicht wär ich auch fromm. Aber der Mensch hat den Himmel auf Flaschen gezogen.
CHRIST: Er hört dich! *Ab.*

Ein Bauer.

FONDRAK: Hast du Humor? Ein Bier ein Witz. Schweinische kosten doppelt, es ist Vergnügungssteuer drauf. Die politischen auch, das ist die Gefahrenzulage.

Flint kommt mit Fahrrad.

Jetzt schlagen sie auf, der Rote Oktober kommt.

Pfeift die Internationale.

FLINT: Du bist mir eine Antwort schuldig, Fondrak.

FONDRAK: Ich hab mehr Schulden. Mir zum Beispiel
schuld ich
Ein Bier seit gestern. Flint, was ist dir lieber:
Ein Katholik mehr oder eine kleine
Investition? Noch eine Stunde Durst
Und ich verschreib den Pfaffen meine Seele.
Willst du das, Flint?

FLINT: Mein Angebot gilt noch.
Und wenn du Boden hast, hast du auch Bier.

FONDRAK: Mit Schweiß vermengt, der mir den Magen umdreht.

FLINT: Wenn dir dein Schweiß nicht schmeckt, sauf Wasser, Fondrak.

FONDRAK: Ein Bier und vor dir steht ein Kommunist, Flint.

FLINT: Ein Parasit steht vor mir.

FONDRAK: Du verkennst mich.
Zeig mir ein Mausloch und ich fick die Welt.
Ich bin ein geistiger Mensch, Flint, Bier ist Geist
Der Geist erhebt den Menschen übers Tier
Die Arbeit wirft ihn unters Vieh zurück.

Stoppt einen Bauern, der vorbeigeht.

Nimm den zum Beispiel. Ist das noch ein Mensch? Er kann keine Hand mehr aufmachen, krumm. *Demonstriert es.* Sein Buckel auch. Noch zehn Jahre und er geht auf vieren wieder wie sein Vorgänger bei Darwin. Arbeit ist ein Verbrechen gegen die Menschlichkeit. Der Mensch ist zum Leben geborn, ich will mich in Freiheit besaufen, auf den Boden scheiß ich. Jeder nach seiner Fähigkeit, schreibt deine Zeitung. Und nach dem Bedürfnis. Du kennst mein Bedürfnis, du kennst meine Fähigkeit. Lügt deine Zeitung? Ein Bier oder ich zeig dich an, Flint, wegen Feindpropaganda.

FLINT: Jeder nach seiner Leistung, das hast du vergessen. Die Bedürfnisse kriegen wir später.

FONDRAK: Ich bin meiner Zeit voraus, ich hab sie schon.

Und ein Einzelvertrag steht mir zu, wenn die Leistung bezahlt wird. Überzeug dich an der Theke. Aber geh zur Bauernbank vorher, es kann einen Tausender kosten. Wieviel hast du mit?

FLINT: Fünf Hektar.

FONDRAK: Im Ernst, Flint. Was war zuerst: der Durst oder das Bier? Ich sage: das Bier, die Welt muß verbraucht werden. Du machst den Gaul, schweißtriefend für die bessre Menschheit. Was bist du am Ende? Erde, die jeder bescheißen kann. Ich sage: mich gibts nur einmal, kein andrer hat meine Hand.

FLINT: Wo hast du sie her? Ich kann mich auch an meiner Nase abzähln. Die halbe Menschheit hat sich abgeschunden im Kollektiv für deine individuelle Hand. Wenn du dich zurück verfolgst durch deine Eltern, die Verwandtschaft hört nicht auf, wo du hinspuckst, liegt der Dreck, dein Ernährer auf dem Transport durch die Zeiten. Wenn du nicht arbeiten willst, leg dich gleich dazu. Länger als die Hose hält, hast du die Hand nicht in der Tasche, und wenn dir das Gras aus dem Bauch wächst, hast du keinen Durst mehr. Überzeug dich in der Pfütze: im Gesicht bist du schon grün. Siehst du das Unkraut in den Nasenlöchern?

FONDRAK: Solche Reden schlagen mir auf die Blase, Flint. Da sitzt bei mir die Seele. Aber was willst du, mit mir hört die Welt auf. Der liebe Gott hat sie verlorn beim Nagelputzen. Unter den Daumennagel, wenn wir alle Minen springen lassen, paßt sie wieder. Es wird eine Zeit kommen, Flint, wo der Mensch die Planeten hinter sich wegsprengt einen nach dem andern, wenn er sie ausgepowert hat oder zum Spaß, wie Casanova die Weiber. Welten gibts viel. Ob der Ochse aus Rindfleisch gemacht wird hier oder aus Wellblech in der andern, ob der Mensch ein Herz hat oder eine Düse, ob er mit Eiweiß berieben wird oder mit Vitriol, wo ist der Unterschied?

FLINT: Dir müßte man das Maul versiegeln, Fondrak.

FONDRAK: Mit Bier.

Niet, mit Wäschekorb.

Der rote Flint will mich zum Bauern machen. Erst kriegst du: Umsiedlerkredit, eine Bauernstelle, einen Posten. Dann wirst du zugeschnitten, was nicht in den Topf paßt, ab, und wenns der Kopf war. Zum Beispiel wenn du gern ein Bier zu viel trinkst oder zwanzig, oder du willst eine Fabrik aufmachen, eine Brauerei zum Beispiel. Gleich kommen sie mit IchbinBergmannweristmehr oder Bauauf Bauauf. Wenn du verhungern willst, fällt die Fürsorge über dich her. Diktatur. *Zu Flint:* Probiers. Schreib an die Wand: Kommunismus ist Scheiße, Heil Hitler. Die Polizei kommt gleich, du kannst drauf warten. Keine Freiheit. *Zu Niet:* Ich brauch Geld. *Niet gibt.* Ich brauch mehr.

NIET: Ich geb nicht mehr. *Ab.*

FONDRAK: Ich hab ihr ein Kind gemacht. Das ist der Dank. *Pißt.*
Das Bier
Verläßt den Menschen auch, wie alles Schöne.
Was ist die Welt, Flint. Viel Geschrei
Um einen trocknen Mist, der stinkt bei Regen.

Auftritt ein Pastor, sein Motorrad schiebend.

PASTOR: Ein Motordefekt. Würden Sie mir Ihr Fahrrad borgen? Ich kann die Gemeinde nicht warten lassen. Sie hat schon drei Wochen gewartet auf Gottes Wort. Ein Prediger für drei Gemeinden.

FLINT: Einer zu viel. Ich würde gern einspringen, aber ich hab auch drei Dörfer.

PASTOR: Ja. Würden Sie mir jetzt Ihr Fahrrad borgen?

FLINT: Es ist ein atheistisches Fahrrad.

PASTOR: Gott sieht nicht auf das Rad, er sieht auf den Fahrer.

FLINT: Wie ich. *Will ab mit dem Fahrrad.*

PASTOR: Ihre Partei denkt anders darüber, mein Herr, soweit ich unterrichtet bin.

FLINT *steigt ab, gibt ihm das Fahrrad:* Leider. Ich verrate die Revolution aus Parteidisziplin. Das Herz ist nicht dabei.

PASTOR: Das wäre auch zu viel verlangt. Ich werde für Sie beten.

Flint ab.

FONDRAK *hält den Pastor auf:* Ich brauche einen Motor nur scharf anzusehn. *Tut es.* Es dauert länger. Sie müssen eine

Anzahlung leisten, das deutsche Handwerk ist ein Faß ohne Boden.

PASTOR: Nach der Reparatur.

FONDRAK: Kassiert ihr die Kirchensteuer etwa nicht vor der Leistung und treibt mit unserm Angstschweiß eure Mühle? Kein Mensch weiß, wie seine Seele aussieht nach der Reparatur.

Pastor ab. Fondrak repariert Motorrad. Auftritt Sollerfasser.

ERFASSER: Ist das Kraftrad verkäuflich, mein Herr?

FONDRAK: Das kommt darauf an, wo du damit hinfahrn willst, mein Junge.

ERFASSER: Westen.

FONDRAK: Fünfhundert. Soll ichs einpacken?

ERFASSER: Fünfhundert ist zu viel.

FONDRAK: Du kannst bei mir als Misthaufen arbeiten, ich krieg eine Großbauernstelle.

ERFASSER: Reden Sie mir nicht von Bauern. Erst hab ich sie zu mild behandelt, dann hab ich sie zu grob behandelt, dann wieder zu mild, dann wieder zu grob. Reden Sie mir nicht von Bauern. Hier sind die Fünfhundert. Zählen Sie nicht nach?

FONDRAK: Nein.

ERFASSER: Wie fährt man damit?

FONDRAK: Hier setzt du dich drauf, hier hältst du dich fest, da trittst du.

ERFASSER *tut es, im Fahren:* Und wenn ich halten will?

FONDRAK: Such dir einen Baum aus oder eine Mauer. Was du willst. Es kann auch ein Heuschober sein für den Anfang. Auf dem Mond wirst du damit nicht landen.

Erfasser ab.

Wasser in Wein verwandeln, das kann jeder
Doch die Verwandlung einer christlichen
Vierhundertfünfziger BMW in Bier
Verehrtes Publikum, sehn Sie nur hier.

12

Nacht, Feld
Bauer, Traktorist.
Der Bauer mißt mit einem Holz die Furchentiefe, der Traktorist raucht.

TRAKTORIST: Was ist? Soll ich dir Schützengräben pflügen?
Auf deinem Rübenbeet, die Kuh pißt weiter
Ist schon der Gaul verschwendet. Mit dem Traktor
Bin ich in der Minute übern Grenzstein.
Wenn ihr zusammenschmeißt, wärs leichter.
BAUER: Dir.
TRAKTORIST: Red ich von mir? Der Traktor, Mensch, braucht Auslauf.
Dem schlagen eure Beete auf die Brust.
Hast du kein Herz für einen Motor, Junge?
Mich juckt dein Feld nicht, wenn er aussetzt, ich
Reiß meine Stunden in der Kneipe ab
Und wenn ich voll bin ists auf deine Kosten.
BAUER: Der Nachbar wird mir sein Feld nicht abtreten.

Pause.

TRAKTORIST: In einer Nacht wie heute, Vollmond auch
Haben wir einen umgebracht in Rußland
Ein Bauer wars. Warum? Ich habs vergessen.
Das hab ich nicht vergessen: wie der Alte
In seinem letzten Rennen noch drauf sah
Daß er den Mais nicht umtrat. Wir sahn nicht drauf.
Wir jagten ihn, und eine kurze Jagd wars
Er immer um den Mais herum, wir drüber.
BAUER: Kolchose?
TRAKTORIST: Ja.
Wir hatten Schnaps, der Leutnant war bei Laune
Er sagte: sagt dem Bolschewiken, weil mir
Sein Bart gefällt, erlaub ich ihm, daß er
Sein letztes Loch auf seinem eignen Feld schippt.
Wir fragen, wo sein Feld ist. Sagt der Alte:
Hier alles mein Feld. Wir: wo sein Feld war
Eh alles kollektiv war. Der zeigt bloß
Wie ein Großgrundbesitzer ins Gelände

Wo kilometerbreit brusthoch der Mais stand.
Der hatte, wo sein Feld war, glatt vergessen.

13

Dorfkrug
Krüger.
Heinz und Siegfried bringen ein Spruchband an.

SIEGFRIED: Wir brauchen kein Akkordeon, sagt der Kreis
Für drei Mitglieder.
HEINZ: Und der Sekretär
Braucht ein Motorrad. Hast du ihm gesagt
Daß keiner kommt, wenn kein Tanz ist?
SIEGFRIED: Er fragt
Warum wir sie nicht aufklärn.
HEINZ: Mit dem Kamm?
Gestern hab ich die Schmulka aufgeklärt.
SIEGFRIED: Die Schmulka? Von der Schmulka laß die Finger.
HEINZ: Dein Argument geht ihr wohl besser ein?
SIEGFRIED: Ich sag dir: laß die Finger von der Schmulka
Oder ich sags dem Kreis.
HEINZ: Sags ihm.
SIEGFRIED: Das ist
Der bürgerliche Sumpf. Du bleibst drin stecken
Wenn du dich isolierst vom Kollektiv.

Auftritt ein Fremder.

KRÜGER: Bier?
Der Fremde trinkt.
Bestellen Sie gleich noch eins. Hier ist Versammlung heute. Lange können Sie nicht bleiben, wenn Sie nicht von hier sind.

Der Fremde schweigt. Heinz und Siegfried haben das Spruchband angebracht. Sie betrachten es prüfend. Der Text lautet:
VORWÄRTS ZUM KOMMUNISMUS

FREMDER: Euer Kommunismus hängt zu früh.
SIEGFRIED: Uns nicht.

KRÜGER: Ich bin ganz Ihrer Meinung, mein Herr. *Zu Heinz und Siegfried:* Wer nichts hat, der hat auch nichts zu teilen. Kommunismus! *Lacht.*

FREMDER: Ich glaube nicht, daß wir einer Meinung sind. *Auf den Text zeigend zu Heinz und Siegfried:* Eure Erfindung?

SIEGFRIED: Auftrag vom Bürgermeister. Erfindung von Karl Marx.

FREMDER: Mit zwei Traktoren? Was sagt die Partei dazu?

SIEGFRIED: Wollen Sie damit sagen, die Partei ist gegen den Kommunismus und gegen Karl Marx wie Sie vielleicht? *Zu Heinz:* Ein Provokateur.

HEINZ: Oder der Landrat.

SIEGFRIED: Mit kahlem Revers?

FREMDER: Kann mir einer den Weg zur MAS zeigen?

SIEGFRIED *zu Heinz:* Was hab ich gesagt? Ein Agent. Dem werd ich den Weg zeigen. *Zum Fremden:* Was wollen Sie denn auf der MAS?

FREMDER: Ich interessier mich dafür.

SIEGFRIED: Das kann ich mir denken. Warum interessieren Sie sich für die MAS?

FREMDER: Ich interessier mich für manches. Das hat mit meinem Beruf zu tun.

SIEGFRIED *zu Heinz:* Beruf sagt er dazu. Vergiftet unser Vieh, steckt unsre Scheunen an, sprengt Brücken und Talsperren und sagt Beruf dazu. Dem häng ich eine Berufskrankheit an. Lebenslänglich. *Zum Fremden:* Was haben Sie denn für einen Beruf?

FREMDER: Maschinenschlosser.

HEINZ: Ist das Ihr Auto draußen?

FREMDER: Ich bin damit gekommen.

SIEGFRIED *zu Heinz:* Ob er damit wieder wegfährt, steht auf einem andern Blatt.

HEINZ: Dann erzählen Sie uns nicht, Sie sind Maschinenschlosser.

FREMDER: Und warum nicht?

SIEGFRIED: Ein Schlosser hat kein Auto. Wir sind noch nicht soweit. Ich rede von ehrlichen Schlossern.

FREMDER: Vielleicht bin ich wirklich früh dran. Zur MAS rechts oder links?

SIEGFRIED: Links.

Der Fremde ab.

HEINZ: Warum sagst du links, wenns rechts ist?
SIEGFRIED: Er kommt früh genug hin. Inzwischen schlagen wir Alarm. Wenn er links fährt, muß er bei Rammler vorbei. Soll er dem das Vieh vergiften.
HEINZ: Kühe sind klassenlos.
SIEGFRIED: Ich bins nicht. Kommst du mit?
HEINZ: Ja. Aber ich glaub ihm den Agenten nicht. So sehn sie nur im Film aus. Glaubst du Filme?
SIEGFRIED *zu Krüger:* Wenn er zurückkommt, halt ihn fest. Wir kommen wieder mit Verstärkung. *Beide ab.*

Auftritt Fondrak, bestellt, zahlt, trinkt stumm Bier.

KRÜGER: Wo hast du Geld her, Fondrak?
FONDRAK: Kirchenraub.

Rammler und Treiber mit Zigarren. Rammler gibt Fondrak eine Zigarre.

RAMMLER: Fondrak.
FONDRAK: Ja.
RAMMLER: Kannst du schreiben?

Fondrak schreibt.

TREIBER *liest:* Schei – ße.
RAMMLER: Fondrak
Wir gratuliern dir, du wirst Bürgermeister.
FONDRAK: Ehrt mich zu spät. Ich muß zum Amerikaner.
RAMMLER: Da werden wir dich wohl anzeigen müssen.
FONDRAK: Kann sein, daß ich vor euch sitz. Ihr sitzt länger.

Pause. Rammler gibt Fondrak eine Zigarre. Fondrak gibt Krüger eine Zigarre. Treiber betrinkt sich.

RAMMLER: Du willst nicht Bauer werden. Das versteh ich.
Was dir heut angetragen wird, ein Staatsamt
Ist keine Arbeit, sondern eine Ehre.
Was macht ein Bürgermeister? Wenn du mich fragst:
Nichts. Ist das eine Arbeit: der Bevölkrung
Die Wünsche vom Gesicht ablesen? Und
Wärs eine, wärs nicht deine: ich les dir vor.
FONDRAK: Beutler?
RAMMLER: Von Beutler ziehn wir unsre Hand ab.

FONDRAK: Freibier?
RAMMLER: Herr Fondrak trinkt auf unsre Rechnung.
KRÜGER: Ja.
TREIBER: Früher war ein scharfer Hund genug
Gegen die Hungerleider aus vier Dörfern.
Jetzt muß ich einen Bürgermeister halten
Sonst frißt der Staat mir das Gerippe blank
Der Leviathan. Einen Hungerleider
Der mir den Bissen vor dem Maul halbiert.

Fondrak lacht.

RAMMLER: Sauf, daß du zur Versammlung nüchtern bist.
Ich lad dich ein.
TREIBER: Ich laß mich nicht einladen.
Ich lad dich ein.
RAMMLER: Ich laß mich auch nicht.
TREIBER: Bier
Für Rammler.
RAMMLER: Bier für Treiber.
TREIBER: Noch ein Bier
Für Rammler.
RAMMLER: Alles für die Armen. Bier
Für Treiber.
TREIBER: Ziegenmelker.
RAMMLER: Hüteknecht.

Rammler und Treiber schütten einer dem andern Bier ins Gesicht.
Auftreten Flint und Landrat.

FLINT: Das sind die Widersprüche im imperialistischen Lager.
RAMMLER: Der Landrat!

Die Großbauern grüßen.
Auftreten Siegfried und Heinz.

SIEGFRIED: Da ist er! Wo hast du ihn geschnappt, Flint? Seit halb sind wir hinter ihm her. Im Laufschritt hinter dem Opel, mit dem sie ihn ausstaffiert haben, damit er sich absetzen kann, wenn ihm der Boden heiß wird weil er Feuer gelegt hat. Merkst du jetzt, Maschinenschlosser, wer den langen Arm hat?

Landrat lacht.

SIEGFRIED: Lange lachst du nicht mehr.
LANDRAT: Der Schlosser stimmt. *Zeigt seinen Ausweis.*
SIEGFRIED: Ein Arbeiter und läßt sich kaufen! Der Ausweis ist gefälscht. Ein Arbeiter läßt sich nicht kaufen. Hast du die Staatssicherheit schon angerufen, Flint, und ihm die Waffen abgenommen?
FLINT *lacht:* Nein.
SIEGFRIED: Was ist? Bist du krank? Willst du ihn laufen lassen? Paktierst du mit dem Agenten, Flint? Kann man schon keinem mehr traun hier?
FLINT: Dein Agent ist der Landrat.
BEUTLER: Und jetzt entschuldige dich gefälligst, Rotzer. Sonst ruf ich die Sicherheit an. *Verbeugung zum Landrat.* Beutler, Bürgermeister.
LANDRAT: Der Sektierer.
BEUTLER: So sagt der Feind.
SIEGFRIED: Der Landrat! – Beinah wär ich zum Staatsfeind geworden durch Wachsamkeit.

Auftritt Henne, bleibt an der Tür stehn, steckt sein Parteiabzeichen an.

LANDRAT: Besser ein Auge zu viel als ein Traktor zu wenig.
SIEGFRIED: Kollege Landrat, warum trägst du kein Parteiabzeichen?

Henne steckt sein Parteiabzeichen wieder ein.

LANDRAT: Wie soll ich wissen, ob ihr wachsam seid, wenn ich mein Parteiabzeichen gleich offen trage, vor dem eure Wachsamkeit haltmacht? *Steckt sein Abzeichen an, Henne auch.*
BEUTLER *stellt Henne vor:*
Neubauer. Sehr verläßlich.
Stellt Senkpiel vor: Mittelbauer.
Man muß ein Auge auf ihn haben. Schwankt.
Flinte 1.
Genossin Flint. Von ihm hier die Verflossne.
Er hält sich an die Jugend neuerdings.
Kommunist von Kopf bis Fuß. Die Mitte sperrt sich.
FLINTE 1: Dich gehts nichts an.

BEUTLER: Die Wunde ist noch frisch.
Zeigt Rammler und Treiber.
Kulaken. Bis auf weitres.
Niet.
Umsiedlerin.
Wohnhaft bei mir.
HEINZ: In seiner Abstellkammer.
BEUTLER *lacht:* Zum Kindermachen war die nicht zu eng.
Fondrak.
Der Vater, leider, liebt die Flasche mehr.
Der Rest wird gleich geholt.
Zu Heinz und Siegfried: Trommelt zusammen
Was Beine hat und was an Krücken geht.
Nicht alle Tage hat ein Dorf den Vorzug
Sich zu beraten mit dem Landrat selber.
Heinz und Siegfried ab.
Zum Landrat:
Und wenn der Berg nicht zum Propheten kommt
Muß der Prophet ihm in die Speichen greifen.
LANDRAT: Genossin Flint, wie lebst du und wovon?
FLINTE 1: Ich helf mal dem, mal jenem. Davon leb ich.

Heinz bringt einen Bauern, der sein Pferd mitbringt.

BEUTLER: Jetzt bringt der Frischling einen Gaul an.
Der Bauer ist dumm genug. Was soll der Gaul hier.
HEINZ: Alles, was Beine hat, hast du gesagt.

Bauer ohrfeigt Beutler.

Beutler *reibt sich die Backe:*
Haben Sie das gesehn, Kollege Landrat?
LANDRAT: Nein.

Bauern. Einwohnerversammlung, im Präsidium Beutler, Flint und der Landrat.

BEUTLER: Die Einwohnerversammlung ist eröffnet.
ALTER BAUER: Weck mich zum Beifall.
LANDRAT: Worauf wartet ihr?
FLINT: Auf dich.
LANDRAT: Warum auf mich?
FLINT: Willst du nicht reden?
LANDRAT: Ich hab noch nichts gehört, was soll ich reden.

Was in der Zeitung steht? Die habt ihr selber.
Hier sitz ich, weil ich hörn will, was nicht drin steht.
Sonst kann ich mich im Schreibtisch schlafen legen
Auf dem geduldigen Papier mit euren
Schönfärberischen Berichten.

BEUTLER: Nimms dir an, Flint.
Die beste Rede, die ich hier gehört hab.
Besser als du, Flint, weiß der Kollege Landrat
Wie er dem Volk die Zunge löst. Er fährt ihm
Nicht übers Maul breit mit geleckten Reden
Wie du. – Flint ist der Schrecken der Versammlung.
Wenn hier ein Stuhl freibleibt, ists durch sein
Mundwerk.

LANDRAT: Fangt an.

SENKPIEL *zum alten Bauern:*
Wach auf, Franz.

ALTER BAUER *wacht auf, applaudiert:* Eine gute Rede.

Die andern Bauern fallen in den Applaus ein. Flint und Landrat lachen, Bauern lachen. Schweigen.

BEUTLER: Der einfache Mann, Arbeiter oder Bauer
Mit Händen fleißig, ist mitunter maulfaul
Was ihm von Herzen kommt, stockt auf der Zunge.
Wer lang auf billigen Sohlen durch die Welt ging
Gar auf den billigsten, die er von Geburt hat
Dem geht die Rede schwerer von den Lippen
Als von der schwieligen Hand die Arbeit. Mir auch.
Doch hab ichs lernen müssen, aus dem Stall
Getragen vom Vertrauen der Bevölkrung
Ins Gemeindeamt. So drück ich jetzt für alle
Ihnen, Kollege Landrat, unsern Dank aus
Betreffs der zwei Traktoren, und die Hand.

Handschlag.

SENKPIEL *leise:*
Es könnten mehr sein.

BEUTLER: Laut. Sags lauter, Senkpiel.

SENKPIEL: Ich? Ich hab nichts gesagt.

JUNGER BAUER: Es könnten mehr sein
Hat er gesagt.

BEUTLER: Ein unverschämter Mensch.

Ist das dein Dank für die großherzige Schenkung
Kommst du dem Landrat frech, der die Strapaze
Den Weg durch Wind und Wetter auf sich nimmt
Fürs allgemeine Wohl? Wo gabs das vorher?
Wann hat der Staat den Weg zum Volk gefunden?
Es-könnten-mehr-sein. Unverschämter Mensch!

FLINT: Wenn du so weitermachst, kannst du zum Film gehn.

BEUTLER: Weil ich den weichen Kurs nicht mitfahr, den du
Steuerst seit kurzem? Ich leg auch das Ohr
Gern an die Masse, Flint. Aber den Kopf
Behalt ich in der Leitung, und den Finger
Am Puls der Revolution, Flint. Ich bin auch
Für Redefreiheit. Aber dafür nicht, daß
Der Feind sie in sein ungewaschnes Maul nimmt.

LANDRAT *zu Senkpiel:*
Ich wollt, es könnten mehr sein.

SENKPIEL: Dann ists gut.
Die Industrie pfeift auf dem ersten Loch
Wenn sie zwei Trecker ausspuckt, ists schon viel
Ich hab zweimal den Krieg verlorn, ich weiß es
Das Schweißvergießen kommt vorm Blutvergießen
Und nach dem Blutvergießen kommts noch dicker.
Ich sag mir aber, wenn ichs nicht sag, daß
Zwei Trecker nicht die Welt sind, sagt leicht einer
Der Ihnen in den Hintern kriechen will
Weil Sies sind oder will vor Ihnen radfahrn.

LANDRAT: Was nicht so leicht ist.

SENKPIEL: Mancher ist da Künstler.
Und so ein Künstler sagt Ihnen vielleicht
Zwei Trecker sind zu viel für zwanzig Bauern
Und vielleicht glauben Sies, und uns bleibt einer
Und grau sind wir eh wir den dritten sehn.

Unruhe.

EIN BAUER: Sags.

SIMONEIT: Warum ich? Sag dus.

BAUER: Hier, Simoneit
Will reden.

SIMONEIT: Du bist vor mir dran.

BAUER: Nach dir.

Fondrak steht auf.

BEUTLER: Fondrak, Umsiedler.
FONDRAK: Ein Verbesserungsvorschlag:
Bier aus der Wand.
Bauern lachen.
Den Massen fehlt der Weitblick.
Hitler hats ausgenutzt. Ich wußte gleich
Den blutigen Ausgang, weil der Mann kein Bier trank
Und wer kein Bier trinkt, säuft bekanntlich Blut.
Oder zum Beispiel: wer hätt mir geglaubt
Vor hundert Jahrn, daß ich mit Stalin selber
Telefonieren kann, wenn die Leitung frei ist
Und kann ihm sagen, wieviel Wasser der
Zeigt auf Krüger:
Ins Bier panscht. Und ich tus, Krüger, und heut noch.
BEUTLER *zum Krüger:*
Er ist besoffen. Zeig ihm, wo die Tür ist.
KRÜGER: Ich?
LANDRAT *zu Fondrak:*
Der Verbesserungsvorschlag kommt zu früh.
Wir müssen erst die Wände wieder aufstelln.
FONDRAK: Was ausgeworfen wird, kommt wieder ein.
Rechnen Sie nach, was schon an Holz gespart wird
Für Fässer, Glas für Flaschen, am Transportraum,
Die Wohnungsfrage lösen wir gleich mit:
Wo jede Wohnung eine Kneipe ist
Ist jede Kneipe eine Wohnung mehr.
Und Arbeitskräfte werden frei fürs Bergwerk
Nützlich gemacht der letzte Schädling.
Zeigt auf Krüger: Da
Steht einer. Fleischberg zwischen Mensch und Bier.
Der Höllenhund am Tor zum Paradies.
Denn wo sonst hat der Mensch ein Paradies
Als auf dem Grund der Flasche. Und
Ich machs euch billig. Freibier lebenslänglich.
SIMONEIT *steht auf:* Simoneit, Umsiedler.
Bauer durch Bodenreform, und neuerdings
Traktorbesitzer. Nämlich weil die Trecker
Volkseigentum sind und zum Volk gehör ich
Wie jeder, der hier sitzt und der nicht hier sitzt.

Denn wer gehört nicht gern zum Volk, wo alles
Dem Volk gehört, zwei Trecker in unserm Fall
Zwei Tropfen Naß auf neunzehn heiße Steine.
Und jetzt ist meine Frage die: wenn ich
Simoneit, Bauer und Volksgenosse, Mit-
Besitzer also am Volkseigentum
Jetzt meinen Anteil will von meinen Treckern
Das Rad oder die Schraube, die mir zusteht
Was krieg ich? Ein Gelächter. Wenn ich aber
Mir heimlich meine Scheibe abschneid, was wird?
Ernst wirds. Drum ist mein Vorschlag der: wir losen
Die Trecker aus, und jeder hat die Chance
Fleisch oder Fisch, wer kriegt, hat und kein Streit mehr.
Die Nächsten warten auf die nächste Lieferung
Die Übernächsten auf die übernächste
Und das ist in der Frage meine Meinung.

Pause.

STIMMEN: Unsre.
Pause.
Die Mehrheit ist dafür
Pause.
Jawohl.
FLINT: Die Dummheit.
SIMONEIT: Freie Wahl.
FLINT: Wenn Dummheit frei macht.
BEUTLER: Volkseigentum wollt ihr verschachern!
BAUER: Unsers.
BEUTLER: Seid ihr das Volk? Ich sag euch, was ihr seid
Dem Volk sein innrer Schweinehund, der seid ihr.
Auf, zum Landrat:
Wenn ich zurückkomm, ists mit Polizeischutz.
Könnt ihr euch solang halten?
LANDRAT: Setz dich und
Schneid Lose.

Beifall.

BEUTLER: Haben Sie gesagt: Schneid Lose?
LANDRAT: Ja.
BEUTLER: Auch gut. *Zieht das Gesetzblatt aus der Jacke, reißt ein Blatt heraus, zieht ein Messer, schneidet Lose.*

FLINT *zerreißt sie:*
Nichts ist gut. – Wer bist du, Landrat?
Hast du die Klasse mit der Kluft gewechselt?
Schrumpft dein Bewußtsein, weil dein Sitzfleisch wächst?
Kommunist seit zwanzig und jetzt bist dus nicht mehr?
Ich sehs und glaub nicht, was ich seh. Wem trau ich
Den Augen oder deiner Kaderakte?
Mancher, der stand im Kampf, fiel nach dem Sieg um.
BEUTLER: Ja, solche Fälle sind schon vorgekommen.
FLINT *zu Siegfried:*
Beinah glaub ich jetzt, daß du recht hattst, Junge.
Zum Landrat:
Ich kann nicht zusehn, wie du unsre Macht
Deine und meine, aus den Händen gibst.
LANDRAT: Kennst du mich, Flint?
FLINT: Nicht mehr.
Zu Siegfried: Du weißt die Nummer.

Siegfried steht auf, will ab. Bauern halten ihn fest.

SIMONEIT: Hier bleibst du, Blauhemd. Wir stehn zur Regierung.
SIEGFRIED: Ich kann nichts machen, Flint. Zwölf gegen einen.
Setzt sich. Flint schweigt.
LANDRAT: Denk schneller, Flint. Wenn dus nicht kannst, denk stumm.
BEUTLER: Ein neuer Kurs, Flint. Ja, man weiß nicht immer
Als kleines Rad, was in der Leitung vorgeht.
Aber man lernt ja schnell. Man revidiert sich.
SIEBER: Ich bin dagegen.
FLINT: Bin ich verrückt? Seid ihrs?
Der Eierschieber ist dagegen, einig
Mit mir, und auf der Gegenseite du.
Steh ich kopf, steht die Welt kopf?
BEUTLER: Sie ist rund, Flint
Und dreht sich. Auf die Fresse fällt, wer stehnbleibt.
Reißt ein neues Blatt aus dem Gesetzblatt, schneidet Lose.
Flint, du entfernst dich von den breiten Massen
Bedeckst dich mit der bürokratischen Kruste
Wie mit dem Rost das Eisen. Flint, kehr um

Eh dich das Volk zum Schrottplatz transportiert
Wie Stalin sagt im dreizehnten Kapitel.
HEINZ: Im zwölften. Nummer dreizehn steht noch aus.
SIEBER: Ich bin dafür, den Trecker kriegt wer braucht.
Ich brauch ihn.

Lachen

LANDRAT: Sind die Lose fertig?
BEUTLER: Ja.

Verlosung

STIMMEN: Henne. Treiber.
TREIBER: Der Bauer gilt noch was im Staat. Das Los
In meiner Hand beweist mirs augenscheinlich.
Der Trecker ist bei mir in guten Händen.
Und meine Sollabliefrung wirds beweisen.
SIEBER: Das ist der ArbeiterundBauernstaat
Wir pflügen mit dem Daumen und der Großkopf
Den Stall voll Gäule, kriegt den Trecker auch noch.
HENNE: Kein Wort hier gegen die Regierung. Ich
Weiß, was wir an ihr haben. Gabs das vorher?
Ein kleiner Bauer, der kein Pferd ernährn kann
Kriegt einen Trecker zum Geschenk als Grundstein
Für seinen künftigen Wohlstand. Weil ich aber
Gut weiß, wie Armut schmeckt, erbiet ich mich
Den Trecker notfalls, pflegliche Behandlung
Vorausgesetzt, gegen entsprechende
Vergütung, Hilfe bei der Rübenernte
Zum Beispiel, an Bedürftige auszuleihn.
HEINZ: Kulak!

Henne ohrfeigt ihn.

SIMONEIT: Eh ich sie denen laß verzicht ich
Ganz auf die Trecker. Gings vorher ohne, wirds
Auch weiter gehn, und das ist meine Meinung.
FLINT *lacht, zum Landrat:*
Hut ab vor deiner Taktik.
BEUTLER: Meine Rede.
Zu Flint: Ich hab dir gleich gesagt, der neue Kurs.
FLINT: Jetzt habt ihr was ihr wolltet. Wie gefällts euch?
SIMONEIT: Das hab ich nicht gewollt.

BAUER: Ich auch nicht.
Keiner.
HENNE: Beschlossen ist beschlossen.
BAUER: Was die Mehrheit
Beschlossen hat, das kann die Mehrheit auch
Umschmeißen.
FLINT: Wenn sie was gelernt hat.
SIMONEIT: Ich
Hab was gelernt, und von mir selber. Her
Mit den Losen.
Nimmt Henne und Treiber die Lose ab, zerreißt sie in winzige Schnitzel, stampft sie in den Boden.
BEUTLER: Keinen Aufenthalt.
So lang vom ersten Schritt die Sohle raucht
Falln die vom kleinsten Anstoß in den zweiten.
Von halben Sachen bin ich kein Freund, wars nie.
Ich bin dafür, wir gehn aufs Ganze jetzt
Und schmeißen auch den Boden gleich zusammen.
ALTER BAUER: Jetzt ist der Knüppel aus dem Sack: Kolchose.
BEUTLER: Der Kommunismus ist das Paradies.
Aber ich sag euch: eher kommt ihr mit
Zehn Ferkeln unterm Hemd durch die Kontrolle
Als mit fünf Hektar in den Kommunismus.
Mit einem Bein seid ihr schon drin, das andre
Klebt am Besitz. Wie lang könnt ihr Spagat stehn?
Auf einem Widerspruch ist nicht gut reiten
Wenn er antagonistisch ist: die Kluft
Verbreitert sich mit jedem Forschritt. Aber
Wir warten nicht, bis er euch ganz halbiert hat
Der Kommunismus braucht den ganzen Menschen.
Und was der Kopf nicht faßt, begreift der Hintern.
Gott hat euch aus dem Paradies geprügelt
Wir prügeln euch ins Paradies zurück.
Ich weiß mich da mit der Regierung eins
Die der Kollege Landrat hier verkörpert
Mit der Partei auch. Hab ich recht, Flint?

Pause.

FLINT: Nein.
BEUTLER: Gibst du der Massenstimmung nach, Flint,
leugnest

Die Vorhut und die Rolle der Partei?
LANDRAT: Ich denke, das genügt.
BEUTLER: Das denk ich auch.
LANDRAT: Kollege Beutler hat sich hier gezeigt
Als blind für die reale Lage, taub für
Kritik, kalt gegen die Bevölkrung, also
Unfähig seinen Posten zu bekleiden.
Seine Geschäfte führt bis zur endgültigen
Entscheidung der Kollege Flint, ihr kennt ihn.
Ihr habt gesehn, er kriecht vor keinem Landrat.
FLINT: Beutler hat hier die Frage Kollektivierung
Aufgeworfen, weil er es eilig hat
Am Sozialismus seinen Schnitt zu machen.
Ich konnts auch nicht begreifen, warum wir
Weil der Maschinenpark nicht schnell genug wächst
Auf kleinem Feld neue Kulaken aufziehn
Lieber ein Brot zu wenig als ein Kulak mehr
War mein Gedanke noch vor zehn Minuten.
Mit Beutlers Hilfe hab ich umgelernt.
Die Macht im Staat ist nicht die ganze Macht
Das Bajonett ersetzt nicht die Traktoren
Der Mensch hat seinen Kopf nicht für den Knüppel
Der Knüppel ist das letzte Argument.
Aber zum Bürgermeister taug ich nicht.
BEUTLER: Mir fällts wie Schuppen von den Augen. Klar
Erkenn ich jetzt, was ich gewesen bin
Ein Karrierist, Sektierer, Opportunist
Und Ja sag ich und dreimal Ja zu eurer
Kritik, Kollegen. Mit einem Vorbehalt:
Daß sie nicht hart genug war, sondern eine
Schönfärberei. Denn dreimal schwärzer bin ich
Als ihr mich abgemalt habt. Einen Spiegel
Daß ich mir selber in die Fresse spein kann!
Ein Beil, daß ich den Fuß mir abhau, der
Das Volk bedrückt hat, und die Hand, die frech
Dem Rad des Fortschritts in die Speichen fiel.
Her mit der Wand, an der ich meinen Schädel
Einschlagen kann, den mir der Feind betäubt hat!
Brich, Herz, das der Bevölkerung ein Stein war!
Der Muskel widersetzt sich und schlägt weiter!
Hier ist mein Messer, Flint. Stoß zu! – Helft mir

Und bringt mich um, eh mich die Reue umbringt!
SENKPIEL: Machs selber.
BEUTLER *setzt das Messer an:*
Nein. Ein neuer Fehler wärs.
Gehört mir meine Arbeitskraft? Dem Volk
Gehört sie, und mit Strömen Schweiß will ich
In aktiver Reihe mir den Fleck abwaschen
Auf einem neuen Posten oder auch
Wenn die Gelegenheit mir nicht versagt wird
Als neuer Mensch in meiner alten Stellung.
LANDRAT *zu Flint:*
Ein Bürgermeister taugt nichts, weg mit Schaden
Und einen bessern her, hier sitzt auch einer
Ders besser machen könnte, gut vielleicht
Wenn er dazulernt, aber der hat Angst vorm
Papierkrieg.
FLINT: Angst hab ich nicht, mich kotzt er an.
Die Revolution marschiert und ich, Kommunist
Von Kindesbeinen auf, soll Stühle reiten.
LANDRAT: Noch reitet sie auf Stühlen, das Papier
Hat Vorsprung, und der Schreibtisch ist die Front.
Wer soll den Bürgermeister machen, Flint?
FLINT: Hier weiß ich keinen.
LANDRAT: Gut. Dann weißt du auch
Daß du jetzt deine eigne Suppe löffelst.
War deine Arbeit besser, brauchtest du
Nicht selbst zu machen, was du ungern tust.
BEUTLER: Das Spiel ist abgekartet, jetzt erkenn ichs.
Aber ich kenn den Weg zu höhren Stellen.
Ich will hier keinem drohn, aber wenn ich
Meine Beziehungen ins Spiel bring, wird
Ein Wind aufkommen, der manch einem hier
Die Trümpfe aus der Hand und ihn vom Stuhl bläst.
Setzt sich.
LANDRAT *steht auf:*
Ich muß jetzt weiter.
SIEGFRIED: Bürgermeister auswechseln.
LANDRAT: Auch.
Ab.
RAMMLER: Obzwar politisch nicht ganz deiner Meinung
Ich sag: nicht ganz, was heißen soll: sehr klein sind

Die Differenzen, groß ist die Einigkeit
Begrüß ich, daß jetzt du den Stuhl nimmst, Flint
Den zu bekleiden Beutler sich unfähig
Gezeigt hat, und in meiner Eigenschaft
Als Mitglied im Gemeinderat erwart ich
Aus unsrer kollektiven Arbeit mir
Für die Gemeinde viel und einen Aufschwung
Zu neuen Erfolgen.

FLINT: Der erste wär: Senkpiel setz ich
An deine Stelle im Gemeinderat.

RAMMLER: Daß ich kein neuer Mensch bin, weiß ich. Aber
Wie soll ichs werden ohne Theorie?
Der die mir vorenthalten hat, sitzt hier.
Hebt Beutler am Kragen vom Stuhl und zieht ihm den Kurzen Lehrgang aus der Tasche.
Der neue Mensch wirds nicht vom Brot allein.

SIEGFRIED: Der Kurze Lehrgang.

HEINZ: Du brauchst einen längern.

BEUTLER: Ich geh. Was ihr an mir gehabt habt, wißt ihr.
Ich weiß, was ihr jetzt kriegen werdet: Saures.
Will ab, stößt an der Tür mit einem Volkspolizisten zusammen.

POLIZIST: Ich such den Bürgermeister.

BEUTLER *zeigt auf Flint:* Da. *Ab.*

POLIZIST: Sie sind
Der Bürgermeister?

FLINT: Ja.

POLIZIST: Dauerts noch lange?

FLINT: Was ist?

POLIZIST: Verhaftung. Amtsmißbrauch. Ich warte.

FLINT: Was soll der Zirkus? Wen willst du verhaften?

POLIZIST: Den Bürgermeister. Aber ich kann warten
Wenns wichtig ist, bis nach dem Schlußwort.

RAMMLER: Kurz
War deine Amtszeit, Flint.

HEINZ: Dein Bürgermeister
Ging aus der Tür, als du gekommen bist.

POLIZIST: Was denn? Habt ihr zwei Bürgermeister?

RAMMLER: Einen.
Und ists der eine nicht mehr, ists der andre.

POLIZIST: Seit wann bist dus?

FLINT: Seit fünf Minuten.

POLIZIST: Gut.
Dann ists der andre. *Ab.*
SENKPIEL: Warum soll ich in den Gemeinderat?
FLINT: Weil du ein großes Maul hast.
SENKPIEL: Und den Posten
Bietst du mir an, weil dus mir stopfen willst.
FLINT: Aufreißen sollst dus im Gemeinderat.
SENKPIEL: Auch gegen dich?
FLINT: Wenn Grund ist.
SENKPIEL: Gut, ich machs.
FLINT: Ketzer ist tot, sein Feld darf nicht brachliegen.
Dir hab ichs angeboten, Fondrak, dreimal.
NIET: Nimm, was du kriegen kannst, Fondrak. Ich kann
Alle Arbeit machen, wills auch, und kein Wort
Wenn du ein Bier zu viel trinkst oder zwanzig.
Vier Jahre bin ich auf den Knien gerutscht
Um einen Platz am Herd, ich machs nicht mehr.
So lang auch wart ich schon, daß ich umsiedeln
Kann mit dem Kind im Leib in eine Kammer
Und wärs die kleinste, die den Regen abhält.
Jetzt könnt ichs, Fondrak, und ich könnts mit dir.
FONDRAK: Bier trink ich für den Durst, nicht aus
Berechnung.
Was willst du. Weil ich dir ein Kind gemacht hab
Soll ich den Kuli machen? Hast dus nicht
Gewollt?
NIET: Ja, ich habs auch gewollt. Fondrak
Willst dus für mich nicht nehmen, nimms für uns.
Pause.
Was willst du, Fondrak? Soll ich knien vor dir?
FONDRAK *zu Flint:*
Weil ich das Fleisch fress, soll ich Schweine mästen
Vielleicht noch Bier braun, wenn ich Durst hab. Ich bin
Für Arbeitsteilung. Ich besorg den Absatz.
Tut euer Teil, ich hab mein Teil getan.
Vorm Kommunismus seht ihr mich nicht wieder. *Ab.*
ALTER BAUER: Der Mann liegt oben, sagt das Sprichwort.
Wenn sie
Den Mann zum Kind will, muß sie mit ihm gehn.
FLINTE 1: Der Vater ist das wenigste am Kind.
Dem brauchst du keine Träne nachzuschicken.

Bauer: Vielleicht macht ihr euch gleich die Kinder selber.
Niet: Den Namen brauchts nicht, Brot brauchts.
Flinte 1: Nimm
Was dir der Bürgermeister nicht anbietet.
Niet: Ja. Ich hab auch zwei Hände.
Flinte 1: Zähl meine dazu.
Flint *zu Niet:* Also du siedelst um auf Ketzers Hof.
Niet: Ja.
Flint: Wann?
Niet: Gleich morgen.
Flint: Gut, ich schick den Trecker
Auf dein Feld erst.
Flinte 1: Wann?
Flint: Übermorgen. Viel ist
Getan, aber die Arbeit fängt erst an jetzt.
Bauer: Deine. Du bist der Bürgermeister.
Flint: Unsre.
Der Zweck von unserm Staat ist, daß er aufhört.
Nicht wenn die Posten verteilt sind, ist er fertig
Sondern, wenn er nicht mehr gebraucht wird. Und
Sehr müssen wir ihn noch verbessern, uns auch
Und die halbe Welt mit, daß er aufhörn kann.
Die Jugend scharrt schon mit den Füßen in
Erwartung der Kapelle, nämlich Tanz
Nach der Versammlung steht auf dem Programm.
Was wir gutheißen, denn jede Freude ist
Ein Vorgeschmack vom Kommunismus und
Der Kommunismus ist, was Spaß macht, sonst
Wozu den langen Weg mit Blut und Schweiß.
Die große Mühe lohnt der größte Preis.
Senkpiel: Wenn die Kapelle kommt.

Auftritt Flinte 2

Flint: Was willst du hier?
Flinte 2: Tanzen.
Flint: Komm mit, heim.
Flinte 2: Tanz ist einmal im Vierteljahr. Soll ich gar kein Vergnügen haben nach zwölf Stunden Arbeit? Du kannst doch auch hierbleiben.
Flint: Ich leb nicht zum Vergnügen. Komm! *Packt sie.*
Flinte 2: In die Versammlung kann ich schon nicht, weil

ich arbeiten muß für zwei, wenn du die Dörfer abfährst für alle. Und mich noch dumm schimpfen lassen, weil ich unpolitisch bin. Jetzt hab ich Zeit.

Flint ohrfeigt Flinte 2. Flinte 1 ohrfeigt Flint. Tauziehen um Flinte 2.

FLINTE 1: Hier bleibt sie, wenn sies will. Laß dich nicht an die Kette legen, du kriegst es mit mir zu tun. Was sich eine Frau vom Mann gefalln läßt, ist auch Staatsverrat hier. Hab ich recht, Bürgermeister?

FLINT *reibt sich die Backe, läßt Flinte 2 los, zu Heinz und Siegfried:* Sie hat recht, was? *Geht.*

FLINTE 1 *zu Flinte 2, die ihm nachlaufen will:* Hier bleibst du. Willst du dich wegschmeißen? Vielleicht blätterst du ihm noch die Seiten um, wenn er die Gleichberechtigung auswendig lernt. Setz ihm Hörner auf, dann weiß er, was er an dir hat.

Flinte 2 bleibt.

HENNE *zu Flinte 1:*
Ich mags, wenn eine Frau sich nichts gefalln läßt.
FLINTE 1: Jung hängt man sich an einen gern der auftrumpft
Alt merkt man: auf die Stillen ist mehr Verlaß.
Es muß nicht auf den Zähnen sein, daß einem
Die Haare wachsen, wenn er sonst ein Mann ist.

Auftritt Schmulka und Traktoristen.

HEINZ: Der erste Tanz gehört mir, Schmulka.
SIEGFRIED: Erst
Bin ich dran.
TRAKTORIST: Nach uns.

Nehmen Aufstellung zur Schlägerei.

SCHMULKA *an der Tür:* Die Kapelle kommt.

14

Kate

FONDRAK: Ich geh zum Amerikaner. Gehst du mit?
NIET: Ich bleib wo ich was krieg.
FONDRAK: Scheiß drauf, das düngt.
Pause.

Es ist nicht so, daß ich nicht gern geh, aber
Was dich betrifft, geh ich nicht gern.
Zieht einen Geldschein aus der Tasche.
Mancher vielleicht gibt, was er hat, der Frau her
Aus Liebe und zum Abschied, wenn er fortgeht
Ich geb mehr als ich hab: Das ist ein Markschein
Er ist geborgt, mein letzter und ein Bier wert.
Jetzt nicht mehr, weil ich ihn zerreiß jetzt. So.
Wie der jetzt auseinander ist, sind wirs
Und wir gehörn zusammen wie die Hälften
Und keine Hälfte zählt ohne die andre.
Nimms wenn du willst, für einen halben Trauschein.
Ein ganzer wirds vielleicht, wenn ich zurückkomm.
Gibt ihr eine Hälfte des Geldscheins, steckt seine Hälfte ein und geht. Kommt zurück und nimmt ihr den halben Schein wieder weg.
Gib her. Wenn Inflation kommt, steh ich trocken
Wenn ich ihn flüssig mach, ist er mir sicher.
Vielleicht sehn wir uns auf dem Mond wieder durch den Luftdruck von der Wunderwaffe im nächsten Krieg.
Dann geb ich dir drei ganze für den halben. *Ab.*

Auftritt der Bauer mit der Mütze.

MÜTZE: Zum Amerikaner, sagt er, und doch ists von Deutschland nach Deutschland. Ein Katzensprung, das Gras wächst rüber und nüber, aber der Mensch braucht Papier. Ich bin im Badischen gewesen mit acht. Meine Mutter ist von da. Berge wie Pfannkuchen. Wald oder Wein drauf, mit Wasserstürzen, das rauscht wie die Sintflut und hat Gewalt wie tausend Ochsen. Felsen auch, alt wie der Mond, älter vielleicht, das Moos drauf alle Jahre neu. Von den Burgen red ich nicht, ich versteh nichts davon, mir gefällt in Flinz das neue Silo.

NIET: Über die Weichsel mit dem Treck bei Eisgang
War meine erste Reise. Die Pferde gingen
Zu den Fischen, gezogen von den Wagen, und
Die Bauern, weil sie ihrs nicht lassen wollten
Gingen den Pferden nach, und was der Pole
Nicht hatte kriegen solln, die Weichsel hats.
MÜTZE: Frau Niet, wolln Sie Frau Kupka heißen? Kupka
Bin ich. Der Acker hinterm Roten Busch
Ist meiner, seit ich aus Ostpreußen weg bin.
Alt vierundvierzig, Witwer seit der Evakuierung
Mit einem Kind, es ist ein Junge, vierzehn
Der Hof braucht eine Frau, am Herd besonders
Und das Bett ist auch kalt. Was ich hab
Ist mir zu wenig, wenn ichs bloß allein hab.
NIET: Drei Mäuler schlingen mehr als zwei, und ich
Brächt noch eins mit, und eins zu viel vielleicht.
MÜTZE: Was die Frau mitbringt, soll mir recht sein, wenn sie
Zwei Hände mitbringt und was eine Frau für den Mann hat.
NIET: Ich hab gesagt, daß ich den Hof nehm, und
Es sagen war mir schwer, ihn kriegen auch.
Weil einer mich will, soll ichs nicht mehr wolln jetzt?
MÜTZE: Zwei Händen wird das kleinste Feld zu groß.
Sie wissen vielleicht nicht, was Sie sich da
Aufladen. Das Feld, wenn Krieg war, hat viel Steine.
Wenns aber ums Brot ist: was ich hab, ist Ihrs.
Und bin ich Ihnen nicht der Richtige, bin ich
Nicht der, der krummnimmt. Und was Bier angeht
Wenn Sie vielleicht da Mißtraun haben aus
Schlimmer Erfahrung, Bier trink ich so viel
Wie mein Kopf Haare hat, und der hat so viel.
Nimmt die Mütze ab, zeigt seine Glatze.
NIET *lacht:*
Kein andrer wärs wohl, wenn ich einen Mann wollt
Und einen Vater für mein Kind. Ich wills nicht.
Grad von den Knien aufgestanden und
Hervorgekrochen unter einem Mann
Der nicht der beste war, der schlimmste auch nicht
Soll ich mich auf den Rücken legen wieder
In Eile unter einen andern Mann
Wärs auch der beste, und Sie sinds vielleicht

Als wär kein andrer Platz, für den die Frau paßt.
MÜTZE: Ich sag auch, warum solls der Mann sein immer
Der oben liegt. Ich denk da anders.
Die Zeit muß ja auch kommen, wo der Bauer
Ein Mensch ist, wie im Kino jetzt schon und
Kein Pferd mehr, und die Frau auch nicht mehr zum
Bespringen bloß und Kinderkriegen und
Altwerden in der Arbeit, und vielleicht
Erleben wirs oder die Kinder, die wir
Vielleicht erleben werden, wenn die Frau will.
Zeigt auf das Katendach:
Das Dach ist hin. Hilfe werden Sie brauchen.
Wenns nicht fürs Leben ist, ists in der Arbeit.
Und vielleicht kommt man sich da näher und
Hilft sich in andern Sachen gegenseitig
Dann auch, und nicht tagsüber bloß.
NIET: Vielleicht.

Beide ab. Niet in die Kate. Auftreten Rammler und Treiber, betrunken.

TREIBER: In Granzow werden Plätze verkauft für die Arche im Fall, daß die Welt untergeht. Ich überleg schon, ob ich einen Platz kauf.

RAMMLER: Der Westen arbeitet an meiner Befreiung. Aber was hab ich davon, wenn mir die Seele gerettet wird durch Bomben auf den Schädel mit Liebertotalsrot. Lieber arbeite ich auf meine Liquidierung als Klasse hin und übernehm den Vorsitz in der Kolchose. Dich nehm ich als Buchhalter, du kannst nicht rechnen.

15

Hoftor

TREIBERN: Die Agitatoren kommen.
TREIBER: Leg den Hund los.

Treiber, Frau und Hund nehmen vor dem Tor Aufstellung. Auftritt Flint, Henne, Siegfried, ein Arbeiter, Flint als Veteran, beschwert mit Orden.

SIEGFRIED: Du hältst den Sozialismus auf, Treiber
Du bist das Rad, das ihm am Wagen fehlt
Auf seinem Siegeszug durch die Gemeinde.
Der Daumen, der von unsrer Faust absteht.
Wie soll die, wenn der Daumen Abstand nimmt
Den Imperialismus auf die Bretter schicken
Eh er uns mit der Bombe übern Kopf kommt?
Der weiße Fleck auf unsrer Siegesmeldung
Auf die der Kreis seit sieben Wochen spitzt.
Er hat dich schon an den Bezirk gemeldet
Als LPG und nicht mehr einzeln, im
Vertraun auf deine baldige Einsicht, Treiber.
Du stehst als neuer Mensch auf dem Papier
Wie lange willst du dem Papier noch nachstehn?
TREIBER: Was ist mit Rammler?
SIEGFRIED: Der Kollege Rammler
Hat seiner Perspektive durch die Flucht sich
Entzogen.
HENNE: Ja, mit einem Koffer, gestern.
SIEGFRIED: Drei Jahre sinds im August, daß unsre Trecker
Benzin verfahrn und Arbeitszeit im Bogen
Um deine vierzig Hektar, weil du blind bist
Für deinen Vorteil und den Holzweg vorziehst
Der breiten Straße in den Sozialismus
Und, wie der Gaul vorm ersten Auto, scheust
Vorm Umzug aus dem Ich ins Kollektiv
Das dir den Buckel freimacht.
TREIBER: Von Grund und Boden.
Ihr wollts uns nehmen, sags deutsch.
FLINT: Ja. Vom Buckel.
ARBEITER: Süßer Tod, sagte der Möbelpacker, als ihm der Geldschrank das Kreuz brach.
TREIBER: Wir brauchen euren Sozialismus nicht
Wir haben, was wir brauchen. Auto, Fernsehn
Und eine Intelligenz als Schwiegersohn.
Soll in den Sozialismus gehn wers braucht
Wir halten keinen ab. Uns wollt ihr zwingen.
ARBEITER: Wann habt ihr Urlaub?
TREIBERN: Urlaub? Wir sind Bauern.
Mühe und Arbeit, Herr, sind unser Teil hier
Bis uns der Herrgott selber Urlaub gibt.

Urlaub! Die Milch tritt nicht ins Blut zurück
Wenn ich der Kuh den Rücken dreh zum Schwarzmeer
Wie der Herr Melker aus der LPG
Bei dem der Stall verkommt, im letzten Sommer.
Das Unkraut hört nicht auf zu schießen, ich
Muß jäten, unser Feld gehört dem Staat nicht.
Fährt sich die Ernte selber ein? Uns zahlt
Kein Staat den Weizen, der am Halm fault. Flickt sich
Der Mann die Hosen selber? Nicht zu reden
Vom Hunger in der Stadt, den unser Schweiß stillt.

ARBEITER *zu Henne:*
Steck die Zigarren ein. Und gib sie weiter.
Zur Treibern:
Kollegin Treiber, Sie sind gleichberechtigt
Nach dem Gesetz. Ihr Mann hat gleiche Pflichten.
Wenn er sich weigert, seine Hose selbst
Zu reparieren, oder den Gegendienst
Zum Beispiel Küchenhilfe, auch verweigert
Macht er sich strafbar, nach Artikel drei.

TREIBERN *kichert, stößt Treiber an:*
Hast dus gehört?

TREIBER *finster:* Läßt du dich schon aufwiegeln?
Geht mir vom Gut, eh ich den Hund auf euch hetz.
Mein Leben lang hab ich mich abgeschunden
Vier Liter Schweiß pro Tag auf jeden Hektar.
In meinem Stall steht kein Stück Vieh, das nicht
Von mir wär. Über meine Zähne ist
Kein Happen Fleisch gekommen, den ich nicht
Mir von den Rippen erst hab schneiden müssen.

ARBEITER: Und deine Frau.

TREIBERN: Ja, das vergißt er immer.

TREIBER: Halts Maul. Und ihr wollt in den Rachen schieben
Was ich mit meinen Knochen abgezahlt hab
Mit einem Federstrich. Euch Lumpenbauern
Soll ich die Faulheit stärken für ein Trinkgeld.

HENNE: Dein Trinkgeld geht in die zehntausend, Treiber.

TREIBER: Nur über meine Leiche kriegt ihr mich
In die Kolchose.

SIEGFRIED: Niemand will dich zwingen.
Der Sozialismus siegt durch Überzeugung.
Wir überzeugen dich, heut oder morgen

Und wenns nicht morgen ist, ists übermorgen.
Eh du nicht überzeugt bist, gehn wir dir
Nicht von der Schwelle, Treiber. Mach dich frei
Zerbrich die Ketten, die dein Eigentum
Dir anlegt, reiß die Binde von den Augen
Und geh mit uns in eine lichte Zukunft.
FLINT: Entweder auf dem Traktor oder drunter.

Arbeiter flüstert mit der Treibern, Treibern kichert.

TREIBER *zum Hund:*
Weiber. – Auf Hunde ist Verlaß. Sie sind
Treuer als die Weiber.
SIEGFRIED: Ja, weil sie dümmer sind.
TREIBER: Faß, Nero!

Henne flieht, der Arbeiter zieht eine Wurst, Nero frißt.

TREIBER *tritt nach dem Hund:* Bestie! *Ab.*
ARBEITER: Auf Hunde bin ich abgerichtet. Schließlich ist
das mein zwölfter Kulak in drei Tagen.
Der Bauer ist vom Hof.
Wie wärs mit uns, Kollegin?
TREIBERN: Sie sind einer!
Ich hol ihn. Ewig kann er sich nicht sperrn.
SIEGFRIED: Nimm gleich den Antrag mit. Hier
unterschreibt ihr.
FLINT *lacht, zum Arbeiter:*
Was hast du ihr versprochen? Kannst dus halten?

Arbeiter lacht.
Treibern kommt schreiend, den Antrag in der Hand.

SIEGFRIED: Was ist? Will er nicht unterschreiben? Tobt er?
TREIBERN: Der unterschreibt nicht mehr. Mein Mann ist tot.
Er hat sich aufgehängt in der Garage. *Fällt in Ohnmacht.*
ARBEITER: Hängt sich vorm ersten Urlaub auf. Idiot. *Ab.*
FLINT *zu Henne:*
Geh. Schneid ihn ab. *Hält ihm ein Messer hin.*
HENNE: Ich? Den Kulaken? Wer
Hat Ketzer abgeschnitten Neunundvierzig
Dem der den Strick gedreht hat. Alle Schuld
Rächt sich auf Erden und ich schneid ihn nicht ab.
Wenn ich so links wie du wär, Flint, mein Messer

Wär mir zu schade für den Klassenfeind. *Nimmt das Messer.*
Wenigstens weiß er jetzt, wie Hängen schmeckt. *Ab.*
FLINT: Er hat gearbeitet wie wir. Sein Leben
War wenig leichter, schwer genug wirds bleiben.
SIEGFRIED: Und warum schneidest du ihn nicht selber ab, Flint?

Flint antwortet nicht. Auftritt Arbeiter und Henne mit Treiber.

ARBEITER: Da ist er. Auferstanden von den Toten.
Treiber probiert seine Arme und Beine aus, macht Flugversuche, prüft, ob ihm Flügel aus den Schulterblättern wachsen.
Er glaubts noch nicht.
Zu Treiber: Der Himmel war besetzt.
Die Flügel sind noch nicht gewachsen, Sportfreund.
SIEGFRIED: Bei uns ist Platz, Treiber. Du bist der erste
Der über seine eigne Leiche eintritt.
Hier ist der Antrag. *Nimmt der Frau, die noch am Boden liegt, das Papier aus der Hand.*
TREIBER *unterschreibt, auf die Frau zeigend:*
Tot?
ARBEITER: Sie kommt auch wieder.
TREIBER: Sie war schon immer schreckhaft. Frau, steh auf!
TREIBERN: Sind wir im Himmel oder in der Hölle?
TREIBER: Fürs erste sind wir in der LPG.
TREIBERN: Das ist auch gut. Gleich geh zum Vorstand, Treiber
Und hol mir einen Krankenschein. Das Herz
Macht nicht mehr mit.
TREIBER: Mein Rheuma wird auch schlimmer.

Beide ab. Treiber stark hinkend.

HENNE: Zehn Jahr saß er uns im Genick, der Hund
Zwei Jahr und länger ließ er sich dann bitten
Und wieder stößt er sich an uns gesund.
Ich wollt, ich hätt ihn nicht vom Strick geschnitten.
FLINT: Das Feld ging übern Bauern und der Pflug
Seit sich die Erde umdreht in der Welt.
Jetzt geht der Bauer über Pflug und Feld.
Die Erde deckt uns alle bald genug.

(1956/1961)

Germania Tod in Berlin

DIE STRASSE 1

Berlin 1918.

MANN: Das war der Krieg. Den Arm hat er behalten.
FRAU: Du bist heraus, Mann. Alles ist beim alten.
Kinder, s gibt Brot, der Vater ist zurück.
MANN: Wenn uns das Brot gehört und die Fabrik.

Ab. Dunkel.

STIMME: DAS IST DER GENERALSTREIK
KINDER: Bäcker!

In seiner Ladentür erscheint überlebensgroß der Bäcker.

KINDER: Brot.
BÄCKER: Mein Brot wächst nicht vom Himmel. Habt ihr Geld?
Kein Geld kein Hunger. Ist es meine Welt?

Fernes Schießen.

STIMME: DAS IST DIE REVOLUTION

Der Bäcker schließt sehr schnell seinen Laden.

KINDER: He. Bäcker.
Sie „schießen". Tot!

Laufen in die Richtung, in der geschossen wird. Auftritt der Schilderverteiler, ebenfalls überlebensgroß, mit Schildern. Auf den Schildern steht NIEDER MIT SPARTAKUS.

SCHILDERVERTEILER: Was da gebraut wird, ist nicht euer Bier.
Ein Mann ein Groschen. Vier mal eins macht vier
Wenn ihr mein Schild durch eure Straße tragt.
Es ist für Deutschland, wenn euch einer fragt.
KIND: Ich geh nicht mit, mein Vater ist dabei.
SCHILDERVERTEILER: Nummer eins ist satt. Vier weniger eins macht drei.
Er steckt einen Groschen weg.
KIND 1: Mein Hunger ists der mitgeht, ich bins nicht.
SCHILDERVERTEILER: Der oder du. Hat er nur dein Gesicht.

Kinder demonstrieren mit den Schildern. Schießen aus.

ANDRE STIMME: RUHE UND ORDNUNG. WIEDERHERGESTELLT

Licht. Der Bäcker macht seinen Laden wieder auf. Die Kinder treten zum Schilderverteiler und halten die Hände auf.

SCHILDERVERTEILER: Was wollt ihr.
KINDER: Den Groschen.
SCHILDERVERTEILER: Was kriegt der Hund, wenn er bellt.
Lacht.

In seiner Ladentür steht der Bäcker und stimmt in das Lachen ein. Lachen weiter nach dem Vorhang.

DIE STRASSE 2

Berlin 1949.

LAUTSPRECHER:
ES LEBE DIE DEUTSCHE DEMOKRATISCHE REPUBLIK
DER ERSTE ARBEITERUNDBAUERNSTAAT AUF DEUTSCHEM BODEN.

Beifall aus dem Lautsprecher.

MANN: Der Russenstaat.
ANDERER *schlägt ihn nieder:* Merk dir den Tag.
MANN *steht auf, blutig:* Und du.
Taumelt weg.
Es gibt noch Bäume, Äste dran, in Deutschland.
Wir sehn uns wieder, Russe, wenn du hängst.
STIMMEN: Haltet den Hetzer.
Halt ihn.
Wo?
Da.
Weg.
ALTER *mit Kind auf dem Rücken:*
Hier haben wir Berlin, der Kaiserhure
Die Fetzen vom Kartoffelbauch gerissen
Den Preußenflitter von der leeren Brust.
Die Kaiserhure war Proletenbraut
Für eine Nacht, nackt im Novemberschnee
Von Hunger aufgeschwemmt, vom Generalstreik
Gerüttelt, mit Proletenblut gewaschen.
Wir standen hier im Januar drauf

Der Nebel stieg, die Hand fror am Gewehr
Der Schnee fiel sieben Stunden ohne Aufhörn.
Die Bonzen saßen warm im Schloß, berieten.
Wir warteten im Schnee, der weiß wie nie kam
Von keinem Rauch aus keinem Schlot geschwärzt.
Wir wurden weniger. In der achten Stunde
Schmiß der und jener sein Gewehr weg, ging.
Im Schloß die Bonzen ritten auf den Stühlen
Und stimmten Karl und Rosa an die Wand.
Wir schlugen die Gewehre an den Bordstein
Krochen zurück in unsre Mauerlöcher
Und rollten unsern Himmel wieder ein.
Der Präsident. Ein Arbeiter wie wir.

STIMME 1: Ein Arbeiter wie wir. Wo ist mein Schloß.
STIMME 2: Die kennen ihre eigne Mutter nicht mehr.
EINARM: Viel laßt ihr euch gefalln.
MANN 1: Und nicht von jedem.

Pause.

EINARM: Seid ihr noch Deutsche?
MANN 2: Hast du einen Arm
Zu viel?

Pause.

EINARM: Smolensk, Kamerad. Das nächste mal besser.

Pause.

MANN 3: Es ist der Kopf. Der hat einen Kopf zuviel.
MANN 2: Komischer Vogel.
MANN 2: Der sucht einen Käfig.
MANN 3: Glück muß man haben. Vogel, du hast Glück.
Da geht ein Käfig, der sucht einen Vogel.

Einarm ab. Staubmantel.

STAUBMANTEL: Wo ist er hin.
MANN 1: Wer.
MANN 2: War hier jemand?
MANN 3: Niemand.

Staubmantel ab. Windjacken auf Fahrrädern.

WINDJACKE 1: Das macht sich breit. Fußgänger. Gibts was ohne?

MANN: Staatsfeiertag, Sohn. Hast du was dagegen?
WINDJACKE 1: Was für ein Staat.
MANN 2: Nicht deiner.
WINDJACKE 2: Merkst du was
Von einem Staat hier?

Reißt eine Fahne ab und tanzt darauf. Zwei Staubmäntel.

MANN: Die sind blau.
STAUBMÄNTEL *reißen den Windjacken die Windjacken auf. Flugblätter fallen heraus:* Davon.

Führen die Windjacken ab, zwei Herren mit Koffern.

HERR 1: Hören Sie das Gras wachsen? Das ist die Steppe. Die Steppe kommt. Das kitzelt die Fußsohlen. Sehn Sie meine Schuhe: grün. Schnell, eh das Gras uns einholt.

Vorbei. Drei Huren. Ein Zuhälter.

ZUHÄLTER: Die Straße voll Kunden. Warum arbeitet ihr nicht.
HURE 1: Staatsfeiertag, Süßer.
ZUHÄLTER: Gefickt wird unter jeder Regierung.
HURE 2: Bei mir nicht mehr lange. Vorm Frühjahr spring ich ab.

Zuhälter will sie schlagen.

HURE 1: Polentc.

Zuhälter ab. Die Huren lachen.

HURE 1: Den Dicken nehm ich noch aus. Eine Strumpffabrik in Sachsen. Lange macht er nicht mehr, hat schon dreimal die Volkskontrolle gehabt. Die Gemahlin wird auch renitent. Einen Nerz will ich noch herausschlagen.
HURE 3 *höhnisch:* Den will ich sehn.
HURE 1: Der Blonde vom Revier hat mir gesagt, er muß mich heiraten, wenn ich nicht bald von der Straße bin, damit er mich aus dem Bericht hat.
Singt: ES WAR EINMAL EIN TREUER HUSAR
HURE 3: Heiraten. Einen Bullen.
HURE 1: Der Blonde gefällt mir.
HURE 3: Das ist das letzte. *Spuckt aus.*
HURE 1: Du hast es nötig, auf dem Strich seit 71.

HURE 3: Aas.
HURE 1: Nach dir.

Prügeln sich. Polizist.

POLIZIST: Streit, meine Damen?
HURE 3: Keine Spur, Herr Kommissar.
HURE 1: Sie müssen uns verwechselt haben.
HURE 2: Sinds die Augen, geh zu ANSORG.

Polizist ab.

HURE 3: Die sind überall. Ich geh zum Kudamm.
HURE 1: Die warten auf dich, du Skelett.
HURE 3: Die Fresse zerkratz ich dir.

Ein Polizist geht vorbei. Hure 3 und 2 gehn.

HURE 2: Gehst du nicht mit.
HURE 1: Ich bleib. Mir gefällts hier.

Hure 3 und 2 ab. Ein Betrunkener.

BETRUNKENER *singt:* WALDESLUST WALDESLUST
He, Puppe!
JUNGER MANN: Laß die Frau los.
BETRUNKENER *torkelt weiter:* O WIE EINSAM SCHLÄGT DIE BRUST
JUNGER MANN: Gehn wir zusammen?
HURE 1: Heute ist Feiertag. Heute geh ich allein.

BRANDENBURGISCHES KONZERT 1

Manege. 2 Clowns.

CLOWN 1: Ich bin der König von Preußen. Ich habe mir ein Schloß gebaut in dieser schönen Gegend, weil sie mir gefällt und damit ich meinem Volk besser dienen kann, denn ich habe Hämorrhoiden und das Rheuma von den Kriegen, die ich führen mußte in Schlesien, Böhmen und Sachsen für die Ehre Preußens und die sehr berühmt sind.
CLOWN 2: Ich will auch König von Preußen sein.
CLOWN 1: Du bist der Müller von Potsdam.

CLOWN 2: Habe ich auch Hämorrhoiden.

CLOWN 1 *groß:* Hast du meine Schlachten geschlagen.

Clown 2 eingeschüchtert.

Deine Mühle steht neben meinem Schloß. Sie klappert den ganzen Tag. Da stört sie mich natürlich beim Regieren. Und beim Flötespielen, das ich sehr liebe und in dem ich ein Meister bin.

CLOWN 2: Mich stört sie nicht. Ich kann auch Flöte spielen. *Greift sich an die Hose.*

CLOWN 1: Ich spiele nur ernste Musik. Ich kann mir natürlich in einer andern Gegend ein andres Schloß bauen. Schließlich bin ich der König von Preußen. Ich brauche zum Beispiel nur England zu erobern, was für mich eine Kleinigkeit wäre, wie du zugeben wirst, und ich kann mein Schloß in England bauen. Aber ich will es hier, in meinem lieben Preußen, in dieser Gegend, die mir so sehr gefällt.

CLOWN 2: Das ist meine Mühle. Ich lasse mir meine Mühle nicht wegnehmen. Wenn ich meine Mühle nicht behalten darf, spiele ich nicht mit.

CLOWN 1: Das ist gut. Ich habe mich nämlich entschlossen, gewissen Gerüchten entgegenzutreten, die meine Feinde über mich verbreitet haben, weil mein Ruhm sie nicht schlafen läßt, indem ich der Welt ein Beispiel gebe, denn ich spreche französisch und bin sehr aufgeklärt.

CLOWN 2 *schlau:* Wie kommt das Kind in den Bauch. Das ist einfach. Aber wie kommt es nicht in den Bauch.

CLOWN 1: Das ist eine philosophische Frage. Dafür habe ich jetzt keine Zeit. Ich bin der erste Diener meines Staates.

CLOWN 2 *läßt die Hosen herunter:* Mein Staat ist größer als deiner. Machst du es mit der rechten oder mit der linken Hand.

CLOWN 1: Das geht dich gar nichts an. Zieh deine Hose wieder hoch oder ich rufe den Sprechstallmeister.

Clown 2 greift sich erschrocken an den Hintern und zieht schnell die Hose wieder hoch.

In der Politik verstehe ich keinen Spaß. Ich bin der erste Diener meines Staates.

Clown 2 lacht und hält sich erschrocken die Hand vor den Mund.

Darum, wenn es mir auch das Herz bricht, und es wird mir das Herz brechen, ich weiß es bestimmt, werde ich zu dir gehen, der König von Preußen zu dem Müller von Potsdam, und dir den Befehl geben, daß du deine Mühle anderswo aufstellen sollst, weil sie mich beim Regieren stört und beim Flötespielen. Aber du wirst dich nicht einschüchtern lassen, sondern mir entgegentreten als ein deutscher Mann und mir ins Gesicht sagen, daß du einen Gewerbeschein hast und eine Baugenehmigung und daß du deine Mühle nicht woanders aufstellen willst und wenn ich dreimal der König von Preußen bin, weil es noch Richter in Berlin gibt, und deine Mühle wird stehen bleiben neben meinem Schloß, obwohl sie den ganzen Tag klappert und meine Regierung stört, für die ich die äußerste Konzentration brauche, weil ich alles allein machen muß, denn in Preußen pißt kein Hund ohne meine ausdrückliche Erlaubnis und ich bin ein Tierfreund, sowie mein Flötenspiel, das ich sehr liebe und in dem ich ein Meister bin, aber ein König ist kein Mensch, sondern der erste Diener seines Staates – *Clown 2 lacht und hält sich erschrocken die Hand vor den Mund* – und wenn es ihm das Herz bricht, und es wird mir das Herz brechen, ich weiß es bestimmt. *Weint.* Hast du dir alles gemerkt.

CLOWN 2: Der Löwe

Ein Löwe tritt auf. Clown 2 hängt sich an ein Trapez, das vom Schnürboden herunterkommt. Clown 1 hängt sich an Clown 2 und klettert an ihm hoch. Clown 2 ist kitzlig und läßt, von Lachkrämpfen geschüttelt, das Trapez los. Sie fallen auf den Löwen, der in zwei Teile zerbricht, die nach verschiedenen Seiten abgehn. Das Trapez verschwindet im Schnürboden.

CLOWN 1: Jetzt haben wir den Löwen kaputt gemacht.
CLOWN 2: Du hast den Löwen kaputt gemacht.
CLOWN 1: Du hast losgelassen.
CLOWN 2: Weil du mich gekitzelt hast.

Pause. Clown 1 denkt.

CLOWN 1: Wir sagen einfach, der Löwe war nicht hier.
CLOWN 2: Sie werden uns nicht glauben.

Pause. Clown 1 denkt.

CLOWN 1: Wir sagen, es gibt gar keine Löwen.
CLOWN 2: Ja, das ist gut.

Clown 1: Jetzt fangen wir an.
Clown 2: Und wo ist meine Mühle.
Clown 1: Du mußt sie dir eben vorstellen. Ich muß mir mein Schloß auch vorstellen. Hast du keine Fantasie.
Clown 2: Nein. Ich weiß, wie ich es mache. Ich werde den Müller spielen und die Mühle.
Clown 1: Das gilt nicht. Eine Mühle kann jeder spielen, aber wie soll ich mein Schloß spielen. Ein Schloß kann man sich nur vorstellen.
Clown 2: Dafür ist es auch viel schöner.
Clown 1 *strahlt:* Ja, das ist wahr.

Auftritt Direktor mit Peitsche.

Direktor: Was habt ihr mit dem Löwen gemacht.

Clown 2 stellt sich hinter Clown 1.

Clown 1 + 2: Es gibt keine Löwen.

Dem Direktor fällt die Kinnlade herunter. Er hebt sie auf und geht, sich scheu umblickend, ab.

Clown 1: Jetzt fangen wir an. Zuerst kommt das Regieren. Wo ist mein Stuhl.
Stuhl vom Schnürboden, Clown 1 will sich setzen, Clown 2 schleicht sich hinter ihn, zieht den Stuhl weg, Clown 1 setzt sich nicht, richtet sich wieder auf.
Halt. Wir haben etwas vergessen. Mein Windspiel. Ohne mein Windspiel kann ich nicht regieren.
Clown 2: Dein Windspiel?
Clown 1: Ja. Wo ist mein Windspiel.

Hund vom Schnürboden.

Clown 2: Haha. Das soll ein Windspiel sein. Das ist ja ein Hund.
Clown 1: Ein Windspiel ist ein Hund. *Streng:* Der Stuhl steht zu weit hinten.
Clown 2: Du stehst zu weit vorn.
Clown 1: Ja. Der Stuhl steht zu weit hinten und ich stehe zu weit vorn.
Clown 2: Ich weiß, was wir machen. Du gehst nach hinten und ich trage den Stuhl nach vorn.
Clown 1: Ja, das ist gut.

Sie tun es.

CLOWN 1: Jetzt steht der Stuhl zu weit vorn und ich stehe zu weit hinten.

CLOWN 2: Wir haben es falsch gemacht. Ich muß den Stuhl nach hinten tragen und du mußt nach vorn gehen.

CLOWN 1: Ja.

Der Stuhl verschwindet im Schnürboden.

Der Stuhl ist weg.

CLOWN 2: Ja, ich sehe ihn auch nicht mehr.

CLOWN 1: Ich werde mich auf dich setzen, du bist mein Stuhl.

CLOWN 2: Und wer ist die Mühle.

CLOWN 1: Eins nach dem andern.

Clown 2 läßt sich auf Hände und Knie nieder, Clown 1 setzt sich auf ihn.

Jetzt regiere ich, und du mußt klappern.

Clown 2 steht auf, Clown 1 fällt um.

Du kannst nicht einfach aufstehn, während ich regiere.

CLOWN 2: Jetzt bin ich die Mühle. Du mußt dir den Stuhl eben vorstellen.

CLOWN 1: Ja.

Clown 1 setzt sich in die Luft.

CLOWN 2: ES KLAPPERT DIE MÜHLE AM RAUSCHENDEN BACH KLIPP KLAPP KLIPP KLAPP KLIPP KLAPP

CLOWN 1: Länger kann ich mir den Stuhl nicht vorstellen.

CLOWN 2: Warum regierst du nicht im Stehen.

CLOWN 1: Das geht nicht. Ich glaube, ich höre auf mit dem Regieren. Es ist zu schwer. Wir machen jetzt das Flötenspiel.

CLOWN 2: Spielen wir mit meiner Flöte oder spielen wir mit deiner Flöte. Ich weiß, wie wir es machen: du spielst mit meiner Flöte und ich spiele mit deiner Flöte.

CLOWN 1: Du hast keine Flöte, du bist der Müller von Potsdam. Fang an.

CLOWN 2: Ich bin der Müller von Potsdam. Der König von Preußen ist mein Nachbar. Meine Mühle steht neben seinem Schloß. Ich habe gehört, daß meine Mühle den König von Preußen beim Regieren stört und beim Flötespielen, weil sie den ganzen Tag klappert, und er will zu mir kommen, der König von Preußen zu dem Müller von Potsdam, und mir den Befehl geben, daß ich meine Mühle woanders aufstellen soll. Aber da kommt er bei mir an den Richtigen. Ich habe nämlich einen Gewerbeschein, und eine Baugenehmigung habe ich auch. Jawohl. *Clown 1 applaudiert.* Der soll nur kommen, der Arschfikker, mit seinem Windspiel und mit seinem Krückstock. Ich werde ihm zeigen, was eine Harke ist. Es gibt noch Richter in Berlin. Jawohl. *Clown 1 applaudiert.* Ich werde sein Windspiel durch den Wolf drehn und aus seiner Krücke Kleinholz machen. *Clown 1 applaudiert.* Ich werde ihm den Arsch aufreißen, ich bin ein deutscher Mann. Jawohl. *Clown 1 applaudiert.* Was heißt hier König. Regieren kann jeder –

CLOWN 1: Halt. Du mußt auf dem Boden der Legalität bleiben.

CLOWN 2: Was ist das.

CLOWN 1: Das ist französisch und heißt SCHUTTABLADEN VERBOTEN.
Jetzt kommt mein Auftritt.

Clown 1 fällt über seinen Krückstock auf die Nase.

CLOWN 2: Trittst du immer mit der Nase auf.

CLOWN 1: Ich bin der König von Preußen, mein Schloß steht neben deiner Mühle, und ich befehle dir, Müller von Potsdam, deine Mühle anderswo aufzustellen, weil sie den ganzen Tag klappert, was mich beim Regieren und beim Flötespielen stört.

CLOWN 2: Ich bin der Müller von Potsdam. *Seine Knie fangen an zu schlottern. Er versucht, sie mit den Händen festzuhalten.* Ich bin ein deutscher Mann. *Fällt um, steht wieder auf vor dem drohenden Krückstock, fällt wieder um.*

CLOWN 1 *mit erhobener Krücke:* Wenn du jetzt nicht deine Rolle spielst, sage ich dem Direktor, daß du den Löwen kaputt gemacht hast. Ich kenne dich. Das machst du nur, weil du mich vor den Leuten blamieren willst, aus Bosheit.

CLOWN 2 *steht wieder auf und fällt wieder um. Auf Händen und Knien:* Bestimmt nicht. Ich gebe mir wirklich Mühe. Siehst du, wie ich schwitze. Es kommt einfach über mich.

Ich kann nichts dagegen tun. Es haut mir die Beine weg. Es kommt von innen. Es ist eine Naturgewalt.

Clown 1 *böse:* Ich werde dir zeigen, was eine Naturgewalt ist. *Schlägt ihn.* Ich bin der erste Diener meines Staates.

Clown 2 leckt an dem Krückstock und fängt an, ihn aufzuessen. Den Stock essend, richtet er sich an ihm auf, bis er stocksteif dasteht. Marschmusik, die in Schlachtendonner übergeht. Der Bühnenhintergrund öffnet sich vor einem Feuer, aus dem Sprechblasen aufsteigen: JEDER SCHUSS EIN RUSS JEDER TRITT EIN BRIT JEDER STOSS EIN FRANZOS und in das Clown 2 im Paradeschritt hineinmarschiert.

Clown 1: Ich hatte es mir eigentlich anders vorgestellt, weil ich französisch spreche und sehr aufgeklärt bin. Aber so geht es natürlich auch.

Der Hund, ebenfalls im Paradeschritt, folgt Clown 2.

Clown 1 *zu dem Hund:* ET TU, BRUTE!

BRANDENBURGISCHES KONZERT 2

Schloß. Kaltes Buffet. Ein Empirestuhl. Im Hintergrund Gesang: ALS DAS KRAFTWERK WURDE VOLKES EIGEN

Ein Genosse *stellt vor:* Das ist der Maurer von der Stalinallee. Held der Arbeit seit heute. Nimm Kaviar, Genosse, den kriegst du nur hier. Du hast ihn bezahlt mit der Stalinallee. Er hat Friedrich den Einzigen von Berlin nach Potsdam kommandiert, weil der uns in der Sonne stand Unter den Linden, mit vier Mann für dreimal weniger Geld als von den Experten aus dem Westen vorgesehn war und in Weltbestzeit. Am Kalten Buffet ist er neu. Was willst du. Wenn wir Kohlsuppe löffeln mit der Bevölkerung, machen sie Hackfleisch aus uns, hier ist Deutschland, Genosse. Diktatur des Proletariats auch in der Küche. Essen ist Parteiarbeit. Der rote ist besser. *Ab.*

Der Maurer, mit Kopfverband, ißt. Präsident.

Präsident: Das ist dein Tag, Genosse. Du siehst aus
Als ob er dir zu lang wär.

MAURER: Lang genug.
PRÄSIDENT: Dein Kopf?
MAURER: Das ist der Dank der Arbeiterklasse.
Sie wollten mich zum Denkmal umarbeiten.
Das Material kam aus dem vierten Stock.
Und wenn ihr mir noch einen Orden anhängt
Könnt ihr mich als Ersatzmann aufstelln nächstens
Unter den Linden für den Alten Fritz.
PRÄSIDENT: Die Steine, die sie auf uns schmeißen heute
Genosse, passen morgen in die Wand.
Was liegt dir sonst im Magen.
MAURER: Das Kalte Buffet.
PRÄSIDENT: Du wirst dich dran gewöhnen müssen. Ich habs auch gelernt.
EIN GENOSSE: Genosse Präsident.
Die Künstler warten.
PRÄSIDENT: Ich muß auf den Laufsteg. *Ab.*

Musik. Brandenburgisches Konzert. Maurer setzt sich auf den Empirestuhl.

MAURER: Das ist der richtige Stuhl für meinen Hintern.

Friedrich der Zweite von Preußen als Vampir.

FRIEDRICH 2: Will Er nicht aufstehn, Kerl, vor seinem König.
MAURER: Ich hab gedacht, der paßt auf keinen Stuhl mehr.
Ich zeig dir, wo Gott wohnt.
Geht auf Friedrich 2 los. Der schlägt ihn mit der Krücke.
He. Das ist mein Kreuz.
Zerbricht die Krücke überm Knie. Friedrich der Zweite geht ihn von hinten an.
Bei mir bist du verkehrt. Fick deinen Hund.
Schüttelt ihn ab. Friedrich der Zweite geht ihm an die Kehle.
Hast du noch Durst, du Vieh. Geh Wasser saufen.

Kampf. Auftritt Genosse mit Tablett. Friedrich der Zweite verschwindet.

GENOSSE: Das schickt der Präsident. Bier und Kotlett
Damit du dir den Magen nicht verdirbst
Eh du dich dran gewöhnt hast, am Kalten Buffet.

Maurer ißt das Kotelett und trinkt das Bier.

HOMMAGE À STALIN 1

Schnee. Schlachtlärm. Drei Soldaten. Ihre Körper sind nicht mehr vollständig. Auftritt im Schneetreiben ein junger Soldat.

SOLDAT 1: Da kommt Nachschub.
SOLDAT 2: Der hat noch alles.
SOLDAT 3: Wer ist dran?
SOLDAT 1: Ich.
SOLDAT 2: Woher, Kamerad?
JUNGER SOLDAT: Aus der Schlacht.
SOLDAT 3: Wohin, Kamerad?
JUNGER SOLDAT: Wo keine Schlacht ist.
SOLDAT 1: Deine Hand, Kamerad.

Reißt ihm den Arm aus. Der junge Soldat schreit. Die Toten lachen und fangen an, den Arm abzunagen.

SOLDAT 3 *den Arm anbietend:* Hast du keinen Hunger?

Der junge Soldat verdeckt sein Gesicht mit der verbliebenen Hand.

SOLDAT 1: Das nächste Mal bist du dran. Der Kessel hat für alle Fleisch.
STIMMEN: Vive l'empereur.
Es lebe der Kaiser.
SOLDAT 1: Das ist Napoleon. Er kommt jede dritte Nacht.
Napoleon geht vorbei. Er ist bleich und dick. Er schleift einen Soldaten seiner Großen Armee an den Füßen hinter sich her.
Das geht in Ordnung. Es sind seine Leichen. Ohne ihn wären sie nicht hier. Und er zählt nach, er ist filzig. Kameradschaft gibt es nur bei uns. Willst du wirklich nichts essen?
Hinter Napoleon ist Cäsar aufgetaucht, grünes Gesicht, die Toga blutig und durchlöchert.
Der Grüne hinter ihm ist Cäsar. Der hat sein Fett: dreiundzwanzig Löcher.
SOLDAT 2: Wenn du den Arsch nicht mitzählst. *Lachen.*
SOLDAT 1: Er lebt vom Fechten. Seine Leichen hat er auf Sperrkonto: die Schlachtfelder liegen zu tief.
SOLDAT 3: Warum hat er sich nicht eingeteilt, der Makkaroni.

SOLDAT 1: Manchmal läßt Napoleon ihm ein Bein ab. *Lacht.* Oder einen Arm. *Wirft Cäsar den abgenagten Arm zu.* Bei uns braucht keiner zu hungern. *Cäsar nimmt den Arm auf und verschwindet im Schneetreiben.*

Der junge Soldat läuft schreiend weg.

SOLDAT 3: Der kommt wieder. Der Kessel ist dicht.

Immer mehr Soldaten taumeln und kriechen auf die Bühne, fallen, bleiben liegen. Dann treten überlebensgroß in verrosteten Harnischen die Nibelungen Gunther, Hagen, Volker und Gernot auf.

GUNTHER *auf den Toten herumsteigend:* Simulanten. Drückeberger. Defätisten. Feiges Pack.
VOLKER: Die glauben, wenn sie verreckt sind, haben sie alles getan, was von ihnen verlangt werden kann.
HAGEN *höhnisch:* Die glauben, sie haben es hinter sich.
GERNOT: Die werden sich wundern.
GUNTHER: Nehmt eure Schwerter auf, ihr Nibelungen. Die Hunnen kommen wieder. GOTT MIT UNS.
Die Nibelungen bewaffnen sich mit Leichen und Leichenteilen und werfen sie brüllend auf imaginäre Hunnen, so daß ein unregelmäßiger Wall aus Leichen entsteht.
Sieh, Attila, die Ernte unsrer Schwerter.
Die Nibelungen setzen sich auf den Leichenwall, nehmen die Helme ab und trinken aus ihren Hirnschalen Bier.
GERNOT: Immer dasselbe.
Die andern sehen ihn an, empört.
Ich sage nicht, daß ich nicht mehr mitmachen will. Aber worum geht es eigentlich.
VOLKER: Hast du Siegfried schon vergessen, den die Hunnen im Odenwald –
HAGEN *hebt seine Hirnschale:* Rache für Siegfried.
GUNTHER UND VOLKER *ebenso:* Rache für Siegfried.
GERNOT *zu Hagen:* Aber ich habe doch selbst gesehen. Ich meine, das weiß doch jeder, daß du ihn.
GUNTHER: Wir alle haben gesehen, wie Hagen den Speer aus der Wunde zog, mit dem die Hunnen aus dem Hinterhalt unsern Siegfried –
GERNOT: Ich habe gesehen, wer den Speer geworfen hat.
GUNTHER: Er war ein Verräter.
GERNOT: Wer.

GUNTHER: Siegfried. Ich wollte es dir eigentlich nicht sagen. Man soll der Jugend ihre Illusion lassen, solange es irgend geht. Jetzt weißt du es.

GERNOT: Ich weiß immer noch nicht, warum wir uns hier mit den Hunnen herumschlagen.

VOLKER: Bist du ein Hunne, daß du zum Kämpfen einen Grund brauchst.

HAGEN: Weil wir aus dem Kessel nicht herauskommen, darum schlagen wir uns mit den Hunnen herum.

GERNOT: Aber wir brauchen doch nur aufzuhören, und es gibt keinen Kessel mehr.

GUNTHER: Hat er aufhören gesagt.

VOLKER: Er hat es immer noch nicht gelernt.

HAGEN: Der lernt es nie.

GUNTHER: Wir dürfen die Hoffnung nicht aufgeben. Er ist kein Hunne.

VOLKER: Wir werden ihn schon hinbiegen.

HAGEN: Jedenfalls müssen wir jetzt anfangen. Zeit ist Geld.

Die drei stehen auf, bewaffnen sich und gehen auf Gernot zu. Der springt auf.

GERNOT: Ich will nicht jede Nacht sterben. Ich finde das langweilig. Es macht mir keinen Spaß. Ich möchte auch mal etwas anderes machen. Das mit den Frauen zum Beispiel. Ich habe vergessen, wie es heißt.

HAGEN *höhnisch:* Er hat vergessen, wie es heißt.

VOLKER: Das ist die Jugend von heute. Sie hat keine Ideale mehr.

GUNTHER: Was meinst du, wozu deine Mutter dich geboren hat. Wir werden es solange üben, bis du es im Schlaf kannst.

Die drei Nibelungen schlagen in einem längeren Kampf den vierten in Stücke. Dann masturbieren sie gemeinsam.

VOLKER *masturbierend:* „Ich möchte auch mal etwas anderes machen. Das mit den Frauen zum Beispiel. Ich habe vergessen, wie es heißt."

Die Nibelungen lachen.

HAGEN *ebenso:* Ich weiß schon nicht mehr, was das ist, eine

Frau. Ich glaube, ich würde das Loch nicht mehr finden.

Die Nibelungen lachen.

Gunther *ebenso:* Der Krieg ist Männerarbeit. Jedenfalls geht das Geld jetzt nur noch in drei Teile. Das Loch im Kessel werden wir schon finden.

Die Nibelungen lachen.

Volker stimmt seine Geige.

Gunther: Laß deine Geige aus dem Spiel. Ich kenne deine Tricks. Er will uns weichmachen mit seiner Gesangsnummer. SCHLAFE MEIN PRINZCHEN SCHLAF EIN. Und dann haut er ab und reißt sich die Sore allein unter den Nagel.
Hagen: Besser, wir machen ihn gleich fertig.
Gunther: Los.

Bewaffnen sich.

Volker: Kameraden.

Schlagen ihn in Stücke.

Gunther: Jetzt sind es nur noch wir beide.
Hagen: Einer zu viel.

Schlagen einer den andern in Stücke. Einen Augenblick Stille. Auch der Schlachtlärm hat aufgehört. Dann kriechen die Leichenteile aufeinander zu und formieren sich mit Lärm aus Metall, Schreien, Gesangsfetzen zu einem Monster aus Schrott und Menschenmaterial. Der Lärm geht weiter bis zum nächsten Bild.

HOMMAGE À STALIN 2

Kneipe. Sirenen. Glockenläuten
Wirt. Zwei Kleinbürger. Eine Gestalt: Der Schädelverkäufer.

Kleinbürger 1: Stalin ist tot.
Kleinbürger 2: Lang hats gedauert.
Wirt: Achtung.

Drei Huren.

KLEINBÜRGER 1: Wie wärs mit uns, Kollegin.
HURE 3: Geh nach Hause, Kleiner. Mama weint.
HURE 2: Darfst du überhaupt schon aufbleiben.
HURE 1: Es gibt keine Mütter mehr.
KLEINBÜRGER 1: Warum nicht in Schwarz, meine Damen, an einem Tag wie heute.
HURE 2: Bei uns sitzt es tiefer. *Zeigt schwarze Unterwäsche.*
KLEINBÜRGER 2: Ein Bier für die Witwen und Waisen.
HURE 1: Wir trinken nur Sekt.
WIRT: Hier ist nicht der Kudamm.
HURE 3: Weil Sies sind.

Bier.

KLEINBÜRGER 1: Sekt. Das Handwerk hat einen goldenen Boden.
KLEINBÜRGER 2: Ein Loch, wenn du mich fragst.
WIRT: Ein goldenes.
HURE 2 *zu Kleinbürger* 1: Wir arbeiten nicht mit der Hand, mein Herr.
KLEINBÜRGER 1: Ich wollte Sie nicht beleidigen, meine Dame. Ich bin selbst nur ein einfacher Handwerker.
HURE 2: Pfui.
KLEINBÜRGER 1: Mundwerk ist besser als Handwerk. *Lacht.*
HURE 3: Verschluck dich nicht, mein Sohn.
HURE 2 *auf die Gestalt:* Wer ist das Gespenst. Huh!
HURE 1 *wartet die Wirkung ab, keine Wirkung:* Es hat sich nicht bewegt.
KLEINBÜRGER 2: Vielleicht ein Denkmal.
HURE 1: Das ist Haarmann. Seht ihr den Sack unterm Stuhl. Er hat wieder einen auseinandergenommen, und in dem Sack da hat er die Teile drin. Wo die Jacke absteht, ist das Messer.
KLEINBÜRGER 2: Bei dem Fleischpreis ist sowas schon beinah Notwehr.
KLEINBÜRGER 1: Ich will nicht wissen, wen alles ich schon gegessen hab.
HURE 3: Haarmann kanns nicht sein. Der sieht anders aus, mehr rundlich. Ich hab ihn gesehn. Am Dienstag wars. Er hatte das Messer schon draußen. Mensch, hab ich gebrüllt. Und weg war er, wie ein Schatten.

Kleinbürger 1: Sie haben ein Gespenst gesehn, meine Dame, Haarmann ist im Himmel.
Hure 2: Der ist taubstumm.
Hure 3: Jedenfalls geh ich heute nicht allein nach Hause.
Kleinbürger 1 *klappt Taschenmesser auf:* Wie darfs denn sein.

Hure 3 kreischt.
Auftreten vier Maurer.

Dicker Maurer: Der trinkt kein Bier mehr.
General: Das muß gefeiert werden.
Junger Maurer: Was willst du damit sagen, General.
General: Was ich gesagt hab. Bier.
Hilse: Sei froh, General,
Daß dich der Russe auf den Bau geschickt hat.
General: Ich hab nur meine Pflicht getan als Deutscher.
Hilse: Ich hätt euch alle an die Wand gestellt.
General: Das fragt sich noch, wer eher an der Wand steht.
Junger Maurer *zu Hure 1:* Das ist sie. Im Oktober sinds vier Jahre.
Ich hab sie überall gesucht. Wie gehts.
Hure 2: Wen hast du da an Land gezogen, Mädchen.
Kleinbürger 2: Vier Jahre. Der hats eilig.
Kleinbürger 1 *singt:* ROSEMARIE, ROSEMARIE
SIEBEN JAHRE MEIN HERZ NACH DIR SCHRIE.
Hure 2: Junger Mann
Ich glaube, Sie sind auf dem falschen Dampfer.
Junger Maurer *zu Hure 1:* Was machen Sie zum Beispiel heute abend.
Hure 2: Er wills nicht wissen. Mensch, muß Liebe schön sein.
Hilse: Bleib weg da, Junge. Das ist nichts für dich.
Hure 1: Ich glaub nicht, daß ich heute abend Zeit hab.
Junger Maurer: Warten Sie hier auf einen Kapitalisten.
Hure 3: Schön wärs.
Hure 1: Ich muß jetzt gehn.
Junger Maurer: Gehn wir zusammen.

Hure 1 allein ab.

Kleinbürger 1: Sie ist noch Jungfrau.

Kleinbürger 1 und Kleinbürger 2 lachen.

Junger Maurer *zu Hure 3 und 2:* Hat sie einen andern.
Kleinbürger 1: Nie sollst du mich befragen, Lohengrin.
Kleinbürger 2: Er kann nicht weiter zählen als bis eins.
Hure 3 *weint:* Das ist die Liebe.

Junger Maurer geht. Hilse will ihn zurückhalten.

Junger Maurer: Ich brauch keinen Vormund.
Stößt Hilse zurück.

General lacht.

Dicker Maurer: Warum mischst du dich ein.
General: Der Aktivist.
Aktivist mit Kopfverband setzt sich an den Tisch der Maurer. Die Maurer setzen sich an einen andern Tisch.
Ein schöner Kopf.
Dicker Maurer: Ja. Es soll Leute geben
Die können unter keinem Stein vorbeigehn
Der vom Gerüst fällt.
Aktivist: Seid ihr noch gesund.
Kleinbürger 1 *betrunken:*
Ich sage, es gibt Krieg. Was sagst du.
Kleinbürger 2 *ebenso:* Von mir aus.
Hure 3+2 *singen:* WIR KOMMEN ALLE ALLE IN DEN HIMMEL

Huren und Kleinbürger singend ab.

General: Kann sein, manches wird anders hier demnächst
Und manche Leute haben nichts zu lachen.

Pause.

Dicker Maurer: Der Deutsche läßt sich viel gefalln. Nicht alles.

Pause.

Hilse: Was willst du damit sagen, General.
General: Ich rieche Menschenfleisch, sagte der Riese. *Ab. Nach ihm der dicke Maurer.*
Aktivist: Feine Gesellschaft.

HILSE: Nicht so fein wie deine.
AKTIVIST: Mir haben sie erzählt, du bist ein Roter.

Pause.

HILSE: Ein Arbeiterverräter bin ich nicht. *Ab.*
AKTIVIST: Gib mir noch einen Schnaps. Ich kanns gebrauchen
Wenn ich nach Hause komm. Ich trau mich schon
Nicht mehr nach Hause. Jeden Tag was Neues.
Gestern der Teppich. Heute das BUFFET.
Mir haben sie einen Orden aufgehängt.
Seitdem spielt meine Frau die Dame, weil
Ich in der Zeitung steh.
WIRT: Adel verpflichtet.
AKTIVIST: Wenn ich gewußt hätt, was die Prämie kostet.

Pause. Ein Betrunkener.

WIRT: Du hast genug.
BETRUNKENER: Ich bin ein freier Mensch.
WIRT: Und das ist mein Lokal.
BETRUNKENER: Ich war schon links
Als dein Lokal noch Sturmlokal war, braun mit
SA.
Setzt sich zu dem Aktivisten.
Bestell mir einen Schnaps, Kamerad.
Du bist Prolet, ich bin Prolet. Wir müssen
Zusammenhalten gegen den Kapitalismus.
Gegen den Sozialismus auch. Ich war
Im KJV seit 24. Mir macht
Keiner was vor. In Stalingrad im Kessel
Haben sie mich ausgekocht. Das war kein Krieg mehr.
Wir hätten Gras gefressen, aber ich hab
Kein Gras gesehn. Wir haben keinen Knochen
Gefragt, ob er vom Pferd ist oder ICH
HATT EINEN KAMERADEN.
Aber der Mensch gewöhnt sich. Wer sitzt hier.
Ich war der einzige Unteroffizier
Der eine Kompanie unter sich hatte.
Der Hauptmann war krepiert, die Leutnants auch.
Wir sind herausgekommen aus dem Kessel
Wir waren vierundzwanzig, bis auf zehn.
Ich hab sie durchgebracht. Ich war in Ordnung.

Und meine Jungens waren auch in Ordnung.
AKTIVIST: Du mußt es wissen.
BETRUNKENER: Ja. Grad heute hab ich
Einen getroffen. Sitzt im Ministerium.
Staatssekretär oder wie das jetzt heißt.
Der Junge hat es weit gebracht: ganz oben.
Aber mich hat er gleich erkannt. Bist dus, Chef.
Immer der Alte, sag ich. Und er: Komm, wir machen
Ein Faß auf. Ich mit. Seine Frau war giftig
Als wir mit Bier auf dem Parkett den Kessel
Rekonstruieren wollten, unsern Kessel,
Er hat sie eingeschlossen in der Küche.
Dann haben wir den Kessel rekonstruiert.
Und nach der vierten Flasche frag ich ihn:
Kannst du noch robben, Willi, altes Schwein.
Und was soll ich dir sagen, du glaubst es nicht:
Der konnte noch. So gut war meine Schule.
Schüttet Bier auf den Tisch.
Das ist die Wolga. Hier ist Stalingrad.
AKTIVIST: Das ist mein Bier.
BETRUNKENER: Dich intressierts nicht, was.
Der Krieg ist nicht zu Ende. Das fängt erst an.
Mich kratzt es nicht mehr. Ich kenn den Arsch der Welt
Von innen wie von außen. *Ab.*

Der Junge Maurer und Hure 1.

JUNGER MAURER *zum Aktivisten:* Das ist ein Mädchen.
He, Aktivist. Du hast die Taschen voll
Mit unserm Geld für deine rote Norm.
AKTIVIST: Du wirst es auch noch lernen.
JUNGER MAURER: Nicht von dir.
Wir brauchen eine Wohnung.
HURE 1: Du hasts eilig.
JUNGER MAURER: Jetzt kann ich nicht mehr schludern auf dem Bau.
Kann sein, ich bau an meiner eignen Wohnung.
AKTIVIST: Ich hab dir gleich gesagt, du lernst es noch.
JUNGER MAURER: Dich brauch ich nicht dazu.
AKTIVIST: Dafür gibts andre.
HURE 1 *singt:* SO SCHÖN WIE HEUT SO SOLL ES IMMER BLEIBEN

Ich glaub, ich hab zu viel getrunken.
JUNGER MAURER: Komm.
Ich bring dich heim.
HURE 1: Ich muß zur Arbeit.
JUNGER MAURER: Nachtschicht?
HURE 1: Ja. Ich hab immer Nachtschicht.
Der Schädelverkäufer ist aufgestanden, nimmt seinen Sack auf und nähert sich, leicht schwankend.
Was will der.
JUNGER MAURER: Das ist der Weihnachtsmann. Fehlt Ihnen was?
SCHÄDELVERKÄUFER: Ein schönes Paar. Gestatten Sie, daß ich Ihnen ein kleines Souvenir anbiete. *Holt einen Totenschädel aus dem Sack. Hure 1 schreit.* Ein Memento mori für das neue Heim. MITTEN WIR IM LEBEN SIND / VON DEM TOD UMFANGEN. Ich habe ihn selbst ausgegraben. Und dreimal abgekocht. Ein sauberes Exemplar. 18. Jahrhundert nach dem Grabstein. Und es ist ein guter Schädel, fühlen Sie die Schläfe. Die Erde bringt es an den Tag. Hier ist gedacht worden, mein Herr, die Theodizee des großen Leibniz hatte Platz in diesem Hohlraum. Der Materialismus ist ein Irrtum, glauben Sie mir.
HURE 1 *lacht:* Der ist komisch.
SCHÄDELVERKÄUFER. Sie können auch ein Skelett haben. Eine philosophische Flurgarderobe. Legen Sie ab, meine Dame. So viel, mein Herr? Ein Skelett kostet natürlich mehr. Man findet selten ein vollständiges Skelett. Wer weiß, was die Toten mit ihren Knochen anstellen. *Kichert:* Ich habe da meine Vermutungen. Lassen wir das. Fünfzig der Schädel.
HURE 1: Ich hab Angst.
JUNGER MAURER: Das werden wir gleich haben.
SCHÄDELVERKÄUFER: Das ist geschenkt, mein Herr. Es handelt sich nicht um Reichsmark. Ich komme knapp auf die Spesen.
JUNGER MAURER: Packen Sie Ihre Klamotte ein, Chef.
HURE 1: Ich möchte gehn.
SCHÄDELVERKÄUFER: Entschuldigen Sie.
Hure 1 und junger Maurer ab. Pause.
Ich würde gern noch das eine oder andere Glas von Ihrem vorzüglichen Schnaps trinken, aber leider, ich bin

nicht mehr flüssig. Nehmen Sie den Schädel in Kommission?

WIRT: Und bei der Auferstehung wird er eingelöst, wie. Ob Sie das eine oder das andre trinken, ist Ihre Angelegenheit, aber bezahlt wird bar.

AKTIVIST: Schlägst du die auch selber tot, Kollege?

SCHÄDELVERKÄUFER *setzt sich an den Tisch des Aktivisten:* Ich arbeite beim Tiefbau. Sozusagen. Wir transportieren Friedhöfe unter Ausschluß der Öffentlichkeit. Umbetten, wie es in der Sprache der Hinterbliebenen heißt. Ich bin ein Hinterbliebener, ich bette um. UNDER BLUOMEN UNDE GRAS. Wir arbeiten nachts. Unter Alkohol, wegen der Infektionsgefahr. GRAUT LIEBCHEN AUCH VOR TOTEN. Für mich eine Tätigkeit von einiger Pikanterie: ich war Historiker. Ein Fehler in der Periodisierung, das Tausendjährige Reich, Sie verstehn. Seit mich die Geschichte an die Friedhöfe verwiesen hat, sozusagen auf ihren theologischen Aspekt, bin ich immun gegen das Leichengift der zeitlichen Verheißung. Das goldene Zeitalter liegt hinter uns. Jesus ist die Nachgeburt der Toten. Kennen Sie Vergil.

SCHON ENTSTEIGT EIN NEUES GESCHLECHT
DEM ERHABENEN HIMMEL
SCHLIESST DIE EISERNE ZEIT UND BEFREIT
VOM SCHRECKEN DIE LÄNDER.
SEHT WIE ALLES ENTGEGEN ATMET DEM
NEUEN JAHRHUNDERT
DAS GEFLÜGELT HERAUFKOMMT MIT
GESCHENKEN DER ERDE;
SANFT MIT ÄHREN WIRD VON SELBER
VERGOLDEN DIE FLUR SICH
AUCH AM WILDERNDEN DORN WIRD ROT
ABHANGEN DIE TRAUBE
AUS HARTSTÄMMIGEN EICHEN WIE TAU WIRD
TROPFEN DER HONIG
ZU VERSUCHEN DAS MEER IM GEBÄLK, ZU
SCHIRMEN DIE STADT MIT
MAUERN, DEN GRUND MIT DER FURCHE ZU
SPALTEN IST DA KEINE NOT MEHR.

WIRT: Herrschaften, heben Sie den Arsch von meinen Stühlen. Polizeistunde.

Führerbunker. Hitler, erstarrt in einer seiner Posen. Eine Glocke schlägt Mitternacht. Hitler bewegt sich, gähnt, macht ein paar Schritte, probiert seine Posen, trinkt aus einem Kanister Benzin usw.

HITLER: Josef!

Goebbels, mit Klumpfuß und riesigen Brüsten, hochschwanger.

GOEBBELS: Mein Führer!

HITLER *beklopft den Bauch des schwangeren Goebbels:* Was macht unser Garant. Bewegt er sich? Brav. Trinkst du dein Benzin? *Zieht Goebbels an den Brustwarzen.* Ist das Euter stramm, wie es sich gehört für eine deutsche Mutter? Brav. Nährstand Wehrstand.

GOEBBELS: Wir haben nur noch für drei Tage Benzin.

HITLER: Beeil dich mit der Niederkunft. Wache!

Wache in schwarzer Uniform mit Totenkopf.

HITLER *während er den kichernden Goebbels in den Hintern kneift:* Das Frühstück!

Wache ab. Ein Soldat. Hitler ißt ihn, den Kopf zuletzt. Niest, spuckt und klaubt sich die Haare aus dem Maul.

Ich habe befohlen, daß meine Männer rasiert werden, bevor ich sie esse. Schweinerei! *Niest und trinkt Benzin.*

GOEBBELS: Ich darf darauf aufmerksam machen, mein Führer, daß der Kreis der Geheimnisträger klein gehalten werden muß. Das deutsche Volk liebt Sie als Vegetarier. Wir haben Schwierigkeiten mit dem Personal, der Friseur kann den Ariernachweis nicht erbringen. Der vorige ist abkommandiert, er rasiert Herrn Stalin. Die Wege der Vorsehung sind wunderbar.

HITLER *brüllt:* Arglist! Heimtücke! Verrat! Ich bin von Verrätern umgeben. Sie wollen mich umbringen. Sie legen mir Bomben ins Bett. Sie schütten mir Messer ins Essen. Sie tun Gift in mein Benzin. Ich werde sie köpfen. Ich werde sie aufhängen. Ich werde sie vierteilen. *Heult, beißt in den Teppich, immer heulend. Kriecht zu Goebbels, legt den Kopf an seine Brüste, greint.*

GOEBBELS *streichelt und wiegt ihn:* Du bist der größte. Du bist stärker als alle. Sie können dir nichts tun. Du wirst sie bestrafen.

HITLER *noch in der gleichen Stellung:* Ja. Finger abhacken. Hände. Arme. Beine. Ohren abschneiden. Nase abschneiden. *Kichernd und zappelnd:* Pimmel ausreißen.

GOEBBELS *droht mit dem Finger:* Man sagt nicht Pimmel.

HITLER *wirft sich auf den Boden, strampelt:* Du hast Pimmel gesagt. Gib zu, daß du Pimmel gesagt hast. Verräter. Du bist auch ein Verräter.

GOEBBELS *schnell:* Ich habe Pimmel gesagt. Ich gebe es zu. Gnade, mein Führer.

HITLER *steht auf, nimmt die Pose Napoleons ein:* Siehst du. Dafür mußt du mir jetzt die Stiefel lecken.

Goebbels stürzt sich auf Hitlers linken Stiefel.

Den rechten zuerst.

Goebbels stürzt sich auf den rechten Stiefel.

Wache!

Wache.

Den Rapport.

WACHE: Ein Hund ist oben vorbeigelaufen.

HITLER: Hörst du, Josef. Sie maskieren sich. Sie wagen es nicht mehr, uns offen entgegenzutreten. Aber ich durchschaue sie. Ich durchschaue alles. Ein Hund. Lächerlich! Weiter.

WACHE: Er hat ins Gras gepißt. Das ist alles, mein Führer.

HITLER: Halte die Augen offen. Der Feind ist überall.

WACHE: Jawohl, mein Führer. *Ab.*

HITLER: Ich werde mich jetzt an mein Volk wenden. Mein Volk.

Goebbels greift sich an den Bauch, schreit, wälzt sich schreiend am Boden.

Eine deutsche Mutter schreit nicht. Wache!

Wache.

Die Hebamme soll geholt werden. Es ist soweit.

Wache ab.

Das sind die Wehen. Die Wehen haben eingesetzt. Ich kenne das aus meiner ersten Ehe. *Goebbels gebärdet sich hysterisch.* Bist du immer noch eifersüchtig auf den guten alten Ernst? Ja, er war ein Verräter. Auch er. Weißt du noch, was er für Augen gemacht hat, als er meinen Revolver sah. Damit hatte er nicht gerechnet. Die kleine Schlampe. Wie seine Backen zitterten. Er war ein wenig fett geworden in der letzten Zeit. Ich habe das ganze Magazin leergeschossen auf ihn. Meine Hand hat nicht gezittert. Ihr habt ihn festgehalten, weißt du noch. Du und Herrmann. Auch ein Verräter. Ich bin von Verrätern umgeben. Mein Rücken ist eine einzige Narbe. Dolchstoß um Dolchstoß. Überall lauern sie mir auf. Da. Und da. *Geht immer schneller auf und ab, sich immer wieder plötzlich umdrehend.* Sie sind hinter mir. Sie wagen es nicht, mir entgegenzutreten. Sie halten sich hinter mir. Siehst du. Aber ich kriege sie alle. Die Vorsehung hält ihre Hand über mich.

Wache.

WACHE: Der Hund ist wieder vorbeigelaufen. Er hat wieder gepißt. Die Hebamme.

Germania, riesig, mit Hebammentasche.

GERMANIA *boxt Hitler vor den Bauch, rüttelt an seinen Zähnen usw.:* Wie gehts dir, mein Junge. Trinkst du dein Benzin? Ißt deine Männer? Brav. *Sie greift ihm an die Hoden.*

HITLER *verschämt:* Mama!

GERMANIA: Immer noch dein Ödipuskomplex? *Lacht.*

HITLER: Das ist eine jüdische Schweinerei.

GERMANIA: Davon will ich nichts mehr hören. Ich habe genug Ärger gehabt mit deinen Judengeschichten. Es gibt Leute, die zeigen mit Fingern auf mich. Heute noch. Manche grüßen nicht einmal.

HITLER: Der Jude –

Germania haut ihm eine Ohrfeige, Hitler heult.

GERMANIA: Das Becken ist zu eng. Das wird eine Zangengeburt. Keine Angst, es ist nicht meine erste. Aber noch sind wir nicht soweit. Ohne Fleiß kein Preis. Beine auf. Und durchatmen. Und pressen. So. Und eins, und zwci.

Wache.

WACHE: Die Heiligen Drei aus dem Abendland.

HITLER: Hörst du, Josef. Man interessiert sich wieder für uns. Wir sind wieder wer. Die Welt –

GOEBBELS: WOLLT IHR DEN TOTALEN –

GERMANIA: Schnauze.

HITLER *zur Wache:* Die Ehrenkompanie!

Germania *zu Goebbels:* Du hättest etwas Rouge auflegen können.

Hitler: Eine deutsche Mutter –

Germania: Ich muß mit der Zeit gehn, wenn ich wieder ins Geschäft kommen will. *Schminkt Goebbels eine Nuttenmaske.* So. *Zu Hitler:* Und daß mir keine Panne passiert. Können die Männer ihren Text?

Hitler: Die Vorsehung –

Germania: Ich würde es lieber genau wissen.

Die Ehrenkompanie. Hundeköpfe, weißer Flor über schwarzer Uniform, blutige Stiefel, Engelsflügel, nimmt Aufstellung.

Sie hätten sich die Stiefel putzen können. Muß ich alles allein machen, Schlamperei!

Die Heiligen Drei schreiten die Front ab.

Heiliger 1: Unsre Saat ist aufgegangen.

Heiliger 2: Mir gefallen die Stiefel nicht.

Heiliger 3: Veto. Mir gefallen sie auch nicht.

Heiliger 1: Wir sollten nicht vergessen, worum es geht.

Heiliger 2: Der Kommunismus ist eine schreckliche Bedrohung.

Heiliger 3: Besonders in seelischer Hinsicht.

Heiliger 1: Wenn man nur an die Kinder denkt.

Ehrenkompanie *bellt:* FREIHEIT DEMOKRATIE ABENDLAND FRIEDEN EIGNER HERD IST GOLDES WERT LIEBER TOT ALS ROT NUR DER TOTE INDIANER IST EIN GUTER INDIANER JEDEM DAS SEINE EINHEIT IN SAUBERKEIT.

Germania *aufatmend:* Das hat geklappt.

Heiliger 1: Was habe ich gesagt.

Heiliger 2: Wirklich. Ein neuer Geist.

Heiliger 3: Schließlich, Stiefel kann man putzen.

Goebbels *brüllt:* WOLLT IHR DEN TOTALEN –

Hitler: In diesem historischen Augenblick –

Goebbels entfährt ein gewaltiger Furz, eine Wolke von Gestank verbreitend, der die Heiligen Drei umwirft.

Ehrenkompanie: Sieg Heil Sieg Heil Sieg Heil.

Die Heiligen Drei zucken zusammen, halten sich die Nasen zu, stehn auf.

GOEBBELS: Mein Führer
GERMANIA *zu Hitler:* Hoffentlich ist es kein Windei. Mit dir war nie viel los im Bett.

Hitler knurrt.

HEILIGER 3: Es riecht nicht gut, wie.
HEILIGER 2: Es riecht wirklich nicht sehr gut.
HEILIGER 1: Man soll sich nicht an Kleinigkeiten stoßen.
HEILIGER 3: Es ist schließlich nur natürlich.
HEILIGER 2: Menschliches ist mir nicht fremd.
HEILIGER 3: Vielleicht sollten wir jetzt die Geschenke.
HEILIGER 2: Wir müssen nicht bis zum Schluß bleiben.
HEILIGER 3: Schließlich geht alles seinen Gang.
HEILIGER 1: Die Geschenke!

Soldaten der Heiligen Drei bringen die Geschenke und gehn wieder ab.

HEILIGER 3: Ein Satz Folterwerkzeuge. Ich habe sie selbst ausprobiert. Ich glaube, Sie haben da ein Sprichwort. WAS EIN HÄKCHEN WERDEN WILL.
HEILIGER 2: Ein historisches Spielzeug für den lieben Kleinen. Ich bin damit aufgewachsen. Stärkt das Selbstgefühl. Die Bedienung ist einfach. Sie stellen die Kanone auf, laden, binden Ihren Mann davor und Peng! Dazu ein Satz Farbige.
HEILIGER 1: Eine Kleinigkeit für Ihre Küche. Er ist ein frisches Exemplar. Wenig beschädigt. Die Jagd war gestern. Wir haben alle unsre kleinen Schwächen.
HITLER *groß:* Ich esse keine Farbigen.
HEILIGER 2: Peinlich, dieser Fanatismus.
HEILIGER 3: Er ist wirklich kein Umgang.
HEILIGER 1: Wir dürfen ihn nicht vor den Kopf stoßen. Gott weiß, wann wir ihn wieder brauchen.
GERMANIA *zu Hitler.* Wir müssen mit der Zeit gehn. Du auch. Bedank dich bei den Herrschaften.
Hitler knurrt und leckt den Heiligen Drei knurrend die Schuhe. Langer Schrei von Goebbels.
Herrschaften, es ist soweit. Wo ist meine Zange. Fassen Sie mal mit an.

Germania setzt die Zange an, zieht, Heiliger 1 zieht an Germania, zwei an eins, drei an zwei.

HITLER: Mein Volk!
EHRENKOMPANIE: DEUTSCHLAND ERWACHE! SIEG HEIL!
DIE HEILIGEN DREI: HALLELUJAH! HOSIANNA!

Ein Wolf heult. Germania und die drei Heiligen fallen auf den Hintern. Vor ihnen steht ein Contergan-Wolf.

DIE HEILIGEN DREI *betreten:* Oh!

Germania steht auf, nimmt eine Familienpackung SUNIL aus der Hebammentasche und schüttet sie über den Wolf aus. Weißes Licht. Der Wolf steht im Schafspelz.

GERMANIA *zu den Heiligen Drei:* Sagten Sie etwas?

Der Wolf zerreißt die Negerpuppe. Hitler foltert Germania, die von der Ehrenkompanie festgehalten wird. Goebbels tanzt einen Veitstanz.
Germania schreit.
Hitler lacht.

EHRENKOMPANIE: DEUTSCHLAND ERWACHE! SIEG HEIL!
GOEBBELS *immer tanzend:*
ACH WIE GUT, DASS NIEMAND WEISS
DASS ICH RUMPELSTILZCHEN HEISS

Wolf heult.

DIE HEILIGEN DREI *in der Position der drei Alten:*
HALLELUJA! HOSIANNA!

Hitler lädt die Kanone. Germania wird von der Ehrenkompanie vor die Kanone gebunden. Mit der Detonation fällt der Vorhang.

DAS ARBEITERDENKMAL

Bau

POLIER: Ein Neuer. Ministerium bis gestern. *Ab.*
DICKER MAURER: Wer hoch steigt fällt tief.
DER NEUE: Lieber Bau als Knast.
GENERAL: Hier kannst du dir den Staat von unten ansehn.

HILSE: General, du bist zum Arbeiter befördert.
GENERAL: Dein Kreuz, Minister.

Packt dem Minister seine Hucke auf. Ein Angestellter hängt ein Spruchband auf WIR ERHÖHEN UNSERE NORM.

JUNGER MAURER: Habt ihr das gesehn.
GENERAL: Wir wolln schon wieder mehr arbeiten.
DICKER MAURER: Und
Für weniger Geld.
GENERAL: Und nicht mehr lange.
JUNGER MAURER: Du bist
Der Held.
HILSE *zum General:* Juckt dich dein braunes Fell.
GENERAL: Heil Stalin.
HILSE: Ich schlag dich tot.
GENERAL: Das hab ich auch gelernt.

Der Angestellte kommt wieder und nimmt das Spruchband weg.

HILSE: Was soll das.
DICKER MAURER: Rein in die Kartoffeln, raus
Aus den Kartoffeln.
ANGESTELLTER: Was weiß ich. Ich mach
Was mir gesagt wird.
MINISTER: Das ist der Neue Kurs.
Ich war dagegen. Jetzt bin ich dafür.
GENERAL: Soll ich euch sagen, was los ist. Die haben
Die Hosen voll.
DICKER MAURER: Es liegt was in der Luft.
HILSE: Was für ein neuer Kurs.
MINISTER: Demokratie.
Die Norm wird diskutiert eh sie erhöht wird.
GENERAL: Hier ist nicht Rußland. Wir sind keine Kulis.
DICKER MAURER: Der Deutsche läßt sich viel gefalln. Nicht alles.
HILSE: Fürs Reden wirst du nicht bezahlt, General.
Du auch nicht. Da gibts Arbeit.
GENERAL *Faust:* Kennst du das noch
Thälmann. WENN UNSER STARKER ARM ES WILL.
HILSE: Geh an die Arbeit oder geh vom Bau.

Sirenen.

JUNGER MAURER: Ist wieder wer gestorben?
HILSE: Was ist los?
GENERAL: Noch nicht, mein Junge.
DICKER MAURER *zu Hilse:* Dreimal darfst du raten.
STIMME: Kollegen, legt die Arbeit nieder, Streik.
GENERAL *zu Hilse:* Ich habs mir überlegt. Ich geh vom Bau.
Wirft ihm die Kelle vor die Füße.
STIMME: Kollegen. Auf die Straße. Wir marschieren
Zum Ministerium.
GENERAL: Jetzt wird deutsch geredet
Mit den Genossen.
DICKER MAURER: Die vestehn bloß russisch. *Lacht über seinen Witz.*
GENERAL: Amerikanisch werden sie verstehn.
HILSE: Hier spricht RIAS Berlin.
MINISTER: Das geht zu weit, ja.
GENERAL *zu Hilse:*
Wer fragt dich, Russenknecht.
DICKER MAURER *zu Hilse:* Der Bart ist ab, Franz.
GENERAL: Mir nach, wer kein Streikbrecher sein will. *Ab.*
DICKER MAURER: Habt ihr
Die Hosen voll.
JUNGER MAURER *zu Hilse:* Willst du allein arbeiten.
HILSE: Mich macht ihr nicht verrückt.
DICKER MAURER: Was ist mit dir
Minister. Gehst du mit der Arbeiterklasse?
Ich geb dir einen Rat: wer nicht für uns ist
Ist gegen uns.
JUNGER MAURER: Mein erster Streik. Ein Seemann
Muß alles kennen. *Geht, mit Kelle.*
HILSE: Weißt du, wem du nachläufst.
JUNGER MAURER: Halt mir die Kelle, bis ich wiederkomm.

Drückt ihm seine Kelle in die Hand. Hilse steht, in jeder Hand eine Kelle.
Junger Maurer ab.

HILSE: Ihr wollt Arbeiter sein.
DICKER MAURER *lacht:* Wer? ich?
MINISTER: Der Russe
Ist auch noch da.
DICKER MAURER: Ja, und der Amerikaner. *Ab.*

MINISTER: Ich weiß nicht, ob das gut geht. Aber so kanns
Nicht weitergehn! *Läßt seine Hucke fallen und geht ab.*
HILSE: Mich macht ihr nicht verrückt.
Sortiert die zerbrochenen Steine aus, ersetzt sie, nimmt die Hucke auf.
Aast mit dem Material. Sowas will streiken. *Arbeitet.*

Jugendliche, kahlköpfig, mit Fahrrädern.

ERSTER JUGENDLICHER: Hast du Tomaten auf den Augen, Opa?
Heute ist schulfrei.
ZWEITER JUGENDLICHER: Der redet nicht mit uns.
DRITTER JUGENDLICHER: Paß auf, daß du dir keinen Bruch hebst, Vater.
Akkord ist Mord.
ERSTER: Der hat nicht alle Tassen.
ZWEITER: Vater muß Mäuse machen, Mami braucht
Ein neues Becken.
DRITTER: So gehts schneller, Opa.
Wirft einen Stein auf Hilse, der Steine schleppt.
HILSE: Halbstarker. Macht daß ihr vom Bau kommt.
ZWEITER: Opa
Ist lebensmüde.
DRITTER: Das ist die letzte Warnung
Danach wird scharf geschossen, Vater. Schmeiß hin.
ERSTER: Geh mit dem Volk, sonst kriegst du Ärger, Opa.
HILSE: Rotzjunge, was weißt du.
ERSTER *wütend, wirft einen Stein:* Alter Idiot.
Dir rieselt ja der Kalk schon aus den Ohren.
Mensch, der ist so verkalkt, aus dem kannst du
Schon nicht mal mehr Leim kochen.
ZWEITER: Schnell ins Grab,
Opa, sonst kriegst du keinen Platz mehr. Deine
Genossen stehn schon Schlange vor dem Friedhof.
HILSE *wütend:*
Wir haben für euch. Und ihr. Ihr –
DRITTER *kalt:* Ich kenn welche
Die sitzen heute noch. Und morgen nicht mehr.
ERSTER: Opa ist rot geworden. Opa schämt sich.
ZWEITER: Opa ist immer rot. Opa ist rot
Bis auf die Knochen.

ERSTER *schnell:* Das will ich sehn. *Wirft einen Stein.*
ZWEITER: Vorbei.
ERSTER: Und jetzt. Und jetzt. *Wirft und trifft. Der alte Maurer blutet.*
ZWEITER: Was hab ich dir gesagt.
ERSTER: Bis auf die Knochen.
DRITTER: He.
Plötzlicher Einfall: Kannst du tanzen, Opa?

Improvisiert einen ROCK, wirft im Rhythmus. Die andern stimmen ein.
Alle Drei werfen im Rock-Rhythmus Steine auf den Maurer.

ALLE DREI: Ja –
ZWEITER: Heb die Beinchen
ALLE DREI: Ja
DRITTER: Du lernst es, Opa.
ERSTER: Und schneller Opa.
ZWEITER: Nicht einschlafen.
DRITTER: He.
Du wirst uns doch nicht umfalln.
ZWEITER: Opa schafft es.
DRITTER: Opa schafft alles.
ERSTER: Opa ist ein Stier
In Marathon.
ZWEITER: Opa ist eine Wolke.
Steinhagel und Finale. Der Maurer bricht zusammen.
Sieht aus wie ein Arbeiterdenkmal.
ERSTER *tritt an den Maurer heran:* Mensch.
Der ist hinüber.
ZWEITER: Hast du was gesehn?
DRITTER: Ein Arbeitsunfall.
ZWEITER: Ja, Akkord ist Mord.

Die drei schnell ab.

DIE BRÜDER 1

Der Weserstrom trennte Römer und Cherusker. An dessen Ufer trat Arminius mit den andern Häuptlingen, fragte, ob der Cäsar da sei, und auf Bejahung bat er um Erlaubnis, sich mit seinem Bruder zu unterreden. Dieser war wirklich beim Heere, Flavus genannt; er war ein Mann, der sich durch seine Ergebenheit und durch den Verlust eines Auges bemerklich machte, welchem er wenige Jahre zuvor unter Tibers Anführung erlitten. Er ging hin mit Erlaubnis, trat vor und wurde von Arminius begrüßt, welcher nach Entfernung seines Gefolges bat, daß man die an unserm Ufer aufgestellten Bogenschützen zurückziehen möchte. Nachdem die sich entfernt hatten, fragte er seinen Bruder, woher er den Schaden im Gesichte habe? Und da dieser den Ort und das Treffen nannte, fragte er weiter, welcher Lohn ihm dafür geworden sei? Flavus gab Erhöhung des Soldes, ein Halsband, einen Kranz und andere militärische Ehrengeschenke an. Arminius spottete über so schlechten Lohn seines Sklavendienstes.

Da begannen sie denn wider einander zu reden, der eine von der Größe Roms, von des Cäsars Macht und dem schweren Strafgerichte über die Besiegten, von der Gnade, die seiner warte, wenn er sich unterwerfe, auch daß seine Gattin und sein Sohn nicht als Feinde behandelt würden, der andere dagegen von der Verpflichtung fürs Vaterland, von dem alten Erbe der Freiheit, den heimatlichen deutschen Göttern, der Mutter gleichem Flehen: daß er doch nicht seiner Blutsfreunde und Verwandten, ja des ganzen Stammes Ausreißer und Verräter, statt sein Haupt sein wolle. Allmählich gerieten sie ins Schelten, und waren daran sich zu schlagen, ohne sich durch den Fluß zwischen ihnen abhalten zu lassen, doch Stertinius eilte herbei und hielt den Flavus, der zornerfüllt nach Waffen und Pferd rief. Drüben sah man der Arminius mit drohenden Gebärden, wie er die Schlacht ankündigte. Denn gar vieles schrie er manchmal auf lateinisch, weil er als Anführer seiner Landsleute unter den Römern gedient hatte.

TACITUS. ANNALEN 0016

DIE BRÜDER 2

Gefängnis

SCHLIESSER: Rein in die gute Stube. Mit Komfort
Innentoilette und so weiter. *Auf das Zellenfenster:* Fernsehn
Haben wir auch. Wenn das Programm dir nicht
Gefällt, bei uns kann jeder sich was wünschen.
BRÜCKENSPRENGER: Heute gefällts uns.
SCHLIESSER: Hast du was gesagt?
BRÜCKENSPRENGER: Warum fällt heute der Spaziergang aus.
SCHLIESSER: Ihr könntet euch erkälten. Das Barometer
Steht auf veränderlich seit gestern. Hier.
Steckt dem Neuen eine Packung Zigaretten zu. Ab.
BRÜCKENSPRENGER: Dem geht der Arsch mit Grundeis.
DER NEUE *blickt auf die Zigaretten:* Was ist los
Draußen.
GANDHI: Gib her. Die Zigaretten.
Teilt die Zigaretten aus. Übergeht den Nazi.
DER NEUE: Und der?
GANDHI: Der Nazi raucht nicht.
BRÜCKENSPRENGER: Warum bist du hier?
GANDHI: Der ist politisch.
BRÜCKENSPRENGER *zum Neuen:* Sozi?
GANDHI: Kommunist.
BRÜCKENSPRENGER: Hast du ein Haar gefunden in der
Suppe?
Von einem Schnurrbart? Oder wars ein Spitzbart. *Schweigen.*
GANDHI: Warum fragst du, was draußen los ist.
KOMMUNIST: Weil
Ichs wissen will.
GANDHI: Kommst du vom Mond.
KOMMUNIST: Was ist das.
GANDHI: Du fragst zu viel. Das haben wir nicht gern.
BRÜCKENSPRENGER: Willst du die Sterne sehn?
NAZI *vortretend:* Das ist mein Bruder.
BRÜCKENSPRENGER: Der Rote?
GANDHI *lacht:* IN DER HEIMAT IN DER HEIMAT
DA GIBTS EIN WIEDERSEHN.
KOMMUNIST: Mein Bruder der Spitzel.

Schweigen.
Du hast es weit gebracht.
NAZI: So weit wie du.

Pause. Volkslärm von draußen. Klopfchor im Gefängnis, der während des folgenden anhält.

BRÜCKENSPRENGER *am Fenster:*
Jetzt dauerts nicht mehr lange.
KOMMUNIST *am Fenster:* Was ist das?
BRÜCKENSPRENGER: Das ist der Volksaufstand.
KOMMUNIST: Die sind besoffen
BRÜCKENSPRENGER: Sag das noch mal, du roter Hund.
KOMMUNIST: Von Freibier.

Der Brückensprenger schlägt den Kommunisten nieder.

NAZI: Das ist der Brückensprenger. Sabotage.
Arbeiterklasse. Er kann dir erzählen.
Wie euer Paradies von unten aussieht.
BRÜCKENSPRENGER: Und wenn ich hier heraus bin, mach ich mir
Die Finger nicht mehr dreckig. Dann gehts aufwärts.

Der Kommunist will den Brückensprenger niederschlagen. Gandhi baut sich vor ihm auf.

NAZI: Und das ist Gandhi. Lebenslänglich. Mord.
Gandhi arbeitet mit dem Messer. Leider
Hat er sein Messer grad nicht bei sich. Morgen
Hat er es wieder. Dann gehts auf ein Neues.
Die Nacht der Langen Messer. Weißt du noch.
Ich stand in deiner Tür. Ich war dein Bruder.
Streckt die Hand aus. Der Bruder nimmt sie nicht.
Aber mein Bruder hatte keine Hand frei.
Ich bin dein Bruder.
KOMMUNIST: Ich hab keinen Bruder.
NAZI: Besser, du machst das Licht aus, Bruder. Der Reichstag
Brennt hell genug und heute ist die Nacht
Der Langen Messer.
KOMMUNIST: Und was kriegt der Bluthund?
Mach deine Arbeit. Du kriegst meine Knochen
Wenn deine Fleischer mit mir fertig sind.
Wo sind sie. Hast du sie gleich mitgebracht.

NAZI: Ich hab sie mitgebracht. Willst du sie sehn.
Das sind sie. *Reißt sich die Jacke herunter, zeigt seinen Rücken, mit alten Narben bedeckt.*
Kennst du die Handschrift. Sie
Ist noch zu lesen. Sie war ausgebleicht
Von zwanzig Jahren, aber deine Freunde
Haben sie aufgefrischt, aus Alt mach Neu
Damit mein Bruder was zu lesen hat
Im Urlaub, den sie ihm verordnet haben
Damit er sich erholt vom Kommunismus.

Gandhi und der Brückensprenger lachen.

KOMMUNIST: Bei uns wird nicht geschlagen.
NAZI: Wer ist wir?
Nazi, Gandhi und der Brückensprenger lachen.
Und weißt du noch, wie man ein Spitzel wird.
Der Kurze Lehrgang im Gestapokeller.
Mir war er lang genug. Du hast es leichter.
Am Montag Kommunist, am Dienstag nicht mehr
Weil die Partei sagt, du bists nie gewesen.
Drei Wochen lang haben sie mich behandelt
Ich hab nur Blut gespien und keine Silbe.
Dann die Entlassung. Dann wieder der Keller.
Mein Fleisch war schon ein Fetzen, und kein Name.
Ich kam heraus, mich kannte keiner mehr.
Eine Verhaftung und ich war der Spitzel.
Wer wußte, daß ich nicht gesungen hab.
Und als ich wieder in den Keller ging
In meinem Rücken nur noch meinen Rücken
Ging ich allein, für euch war ich der Spitzel.
Als ich herauskam, wars der Spitzel, der
Herauskam, auf dem Rücken seine Leiche
Die auf dem Rücken andre Leichen trug
Zerfleischt wie meiner und zerfleischt von mir.
KOMMUNIST: Du kannst die Jacke wieder anziehn, Spitzel.
BRÜCKENSPRENGER: Soll ich dem Roten zeigen, wer am Zug ist.
NAZI: Er wirds schon merken, wenn wir draußen sind.

Volkslärm lauter. Wortsalat aus FREIHEIT DEUTSCH TOTSCHLAGEN AUFHÄNGEN.

KOMMUNIST: Warum schießen sie nicht. Das kann nicht
wahr sein. *Trommelt an die Tür.*
Genossen, haltet das Gefängnis. Schießt.
GANDHI: Das hast du nicht gesehn. Das glaubst du nicht.
Willst du die Zeit absitzen, du Idiot.
NAZI: Deine Genossen haben sich verkrochen.
BRÜCKENSPRENGER: Wir werden sie schon finden. Und
dann wird
Geflaggt mit den Genossen. Die Fahne hoch.
Heute wird Platz an jeder Fahnenstange.
NAZI *zu seinem Bruder:* Dich hängen wir auf Halbmast.
KOMMUNIST: Warum hab
Ich jetzt nicht den Revolver, mit dem ich
Dich nicht erschossen hab vor zwanzig Jahren.
Könnt ich die Zeit zurückdrehn.
GANDHI: Nimm das Messer.
Es geht auch mit den Händen. Aber das will
Gelernt sein. Wenn du willst, bring ichs dir bei.
Legt ihm die Hände um den Hals.
NAZI: Die Reue kommt zu spat. Man stirbt nur einmal
Und ich habs hinter mir. Ich bin gestorben
Als ich aus deiner Tür ging in der Nacht
Der Langen Messer und aus deiner Hand
Fiel der Revolver auf die Dielenbretter
Laut wie kein Schuß, den ich gehört hab vor
Und nachher, und die Kugel für den Spitzel
Um die dein Bruder auf den Knien gerutscht war
War noch im Lauf.
KOMMUNIST: Ich brech dir alle Knochen
NAZI: Im Knochenbrechen war ich Spezialist.
Männer, Frauen und Kinder in Orel.
KOMMUNIST: Ich wollte mir die Hand nicht dreckig
machen.
NAZI: Und jetzt klebt Blut dran. Das ist der Lauf der Welt.
Mach dir nichts draus, sie ist ein Schlachthaus, Bruder.
Wenn du was sehn willst hier, was Zukunft hat
Geh lieber gleich in eine Sargfabrik.
Weißt du, wie euer Sozialismus aussieht
Da wo das Herz so frei dem Menschen schlägt.
BRÜCKENSPRENGER: Weil sie nichts auf den Rippen haben,
darum.

KOMMUNIST: Ihr Schweine. Ihr dreckigen Schweine.
GANDHI: Vorsicht
Hier bist du in der Minderheit, Genosse.
NAZI: Hoffentlich klappt es, eh der Russe eingreift.
BRÜCKENSPRENGER: Und wenn. Der Ami läßt uns nicht im Stich.
GANDHI: Gegen den Deutschen sind sie alle einig.
BRÜCKENSPRENGER: Die werden sich wundern, was im Deutschen steckt.
KOMMUNIST: Kann sein, dich wundert nichts mehr, wenns herauskommt.
BRÜCKENSPRENGER: Lump. Vaterlandsverräter.
Russenknecht.
KOMMUNIST: Das hab ich auch schon mal gehört, Kollege.
Wir wurden auf dem Rennsteig transportiert
Aus einem Lager in ein andres Lager
Auf LKWs, bewacht von der SA
Mit Handschelln durch die schöne deutsche Heimat.
Es war im Frühjahr. Alle deutschen Vögel
Waren im Einsatz, und der deutsche Wald
War grün wie nur der deutsche Wald, und nur
Der Wind hatte kein Vaterland und wir nicht.
Unsre Bewacher hatten Durst. Sie hielten
An jedem dritten Ausschank, tankten Bier
Schlugen ihr Wasser ab und tankten wieder.
Für uns hatten sie sich was ausgedacht.
Bei jedem Halt führten sie uns dem Volk vor
Zum Anspein. Seht die Vaterlandsverräter.
Der deutschen Mutter wollen sie das Kind
Wegnehmen und dem deutschen Mann die Frau.
Und weiter im Gesangbuch. Und sie kamen
Kinder im Bauch und Kinder auf dem Arm
Und spien uns ihren Speichel ins Gesicht
Wir konntens nicht wegwischen mit den Handschelln.
Und vor die Kinder mußten wir uns hinknien,
Beim dritten Halt konnt ich vor deutschem Speichel
Die schöne Heimat nicht mehr sehn.
Gandhi und der Brückensprenger lachen.
Und mit geschlossnen Augen sah ich mehr.
Ich sah die deutschen Vögel scheißen auf
Den grünen deutschen Wald in Formation

Und ihre Scheiße explodierte und
Das Grün war Asche hinter ihrem Flug.
Die deutschen Kinder krochen aus den Bäuchen
Der deutschen Mütter, rissen mit den Zähnen
Den deutschen Vätern die deutschen Schwänze aus
Und pißten auf die Wunde mit Gesang.
Dann hängten sie sich an die Mutterbrust
Und soffen Blut, solang der Vorrat reichte.
Und dann zerfleischten sie sich eins das andre.
Zuletzt ersoffen sie im eignen Blut.
Weil es der deutsche Boden nicht mehr faßte.

NAZI: Singst du den alten Psalm. Was siehst du jetzt.

Spuckt ihm ins Gesicht. Volkslärm wird leiser und entfernt sich schnell. Geräusch von Panzern. Klopfchor aus.

BRÜCKENSPRENGER: He. Habt ihr das gehört.

NAZI: Verdammt.

GANDHI: Was ist das.

KOMMUNIST: Das sind die Panzer. Der Spuk ist vorbei.
Und ihr bleibt, wo ihr hingehört.

NAZI: Mit dir.
Hörst du sie gern, die Internationale
Wenn sie gesungen wird mit Panzerketten.

KOMMUNIST: So gern wie heute hab ich sie nie gehört
Gesungen von den Panzerketten, Spitzel.

BRÜCKENSPRENGER: Und gleich kannst du die Engel singen hörn.
Wenigstens einer soll dran glauben heute.

GANDHI: Der wills nicht anders. Seinen Kommunismus
Erlebt er sowieso nicht.

KOMMUNIST: Wer bin ich.

Die drei stürzen sich auf ihn.

NACHTSTÜCK

Auf der Bühne steht ein Mensch. Er ist überlebensgroß, vielleicht eine Puppe. Er ist mit Plakaten bekleidet. Sein Gesicht ist ohne Mund. Er betrachtet seine Hände, bewegt die Arme, probiert seine Beine aus. Ein Fahrrad, von dem Lenkstange oder Pedale oder beides oder Lenkstange, Pedale und Sattel entfernt worden sind, fährt von rechts nach links schnell über die Bühne. Der Mensch, der vielleicht eine Puppe ist, läuft hinter dem Fahrrad her. Eine Schwelle fährt aus dem Bühnenboden. Er stolpert darüber und fällt. Auf dem Bauch liegend sieht er das Fahrrad verschwinden. Die Schwelle verschwindet von ihm ungesehn. Wenn er aufsteht und sich nach der Ursache für seinen Sturz umsieht, ist der Bühnenboden wieder glatt. Sein Verdacht fällt auf seine Beine. Er versucht sie sich im Sitzen auszureißen, in der Rückenlage, aus dem Stand. Die Ferse am Gesäß, den Fuß mit beiden Händen packend, reißt er sich das linke Bein aus, dabei aufs Gesicht gefallen in der Bauchlage das rechte. Er liegt noch auf dem Bauch, wenn das Fahrrad von links nach rechts langsam an ihm vorbei über die Bühne fährt. Er bemerkt es zu spät und kann es kriechend nicht einholen. Sich aufrichtend und seinen schwankenden Rumpf mit den Händen abstützend, macht er die Entdekkung, daß er seine Arme zur Fortbewegung gebrauchen kann, wenn er den Rumpf in Schwung bringt, nach vorn wirft, mit den Händen nachgreift usw. Er übt die neue Gangart. Er wartet auf das Fahrrad, erst am rechten, dann am linken Portal. Das Fahrrad kommt nicht. Der Mensch, der vielleicht eine Puppe ist, reißt sich, den rechten mit der linken und den linken mit der rechten Hand, gleichzeitig beide Arme aus. Hinter ihm fährt bis in Kopfhöhe die Schwelle aus dem Bühnenboden, diesmal, damit er nicht fällt. Vom Schnürboden kommt das Fahrrad und bleibt vor ihm stehen. An die kopfhohe Schwelle gelehnt betrachtet der Mensch, der vielleicht eine Puppe ist, seine Beine und Arme, die weit verstreut auf der Bühne herumliegen, und das Fahrrad, das er nicht mehr gebrauchen kann. Er weint mit jedem Auge eine Träne. Zwei Beckett-Stachel in Augenhöhe werden von rechts und links hereingefahren. Sie halten am Gesicht des Menschen, der vielleicht eine Puppe ist, er braucht nur den Kopf zu wenden, einmal nach rechts, einmal nach links, den Rest besorgt der Stachel. Die Stachel werden hinausgefahren, jeder ein Auge auf der Spitze. Aus den leeren Augenhöhlen des Menschen, der vielleicht eine Puppe ist, kriechen Läuse und verbreiten sich schwarz über sein Gesicht. Er schreit. Der Mund entsteht mit dem Schrei.

TOD IN BERLIN 1

Ein Armenkirchhof ragt, schwarz, Stein an Stein.
Die Toten schaun den roten Untergang
Aus ihrem Loch. Er schmeckt wie starker Wein.
Sie sitzen strickend an der Wand entlang
Mützen aus Ruß dem nackten Schläfenbein
Zur Marseillaise, dem alten Sturmgesang. (Georg Heym)

TOD IN BERLIN 2

Krebsstation. Hilse. Der junge Maurer.

JUNGER MAURER: Wie gehts dir, Alter
HILSE: Wenn du mich fragst, mir
Gehts nicht gut. Aber ich bin bloß die Hälfte
Von mir, die andre hat der Krebs gefressen.
Und wenn du meinen Krebs fragst, dem gehts gut.
JUNGER MAURER: Das hab ich nicht gewußt. Ich hab gedacht
Das sind die Steine, die sie auf dem Bau
Auf deinen Knochen abgeladen haben
Vor vierzehn Tagen, weil du nicht gestreikt hast.
HILSE: Das hab ich auch gedacht. Jetzt weiß ichs besser.
Wenn du dich erst einläßt mit den Weißkitteln.
Die finden was. Die lassen keinen aus.
JUNGER MAURER: Scheiß auf den Krebs. Der hört auch wieder auf.
HILSE: Du bist kein Doktor. Du brauchst nicht zu lügen.
Wir sind eine Partei, mein Krebs und ich.

Hier meine Hand greift keine Kelle mehr.
Mein letztes Bier stinkt auf den Rieselfeldern
Soll ich dir sagen, was ich noch mal möchte.
Das ist das einzige auf der Welt, mein Junge
Wovon du nicht genug kriegst. Meine Hand drauf.
Mir kannst dus glauben. Ich hab alles durch.

JUNGER MAURER: Ja.
Was soll ich machen. Sie ist eine Hure.
Ich hab gedacht, sie ist die Heilige Jungfrau.
Und angegeben mit ihr wie ein Idiot
Und keiner hat mir was gesagt und alle
Habt ihrs gewußt, du auch, und krumm gelacht
Habt ihr euch über den Idioten, der
Sich eine Hure aus dem Rinnstein fischt
Und präsentiert sie als die Heilige Jungfrau.
Habt ihr ihn alle dringehabt bei ihr.
Weißt du, was das für ein Gefühl ist, Alter
Wenn du mit einem Engel durch Berlin gehst
Du denkst, sie ist ein Engel, schön wie keine
Die du gehabt hast vor ihr, und ich kann sie
Nicht an den Fingern abzähln, aber so
War keine, wenn du ihre Beine siehst
Zum Beispiel, bist du schon besoffen, und
Jetzt gehst du durch Berlin mit ihr und alles
Was einen Schwanz hat, dreht sich um nach ihr und
Bei jedem, der sich nach ihr umdreht, denkst du
Vielleicht hat er ihn dringehabt bei ihr.
Wenn dir zum Beispiel einer sagt, deine
Partei, für die du dich geschunden hast
Und hast dich schinden lassen, seit du weißt
Wo rechts und links ist, und jetzt sagt dir einer
Daß sie sich selber nicht mehr ähnlich sieht
Deine Partei, vor lauter Dreck am Stecken
Du gehst die Wände hoch und ohne Aufzug.
KOMM ZU MIR AUS DEM RINNSTEIN. Gestern hat sies mir
Gesagt. Alles. Und ich hab nicht gewußt
Bis gestern, wie lang eine Nacht ist. Und jetzt
Kommt das Verrückte: alles ist wie vorher.
Ich bin besoffen, wenn ich sie bloß anseh.
KOMM ZU MIR AUS DEM RINNSTEIN. Bloß

manchmal wird mir
Ein Messer umgedreht zwischen den Rippen.
KOMM ZU MIR AUS DEM RINNSTEIN. Ich hab sie gefragt
Ob sie schon eine Leitung legen kann
WASSER FÜR CANITOGA Schwanz an Schwanz.
Frag mich warum. Weißt du, was sie gesagt hat.
„Ich hab sie nicht gezählt." – Was soll ich machen.
Sie kriegt ein Kind. Sie sagt, es ist von mir.
HILSE: Hast du sie mitgebracht.
JUNGER MAURER: Sie wartet draußen. *Ab.*

Herzton. Das Sterben beginnt. Der junge Maurer kommt zurück mit dem Mädchen.

HILSE: Die rote Rosa. So trifft man sich wieder.
Hat dir die Spree das Blut schon abgewaschen.
Bleich siehst du aus. Haben sie dir zugesetzt
Die Ratten im Landwehrkanal. Die Hunde.
Die feigen Hunde. Die sind schlimmer als
Die Ratten. Und ich wett mit jedem, du
Warst lieber zwischen den Abwässern aus
Den Knochenmühlen wo dich jeder kennt als
Im EDEN. Ja, so sieht ihr Paradies aus.
Das Paradies der Schieber und der Schlächter.
MÄDCHEN: Was redet der.
JUNGER MAURER: Ich sags dir nachher. Laß ihn.
HILSE: Das Wasser hat dich nicht behalten, Rosa.
Und wenn sie aus uns allen Seife machen
Dein Blut wäscht ihnen keine Seife ab.
Wars kalt im Schauhaus. Weißt du auch, Genossin
Daß ich dich aus der Nähe erst gesehn hab
Ich meine so wie jetzt, im Januar
Als deine Augen blind warn, auf der Bahre.
Wir gingen dran vorbei zwölf Stunden lang
Dann hinter euren Särgen durch Berlin
Und kein Wort und der Himmel war aus Blei.
Jetzt siehst du jünger aus. *Verschmitzt:* Ich weiß warum.
Erkennst du mich. Ich bin der ewige Maurer.
Die Pyramiden in Ägypten, eine
Festung gegen die Zeit, sind meine Handschrift.
Rom hab ich auch gebaut, auf sieben Bergen

Nach jedem Brand neu und nach jedem Krieg neu.
Das Kapitol zum Beispiel und die Säule
An der sich Cäsar ausgeblutet hat
Die dreiundzwanzig Messer in den Rippen.
Und dann die Wolkenkratzer in New York.
Und immer war es für die Kapitalisten
Zehntausend Jahre lang. Aber in Moskau
War ich zum erstenmal mein eigner Chef:
Die Metro. Hast du sie gesehn. Und jetzt
Hab ich die Kapitalisten eingemauert
Ein Stein ein Kalk. Wenn du noch Augen hättest
Könntst du durch meine Hände scheinen sehn
Die roten Fahnen über Rhein und Ruhr.
JUNGER MAURER: Du mußt was sagen. Irgendwas.
Der stirbt jetzt.
MÄDCHEN: Ich kann sie ohne Augen sehn –
Der junge Maurer souffliert.
Genosse.
Die roten Fahnen –
Der junge Maurer souffliert.
Über Rhein und Ruhr.
Der sterbende Maurer lächelt.
HILSE: Ists euch zu still draußen in Friedrichsfelde.
MÄDCHEN: Nein. Manchmal hören wir die Kinder spielen.
Sie spielen Maurer und Kapitalist.
HILSE *lacht:* Und keiner will der Kapitalist sein.
MÄDCHEN: Ja.

Der Herzton hat aufgehört. Stille.

(1971)

Die Schlacht

PERSONEN

Die Nacht der Langen Messer

A
B

Ich hatt einen Kameraden

SOLDAT 1
SOLDAT 2
SOLDAT 3
SOLDAT 4

Kleinbürgerhochzeit

MANN
FRAU
TOCHTER
HITLER

Fleischer und Frau

MANN
FRAU
TRUPPFÜHRER
KUNDIN
KUNDE
SA-LEUTE

Das Laken oder die unbefleckte Empfängnis

MANN
SOLDAT
JUNGE FRAU
ALTE FRAU
SS-MANN 1
SS-MANN 2
KOMMANDEUR } der Roten Armee
2 SOLDATEN }

DIE NACHT DER LANGEN MESSER

A:
Und als die Nacht war Tag vom Reichstagsbrand
Stand in der Tür mein Bruder, und ich gab ihm nicht die Hand.
B:
Ich bin dein Bruder.
A: Bist du der.
Und wenn du der bist, warum kommst du her
Vor mein Gesicht mit deinen Händen rot
Vom Blut der Unsern. Wärst du dreimal tot.
B:
So will ichs, Bruder, darum komm ich her.
A:
Nennst du mich Bruder. Und ich bins nicht mehr.
Zwischen uns geht ein Messer, das heißt Verrat,
Und der bist du, der das geschmiedet hat.
B:
Und ich bin der, und meine Hand ist rot,
Gib mir, was ich dich bitte, meinen Tod.
Du siehst mit Augen, was sie aus mir gemacht.
Ich will es nicht mehr sein nach dieser Nacht.
A:
Sagte mein Bruder, der es nicht mehr war,
Sondern ein Schandfleck und eine Gefahr.
Sie hatten ihn gequält in ihren Kellern
Und ging im Braunhemd jetzt und aß von ihren Tellern.
Von seiner Hand die Wunden waren frisch,
Jetzt sein Revolver lag auf meinem Tisch.
Machs selber.
B: Könnt ichs, Bruder, wärs getan.
Ich bin nicht der ich war.
A: Was gehts mich an.
B:
Wir sind aus einer Mutter.
A: Kriech zurück.
B:
Mein Platz war neben deinem in der Fabrik.

A:
Ich wollt, der Drehstahl hätte dich zerrissen.
Was aus dir wird, ich hätt es wissen müssen.
B:
Beim Generalstreik war ich auch dabei.
Am Brandenburger Tor im Heilgeschrei
Die Wahrheit unterm Hemd stand ich mit dir.
A:
Dein Hemd ist braun, das ist die Wahrheit jetzt und hier.
B:
Die Wahrheit jetzt und hier. Willst du sie lesen.
Drei Wochen lang bin ich Papier gewesen.
Auf das dein Feind und meiner seine Wahrheit schrieb.
Zieht das Hemd aus. Auf seiner Brust ein Hakenkreuz.
Und was von deinem Bruder übrigblieb
Ist der Verräter.
A: Worauf wartest du.
Mach deine Arbeit, Bruder. Dann sieh zu,
Wie sie mich schinden, und aus gutem Grund.
So oder so, ich mach euch nicht den Hund.
B:
Soll ich dir sagen, wie man aus einem Mann einen Hund macht.
A:
Ich sehs an dir. Du hast es weit gebracht.
Kriech in dein Fell, Hund, draußen bellt die Meute,
Und beiß dir deinen Anteil aus der Beute.

Pause. Geräusch der Stadt.

B:
Ich hab geschwiegen im Gestapokeller.
Als ich herauskam war der Tag nicht heller.
Ihr seid an mir vorbeigegangen, fremd.
Mein Blut war noch nicht trocken unterm Hemd.
Für euch hatt ich den Buckel hingehalten, jetzt
War für mich der Schrottplatz da, und der war besetzt.
Beim zweiten Einstand nach drei Wochen Pause
War ich im Keller schon beinah zu Hause.
Den Händedruck ersetzt der Stiefeltritt.
Wenn einer hochging, nahmen sie mich mit
In Schale. Als ob ich der Spitzel wäre.

Jetzt kauf dir was für deine Proletarierehre.
Zieht Braunhemd an.
Mein Kauf war – wo ein Hund ist, ist ein Fell –
Das Braunhemd, rechtsum dreht das Karussell
Und Stiefel sind was, du bist nicht allein
Du schwingst den Knüppel und die andern schrein.
Das war. Ich hab mir auf den Grund gesehn.
Die Nacht der Langen Messer fragt wer wen.
Ich bin der eine und der andre ich.
Einer zuviel. Wer zieht durch wen den Strich.
Nimm den Revolver, tu was ich nicht kann
Daß ich kein Hund mehr bin, sondern ein toter Mann.

A:

Und als die Unsern in den Kellern schrien
Die Langen Messer schnitten durch Berlin
Hab ich getötet den Verräter, meinen Bruder, ihn.

ICH HATT EINEN KAMERADEN

Vier Soldaten. Schnee.

SOLDAT 1:
  Kameraden, ich kann den Feind nicht mehr sehn.
SOLDAT 2:
  Das ist der Hunger.
SOLDAT 3: Das sind die Schneewehn.
SOLDAT 4:
  Der Feind ist überall.
SOLDAT 2: Mit leerem Magen
  Hab ich nur einen Feind.
SOLDAT 4: Was willst du damit sagen.
SOLDAT 2:
  Daß ich kein Fleisch gesehn hab seit vier Wochen.
SOLDAT 3:
  Ein Königreich für einen Pferdeknochen.
SOLDAT 4:
  Wir hungern für Deutschland.
SOLDAT 2: Was heißt hier Deutschland. Vielleicht
  Sind es nur noch wir vier.
SOLDAT 4: Einer zu viel.
SOLDAT 2 *zielt auf 4:* Das reicht.
SOLDAT 4:
  Ich meine, wir sind Kameraden. Das heißt
SOLDAT 2:
  Der eine frißt was der andere scheißt.
SOLDAT 4:
  Besser drei volle Mägen als vier leere
  Die Treue ist das Mark der Ehre.
SOLDAT 3 *nickt:*
  Einer für alle.
SOLDAT 2: Bleibt die Frage: wer.

Soldat 2, 3, 4 zielen aufeinander.

SOLDAT 1:
  Kameraden, ich kann das Gewehr nicht mehr halten.

Soldat 2, 3, 4 setzen die Gewehre ab und sehen einander an. Pause.

SOLDAT 4: Gib her
Ich halt es für dich, Kamerad.
Nimmt 1 das Gewehr ab und erschießt ihn.
SOLDAT 4: Er war
Unser schwächstes Glied und eine Gefahr
Für den Endsieg. Jetzt aus Kameradschaft
Verstärkt er unsre Feuerkraft.

Soldat 2, 3, 4 essen 1 auf. Lied „Ich hatt einen Kameraden".

…wendet: Balke hat die
…auslöffeln.
… den Ofen gegan–

KLEINBÜRGERHOCHZEIT

Mann, Frau, Tochter, Hitlerbild.

MANN:
Meine Lieben, es ist fünf Minuten vor zwölf
Zeit daß ich uns aus dem Leben helf
Nach dem Beispiel das der Führer gegeben hat
Denn morgen steht der Feind in unsrer Stadt.
Und wer will in der Schande leben.
TOCHTER: Ich.
MANN:
Nimm das zurück oder ich verstoße dich.
Ein deutsches Mädchen. Ich kann es kaum fassen.
TOCHTER:
Verstoß mich, Papa.
MANN: Das könnte dir passen.
Das ist nicht meine Tochter, ich weiß es genau.
Mit wem hast du mich betrogen, Frau.
FRAU:
Ich will auf der Stelle tot umfallen hier
MANN:
Das wirst du erleben.
Zur Tochter: Und jetzt zu dir:
Hast du mir etwas zu sagen.
TOCHTER: Ja.
Bitte austreten zu dürfen, Papa.
MANN:
Man muß sich beherrschen können, der Mensch ist kein Tier.
Es wird nicht ausgetreten. Nicht bei mir.
Was sollen unsre tapferen Feldgrauen sagen.
Die müssen sich noch ganz anderer Dinge entschlagen.
Aus dir bellt der innere Schweinehund.
Da heißt es hart bleiben. Aus diesem Grund –
Frau, hol die Leine – werd ich dich jetzt
An den Stuhl binden.
Tochter heult. Maulhalten und hingesetzt.
TOCHTER: Aber, Papa, wenn ich muß.

MANN: Das wird sich finden.
Zur Frau:
Wir müssen der Person das Maul verbinden.
Ein Handtuch. – Und jetzt zur Tat.
Der Führer ist tot, leben ist Hochverrat.
Setzt der Tochter den Revolver an die Schläfe, drückt ab. Kein Schuß.
Verdammt, ich hab sie vergessen zu laden.
Lädt und erschießt die Tochter.
Weg mit Schaden.
FRAU *schreit:* Nein.
MANN: Hör auf zu schrein.
Denk an den Führer: lieber tot als rot.
Das Schönste im Leben ist der Heldentod.
Gleich bist du hinüber. Ich komme nach.
Erschießt die Frau, setzt sich den Revolver an die Schläfe, setzt ihn wieder ab, blickt in die Mündung, auf die Toten, dreht sich weg, setzt wieder an und wieder ab usw.
Aus dem Hitlerbild tritt Hitler. Gruß.
Mein Führer. Er ist es. Mir werden die Knie schwach.
Versteckt den Revolver vor Hitler. Hitler droht mit dem Finger.
Wo ist mein Revolver. – Ich weiß wie ichs mach.
Dreht das Hitlerbild um. Hitler verschwindet.
Wo ein Ende war wird ein Anfang sein.
Der Starke ist am mächtigsten allein. *Ab.*

Im Braunhemd auf dem grünen Zweig

Kleinstadtfleischerei. Der Mann zieht seinen Fleischerkittel aus und eine SA-Uniform an. Die Frau nimmt ihm die Kleidungsstücke ab und reicht ihm die Uniformteile zu.

FRAU: Seit du in der SA bist, hab ich keine ruhige Minute. Das steht bis auf die Straße für zweihundert Gramm, und keinem gehts schnell genug.

MANN: Daß ich in die SA gegangen bin, ist Dienst am Kunden. Wir hätten kein Fleisch am Haken. Und dein Bett wär auch leer, hab ich recht.
Besser braun als feldgrau.

FRAU: Ich sag ja nichts.

MANN *malt sich ein Hakenkreuz auf die Stirn, die Frau hält den Spiegel:* Ein feindliches Bombenflugzeug ist bei der Stadt abgestürzt, im Wäldchen am Fluß, ein Amerikaner.

FRAU: Den sollt ihr wohl gefangennehmen.

MANN: Was weiß ich.

SA marschiert

Deutscher Wald. SA marschiert. Geräuschkulisse des deutschen Faschismus: Reden Heil Saalschlacht Kristallnacht Krieg.

Heinz ist gewachsen / Bis zuletzt am Maschinengewehr / Siegfried kommt nach mir / Gestern kam der Brief / Dreimal operiert es ist die Galle / Im Osten stehts nicht gut / Kannst du was lockermachen, meine Älteste hat Verlobung / Bis zuletzt am Maschinengewehr / Ich kanns nicht machen / Gestern kam der Brief / Hast du gesagt im Osten stehts nicht gut / Trink mein Bier, kommt eine herein, rothaarig / Vielleicht kann ichs machen / Aber zu meiner Frau kein Wort / Kennst du den: ein Jude geht in Puff. Sagt die Wirtin: Sie können jetzt nicht rauf, Goebbels ist oben. Sagt der Jude / Teilung Halt / Der hat sein Fett / Den Arsch aufreißen / Rübe ab / Der ist halb verbrannt / Vielleicht ein Neger / Alles Juden …

Pause, in der nur das Stöhnen des verwundeten Piloten zu hören ist.

TRUPPENFÜHRER: Das schlägt in dein Fach, Sabest, du bist Fleischer.

Vom Amerikaner

Fleischerei. Fleischer und Frau. Kunden.

KUNDIN: Mein Mann läßt sagen: Herzlichen Glückwunsch, Herr Sabest, zum Verdienstkreuz. Der Herr Sabest, wenn der an der Front wär, tät aus den Russen Beefsteak machen. Drei Schnitzel.
KUNDE: Die Heimat braucht auch Männer, was, Frau Sabest.
FRAU: Mein Mann ist krank. Sonst wär er nicht mehr hier. Vom Schwein?
KUNDE *lacht:* Vom Amerikaner.

Fleischers Traum

Das Innere eines Tieres / Menschen. (Wald aus Eingeweiden.) Blutregen. An einem Fallschirm hängt überlebensgroß eine Puppe, die mit dem Sternenbanner bekleidet ist. Ebermasken in SA-Uniform schießen auf die Puppe, erst nacheinander, dann gleichzeitig. Aus den Einschußlöchern rieselt Sägemehl. (Die Schüsse ohne Laut bzw. mit Schalldämpfer.) Wenn die Puppenhülle leer ist, wird sie vom Fallschirm gerissen und zerfetzt. Tanz der Ebermasken. Sie stampfen die Fetzen in das Sägemehl.

Die Frau

FRAU:
Swar im April, nachts, ich wach auf vom Schießen
Und seh im Feuerschein das leere Bett.
Ich weiß auch gleich, er ist dem Toten nach
Dem Amerikaner, weil der Russe kommt.
Ich denk, vielleicht ists gut so, morgen ist
Der Russe hier und besser Witwe als
Die Frau von einem der unterm Messer lebt.

Dann steh ich auf: was mach ich ohne Mann
Den Laden halt ich nicht und wer soll schlachten
Das Fleisch abladen ist auch Männerarbeit
Und die Kinder sind auch da. Ein Mann hat leicht
Ins Wasser gehn wenn er nicht weiter weiß
Und ich steh da, drei Kinder auf dem Hals
Und kann noch froh sein, wenn ich keins im Bauch hab
Wer gibt mir was.

Im Hemd ihm nachgerannt den Weg am Fluß
Den Schlüssel nicht vergessen, die Haustür zu
Und mich gefragt im Rennen: Warum rennst du
Kehr um Bleib stehn Lauf langsam Was kommt kommt
Hast du den Amerikaner umgebracht
Freiwillig oder nicht, er hats getan
Wenn du ihn einholst jetzt was hast du gewonnen
Wenn du zu spät kommst was hast du verlorn.
Aber als ob sie nicht zu mir gehörn
Die Beine rennen weiter. Dann
Hör ich ihn stolpern durch das harte Schilf
Aufs Tiefe zu, den Toten im Genick.
Ich denke noch: gut daß er nicht schwimmen kann
Da stirbt sichs leichter. Dann hör ich ihn brülln
Im Ersaufen.
Damals was hätt er machen solln als schießen.
Der Laden ging auch gut nachdem, die halbe
SA gab sich die Klinke in die Hand
Blut fängt Fliegen. Aber das ist auch wahr:
Er hätt sich nicht abjagen brauchen jetzt
Nach einem schnellen Tod und über Nacht mich
Zur Witwe machen, weil der Russe kommt
Hätt er den Amerikaner nicht erschossen
Der hatte auch Befehl und Krieg ist Krieg.
Wer konnte wissen daß es anders kommt
Eh Gras wächst über den, ein Sieg nach dem andern.
Und jetzt ists so gekommen und er stirbt jetzt.
Das soll vorbei sein. Warum bleib ich stehn
Halt mit den Händen meine Beine fest
Daß ich nicht losrenn und helf ihm heraus.
Er ist mein Mann. Daß ich mit ihm sterb, weil ich

Mit ihm gelebt hab war nicht ausgemacht.
Ich bin ihm eine gute Frau gewesen
Der Laden und der Haushalt und die Kinder
Und immer noch die Beine aufgemacht
Wann ers gewollt hat. Und wie seh ich aus.
Hände wie Reibeisen, Hornhaut auf den Knien.
Meine besten Jahre. Wem bin ich was schuldig.
Er kann nicht schwimmen. Ich hol ihn heraus.
Wenn er mich mitnimmt, was wird aus den Kindern.
Kann sein, wenn ich ihn aus dem Wasser zieh
Daß ich ihn unters Beil schlepp. Warum ich.
Jetzt wirds auch wohl zu spät sein. Alles still.
Das Schießen wird schon laut. Das ist der Russe.
Besser ich weiß von nichts. Heim eh es hell wird.
Die Fische werden ihn nicht fressen. Mann.
Wenn er gefunden wird, ich weiß von nichts.
Vielleicht ists nicht zu spät. Ich hol ihn.

Kampf im Wasser

Ich hab ihn umgebracht. Er oder ich.
Das Wasser wärs gewesen ohne mich auch.
Und jetzt bin ichs die ihm den Weg gezeigt hat.
Wenn mir der Mann den Hals abreißt, muß ich
Stillhalten. Die Kinder sind auch da. Tot ist tot.

DAS LAKEN ODER DIE UNBEFLECKTE EMPFÄNGNIS

Berlin 1945. Ein Keller. Zwei Frauen auf Koffern.

EIN MANN *kommt:*
Da steht der Russe. Hier steht die SS.
Am Eck die Fleischerei ist ausgebrannt.
Die guten Schinken.

Schlachtlärm. Ein Soldat stürzt herein, reißt sich die Uniform vom Leib.

DER SOLDAT: Habt ihr was gesehn?
Schweigen.
DER MANN: Das schmeckt nach Hochverrat.
DER SOLDAT: Ich brauch Zivil.
DER MANN *zu der jungen Frau:*
Geh nachsehn, ob der Russe vorgeht.

Die junge Frau kriecht aus dem Keller. Schweigen. Die junge Frau kommt zurück.

JUNGE FRAU: Ja.

Der Mann wirft dem Soldaten eine Jacke zu.

DER MANN: Ein Laken.
ALTE FRAU: Nicht von meinen.
JUNGE FRAU: Hab ich mehr?
DER SOLDAT *zur alten Frau:*
Dein Laken wärmt dich nicht, Frau, wenn du kalt bist.
ALTE FRAU: Und die SS, wenn die das hängen sehn
Hängt uns.
DER MANN: Das ist auch wahr. Da helf sich einer.

Schlachtlärm.

DER SOLDAT: Was da herankommt, ist nicht die SS.
DER MANN: Kamerad, du hast die Tapferkeit gelernt.
Zeig, daß du was gelernt hast. Frau, das Laken.

Die Frauen geben Laken heraus. Der Mann gibt eines an den Soldaten weiter.

DER SOLDAT: Ich mach, was ihr gewollt habt.
DER MANN: Ja. Machs schnell.

Der Soldat geht mit dem Laken hinaus und kommt zurück mit leeren Händen. Zwei SS-Männer treten in den Keller, das zerrissene Laken am Boden nachschleifend.

SS-MANN 1: Was siehst du, Kamerad?
SS-MANN 2: Zwei Hochverräter.
SS-MANN 1 *richtet die Maschinenpistole auf den Kameraden:*
Zwei?
SS-MANN 2 *nimmt die Hände hoch:*
Vier.
SS-MANN 1: Was steht auf Hochverrat?
SS-MANN 2 *grinst und zieht einen Strick aus der Tasche:*
Der Strick.
DER MANN: Ihr Herren, uns laßt aus. Der ists gewesen. *Er zeigt auf den Soldaten.*
DER SOLDAT *zeigt auf den Mann:*
Ich hab gemacht, was der gewollt hat.
DER MANN: Ich
Habs nicht gewollt.
ALTE FRAU: Wir haben nichts gewollt.

Schlachtlärm. Die SS-Männer stürzen sich auf den Soldaten und schleifen ihn hinaus. Der Soldat schreit.

JUNGE FRAU: Hört wie er schreit.
ALTE FRAU: Nicht mehr.
DER MANN: Ich hol die Jacke.
Der Mann kriecht aus dem Keller und kommt schnell zurück.
Der Russe kommt. Was läuft, ist die SS.
Die Jacke haben sie ihm ausgezogen.

Zwei Soldaten und ein Kommandeur der Roten Armee treten in den Keller, die Soldaten mit dem Leichnam des Deserteurs, den sie auf das Laken legen.

KOMMANDEUR *nimmt den Helm ab:*
Hitler kaputt jetzt Frieden.
Die Soldaten nehmen ebenfalls die Helme ab.
Sohn?
DER MANN: Sohn.

Die alte Frau nickt heftig.

KOMMANDEUR: Chljeb.

Einer der Soldaten gibt der alten Frau ein Brot. Der andere Soldat nimmt ebenfalls ein Brot aus dem Beutel, bricht es über sein Knie und teilt mit dem ersten. Der Kommandeur und die Soldaten salutieren und gehen aus dem Keller. Über dem Toten beginnt der Kampf der Überlebenden um das Brot.

Leben Gundlings Friedrich von Preußen Lessings Schlaf Traum Schrei

Ein Greuelmärchen

Anmerkung: Friedrich II kann von einer Frau dargestellt werden oder als Prinz von einem (jungen) Mann, als König von einer Frau. Im zweiten Fall stellt der Darsteller des Prinzen Friedrich auch den Kleist in der Pantomime dar. Gundling, Psychiater, Schiller, Lessing 1 (Schauspieler, der zu Lessing geschminkt wird) und Lessing 2 (Lessing in Amerika) vom gleichen Darsteller, Lessing 3 (Apotheose) vom Darsteller des Prinzen Friedrich und Kleists.
Die Teile des Lessing-Triptychons sollten nach Möglichkeit nicht auf einem Schauplatz nacheinander, sondern überlappend aufgebaut werden: während der Schauspieler zu Lessing geschminkt wird, wird der Autofriedhof aufgebaut; während Emilia Galottis und Nathans Rezitation schütten die Bühnenarbeiter (Theaterbesucher) über dem Spartacus-Torso den Sandhaufen auf.
Nach dem Irrenhaus-Bild können Schauspieler in einem improvisierten Schäferspiel eine bessere Welt entwerfen.

LEBEN GUNDLINGS

Garten in Potsdam. Tafel. Friedrich Wilhelm mit dem Knaben Friedrich als Leutnant, Offiziere, Gundling. Bier und Tabak. Mond.

GUNDLING: ... und erhellt die Weisheit der von Majestät verfügten Maßnahmen, das Verbot der ausländischen Zeitungen auf dem Territorium Ihrer Majestät betreffend, schon allein aus dem Umstand, daß die Welt, als von einem Gott geschaffen, nach Vernunftgründen nur einen Mittelpunkt haben kann, als welcher in Preußen befindlich, sozusagen mit Verlaub unter dem Königlichen Hintern Seiner Allergnädigsten Majestät, von Gottes Gnaden Friedrich Wilhelm.

Friedrich Wilhelm furzt. Friedrich hält sich demonstrativ die Nase zu.

Also hat Gott die Welt erschaffen. Als welche zuerst ganzförmig.

FRIEDRICH: Sie stinkt immer noch.

FRIEDRICH WILHELM: Was untersteht Er sich, Flegel. Ich werd Ihm Manieren beibringen, Französling. Die Nase rümpfen vor den Fürzen Seines Vaters! Hat Er keinen Familiensinn. Er ist nicht in Versailles, wo alles drunter und drüber geht. Hab ich die Nase aufgehoben, wenn Er in Seiner Scheiße lag? Ein Preuße hält seine Familie in Ehren, dick oder dünn. Halt Er sich grade. Und die Hände auf dem Tisch. Spielt Er wieder am Beinkleid. Die Hände des Soldaten sind an der Hosennaht befindlich, bei Tafel auf dem Tisch.

Friedrich verschränkt die Arme vor der Brust.

Versteckt Er Seine Flöte, Hundsfott. *Reißt Friedrich die Flöte aus dem Uniformrock, zerbricht sie überm Knie.* Er kriegt die Stelle, Gundling, zweihundert Taler jährlich, Er ist Patriot. Wird Er Seinen Einstand geben? Ich hab ein Volk zu ernähren, ich muß knauserig sein. Und hab mir zweihundert Taler von den Rippen geschnitten für Ihn aus Liebe zur Wissenschaft.

Gundling zählt Geld auf den Tisch. Diener bringen Bier.

Auf den neuen Präsidenten der Königlichen Akademie, Jakob Paul Freiherrn von Gundling.

Friedrich Wilhelm, Offiziere, Gundling trinken.

OFFIZIER: Hat Er nur einen Titel, Gundling?
GUNDLING *zählt Geld auf den Tisch:* Ich wollt, ich hätte keinen.

Bier. Offiziere trinken.

OFFIZIER 2: Das war der Appellationsrat. Wo bleibt der Zeremonienmeister.
OFFIZIER 3: Und der Kammergerichtsrat.
OFFIZIER 4: Und der Geheime.

Friedrich Wilhelm lacht. Gundling leert seine Taschen auf den Tisch usw.

OFFIZIER 1: Gundling, wer hat Ihm das Horn aufgesetzt.
OFFIZIER 2: Hat Ihm sein Eheweib die Leviten gelesen, weil Er wieder besoffen war.
GUNDLING: Das Los der Weisen, meine Herrn. Ich erinnere Sie nur an Sokrates, den Vater der Philosophie.
OFFIZIER 1: So hat Ihm sein Vater das Horn aufgesetzt.

Friedrich Wilhelm hält Friedrich die Ohren zu.

OFFIZIER 2: Besser der Vater dem Sohn als der Sohn dem Vater.

Offiziere lachen.

OFFIZIER 3: Wer den Vater nicht ehrt ist die Mutter nicht wert.

Offiziere lachen.

OFFIZIER 4: Gundling, wir haben ein Präsent für Ihn. Ist er ein Mann?
GUNDLING *steht auf, schwankend, greift nach seinem Hosenlatz:* Ich kanns beweisen.

Friedrich Wilhelm hält Friedrich die Augen zu.

OFFIZIER 1: Hier kommt Sein Beweis.

Ein Bär tritt auf. Seine Pfoten sind verkürzt, die Zähne ausgebro-

chen. Gundling rennt eine Runde um den Tisch, der Bär verfolgt ihn. Die Offiziere halten Gundling mit den Degen auf. Der Bär umarmt Gundling.

OFFIZIER 2: Die Braut hat Feuer.

OFFIZIER 3: Eine Haut wie Milch und Blut.

OFFIZIER 4: Schmeckt Ihm die Umarmung?

FRIEDRICH *hoffnungsvoll:* Wird er ihn zerreißen, Papa?

FRIEDRICH WILHELM *lacht:* Nehm Ers als ein Exempel, was von den Gelehrten zu halten. Und für die Regierungskunst, die Er lernen muß, wenn ich zu meinem Gott eingehe, wie der Hofprediger sagt, oder in mein Nichts. Dem Volk die Pfoten gekürzt, der Bestie, und die Zähne ausgebrochen. Die Intelligenz zum Narren gemacht, daß der Pöbel nicht auf Ideen kommt. Merk Er sichs, Er Stubenhocker, mit Seinem Puderquasten und Tragödienkram. Ich will, daß Er ein Mann wird. Kaut Er wieder Seine Nägel? Ich werd Ihm.

Gundling fällt aus der Umarmung auf den Rücken. Bär verbeugt sich, wird von Dienern an einer Kette abgeführt.

GUNDLING *auf dem Rücken:* Ich wollte ich läg auf dem Mist hinter meines Vaters Scheune.

Offiziere lachen.

In England hab ich mit Erzbischöfen lateinisch disputiert. England.

O WHAT A NOBLE MIND IS HERE O'ERTHROWN*.

Offiziere lachen.

Betrachten Sie, meine Herren Studiosi, die Majestät des Firmaments. Und lassen Sie sich das ein Trost sein: es geht auch vorbei. Der Mensch ist ein Zufall, eine bösartige Wucherung. Und was wir Leben nennen, meine Herren Majestäten, ist so etwas wie die Masern, eine Kinderkrankheit des Universums, dessen wahre Existenz der Tod, das Nichts, die Leere. Vorwärts, Preußen!

FRIEDRICH WILHELM *streng:* Gundling, hat Er wieder Ideen.

OFFIZIER 1: Es ist das Delirium.

* Zitat aus Hamlet: „Welch edler Geist ist hier zerstört." (Schlegel-Übersetzung)

OFFIZIER 2: Ich werd ihm einschenken.
OFFIZIER 3: Schad um das Bier. – Das ist die Feuerwehr.

Offiziere pissen auf Gundling.

OFFIZIER 4: Nektar und Ambrosia. Den Seinen gibts der Herr im Schlafe.
FRIEDRICH WILHELM *zu Friedrich:* Ist Ihm keiner gewachsen, Prinz?
FRIEDRICH: Ich kann nicht, Papa.
FRIEDRICH WILHELM: Ha. Ein preußischer Offizier und kann nicht pissen, wenn sein König befiehlt. Ist Er ein Mann? Degradieren den Schlingel. Und knöpft ihm den Latz auf.

Offiziere reißen Friedrich die Epauletten ab. Friedrich weint.

OFFIZIERE: Haha. Er pißt aus den Augen.

1

Friedrich, seine Schwester Wilhelmine, Leutnant Katte spielen Blindekuh. Während Katte mit verbundenen Augen herumtappt, tauschen Friedrich und Wilhelmine die Kleidung. Friedrich und Wilhelmine versuchen einander aus dem Weg zu drängen, wenn Katte auf einen von beiden zugeht. Manchmal wird aus der Berührung ein Streicheln, aus dem Wegdrängen eine Umarmung. Katte gerät an Friedrich, hält ihn, tastet seine (Wilhelmines) Kleider ab, die Perücke, Stirn Augen Mund.

KATTE *unsicher:* Wilhelmine.

Friedrich steht bewegungslos, nur seine Hände zucken. Als er nach Katte greift, ruft

WILHELMINE: Falsch, falsch, falsch. Ich bin hier.

Läuft von hinten an Katte heran, nimmt ihm, indem sie sich schwer an ihn lehnt, die Binde von den Augen.

FRIEDRICH *Wilhelmine ignorierend, gekränkt zu Katte:* Laß uns Tragödie spielen. Ich bin Phädra.

Wilhelmine zieht sich, ihrerseits gekränkt, in eine Ecke zurück, aus der sie ab und zu hervortritt und Friedrich oder Katte auf die Hände schlägt, wenn einer nach dem andern greifen will.

Ja, Prinz, ich schmachte, brenne für den Theseus.
...
Mit dir war ich gerettet und verloren.
KATTE: Was hör ich, Götter! ...
...
FRIEDRICH: Leih mir dein Schwert, wenn du den Arm nicht willst. Gib.*

Friedrich setzt sich Kattes Degen an die Brust. Wilhelmine kommt aus ihrer Ecke, eine rohe Friedrich-Wilhelm-Maske vor dem Gesicht, in Gang und Haltung ihres königlichen Vaters und prügelt mit ei-

* Zitat aus Racine, Phädra II,5 (Übersetzung Schiller) Vollständiger Text des Dialogs siehe S. 38

nem Stock auf Friedrich und Katte ein. Friedrich und Katte binden sie mit Fetzen ihrer (Friedrichs) Kleidung an einen Stuhl. Friedrich setzt ihr Kattes Degen zwischen die entblößten Brüste.

Stirb, mon cher Papa!

Gelächter von Friedrich und Katte.

2

Friedrich mit Augenbinde wird von Soldaten hereingeführt, von der anderen Seite, die Augen unverbunden, aber in Ketten, Leutnant Katte. Hinter Friedrich nimmt das Erschießungskommando für Katte Aufstellung. Zwischen Friedrich und Katte läßt sich der König (Friedrich Wilhelm) auf einen Stuhl nieder, der ihm von zwei Lakaien nachgetragen wird.

FRIEDRICH WILHELM: Mach Er Seinen Frieden mit Seinem Vater im Himmel, Er Hundesohn. Ich helf Ihm hinauf, Sein oberster Kriegsherr und königlicher Vater, den Gott mit Ihm geschlagen hat.

FRIEDRICH *zitternd, leise:* Hundevater.

FRIEDRICH WILHELM: Räsoniert Er. Ich werd Ihm das Arschficken austreiben und das Französischparlieren. Halt Er sich grade. Ich will einen Mann aus Ihm machen und einen König. Und wenn ich Ihm alle Knochen im Leib zerbrechen muß dazu.

KATTE: Mein Prinz.

FRIEDRICH: Ich sehe dich.

Auf ein Zeichen von Friedrich Wilhelm nehmen Soldaten Friedrich die Augenbinde ab. Gleichzeitig werden Katte die Augen verbunden.

KATTE: Ich sterbe für den edelsten Prinzen.

FRIEDRICH *bedeckt die Augen mit den Händen:* Ich kann dich nicht sehn.

FRIEDRICH WILHELM: Zeigt ihm die Bescherung.

SOLDATEN: Ich bin der Weihnachtsmann.

Reißen Friedrich die Hände von den Augen, halten ihm die Augen auf. Erschießung Kattes.

FRIEDRICH WILHELM *steht auf:* Das war Katte.
FRIEDRICH: Sire, das war ich.

3

Projektion (Sprecher): ABER ES GIBT NICHTS SCHLECHTERES ALS DEN MENSCHEN; DAVON SEIEN SIE ÜBERZEUGT MEIN LIEBER (Friedrich II)

Friedrich prügelt fliehende Soldaten in die Schlacht zurück.

FRIEDRICH: Hunde. Wollt ihr ewig leben.
SOLDATEN: Unser Fritz.
Vivat Fridericus Rex Hurrah.

Es wird gestorben.

FRIEDRICH: Ich wollte, ich wäre mein Vater. – Roter Schnee.
Friedrich kotzt.
Les Er mir vor, Catt.

Catt stellt einen Klappstuhl auf, Friedrich setzt sich, Rücken zur Schlacht, Gesicht zum Publikum.

CATT: Den Plutarch?
FRIEDRICH: Racine.

Catt, während die Schlacht fortdauert, liest Racine Britannicus IV.

ACH WIE GUT DASS NIEMAND WEISS DASS ICH RUMPELSTILZCHEN HEISS
oder
DIE SCHULE DER NATION
Ein patriotisches Puppenspiel

Feuerwand, davor Schneetreiben. Durch den Schnee marschieren Soldaten (Puppen) in Wehrmachtsuniform im Stechschritt ins Feuer. Links an der Rampe eine Schultafel, auf die Friedrich II den Soldaten, die aus der Schlacht zurückhumpeln kriechen getragen werden Zensuren schreibt: 5 (ungenügend) für Unversehrtheit oder leichte Verwundung, bessere Noten (4–2) für schwere Blessur bzw. Verlust von Gliedmaßen, 1 (ausgezeichnet) für die Toten.

FRIEDRICH: Auf Wiesen grün
Viel Blumen blühn
Die gelben den Schweinen
Die blauen den Kleinen
Der Liebsten die roten
Die weißen den Toten.

Auf der anderen Seite teilen überlebensgroß John Bull und Marianne die Welt, indem sie mit Messern, die sie aus toten Indianern und Negern herausziehn, an einem Globus Messerstich spielen. Bei jedem Treffer schneidet der Sieger eine Scheibe heraus und verleibt sie sich ein. Satt sehen beide, sich (manchmal einander) den Bauch reibend, rülpsend und furzend dem kleinen Friedrich zu, der mit seinen Soldatenpuppen Krieg spielt. Während das Schneetreiben zunimmt und das Feuer verlischt, erstarrt die Szene. Die Bühne verwandelt sich in ein Geisterschiff, auf dem tote Matrosen den Kapitän an den Mast nageln. Der Film läuft rückwärts, wieder vorwärts, wieder rückwärts. Usw. durch die Jahrhunderte. Musik DAS MUSIKALISCHE OPFER.

HERZKÖNIG SCHWARZE WITWE

Projektion Leda mit dem Schwan (Rubens).
Friedrich holt aus einem Schrank eine Preußenpuppe mit Friedrich-Wilhelm-Maske, wiegt streichelt küßt sie vor dem Spiegel.

FRIEDRICH: Mein Volk.
Ohrfeigt die Puppe, wirft sie auf den Boden, tanzt auf ihr.
Kanaille.

Wirft die Puppe in den Schrank zurück, setzt sich auf einen Stuhl, bohrt in der Nase: Eine vierschrötige Sächsin mit schwarzem Schleier stürzt herein. Friedrich nimmt den Finger aus der Nase und versteckt die Hand hinter dem Stuhl.

SÄCHSIN: Ich bin die Witwe.
FRIEDRICH *springt auf:* Was für eine Witwe.
SÄCHSIN *ihm auf den Pelz rückend:*
Oder das glücklichste von allen Weibern
Wenn Majestät will.
FRIEDRICH *flieht:* Majestät will nicht.
SÄCHSIN *verfolgt ihn durch das Zimmer:*
Nämlich mein Mann, und Vater meiner Kinder
Acht an der Zahl, ist jener Offizier
Aus sächsischen Diensten und durch Übertritt
Aus der Gefangenschaft in preußische Dienste
Preußisch, aus Liebe Deserteur jetzt, weil
Nach Sachsen heim zog ihn sein volles Herz
Hand aufs Herz.
Den zu erschießen Majestät Befehl gab
Am heutigen Morgen nach dem Kriegsrecht, also
Desselben Witwe ich, wenn Majestät
Nicht Gnade walten lassen vor dem Kriegsrecht
Worum auf Knien ich bitte, oder Weib, wenn.
Greift, sich auf die Knie werfend, nach Friedrichs Beinen.
FRIEDRICH *entkommt:*
Sie ist die Witwe. Majestät läßt nicht.
SÄCHSIN: Ach

Fällt in Ohnmacht. Friedrich umkreist die Ohnmächtige in weiten Bögen.

SÄCHSIN *wacht auf, wirft die Arme hoch:*
Gnade!
FRIEDRICH *nimmt Abstand:*
Der Himmel ist leer, Madame.
Sächsin steht auf, streckt die Arme nach ihm aus.
Und ich
Bin der König.
SÄCHSIN: Haben Sie ein Herz?
FRIEDRICH *staatsmännisch:* Und nicht
Für mich.
Das Zimmer abschreitend:
Ihr Gatte, zum Exempel, ist
Ein Ehrenmann, und sächsisch seine Ehre.
So, was bedeutet Preußens Ehre ihm
Die zu verwalten obliegt mir, Preußens König
Und wenn es mir das Herz bricht. Eine Wunde
Madame, ist das Herz eines Königs.
SÄCHSIN *weint:* Majestät.
FRIEDRICH *singt:*
O wenn Sie wüßten O Madame Meine
Einsamen Nächte.
SÄCHSIN *tritt auf ihn zu, Arme ausgebreitet:*
Und meine, Majestät.
FRIEDRICH *tritt zurück, zieht seinen Degen:*
Ah
Wie diese Brust nach diesem Trost verlangt! –
Gekrönte Häupter! Faulendes Europa
Euch dieses Beispiel, wie ein König stirbt!

Will den Degen an die Brust setzen, die Arme sind zu kurz, der Degen ist zu lang, er trifft die Mitte.

SÄCHSIN *nimmt den Degen:*
Nein, Majestät. Sie dürfen nicht. Mein Mann
FRIEDRICH: Wenn ich es dürfte. Sie hat recht: ich darf nicht.
Der Glücklichste unter den Preußen, wenn
Ein andrer Preußens König wär, wär ich.
Wie neid ich meinen Opfern ihren Tod
Sie dürfen sterben, aber ich muß töten.
SÄCHSIN: Ich bin untröstlich. Majestät. Mein Mann
FRIEDRICH: Wär ich an seinem Platz.

SÄCHSIN *schließt die Augen:* Ach Majestät.
FRIEDRICH: Ein Ehrenmann. Er hat nur eine Ehre.
Die leider sächsisch ist, und was bedeutet
Die Ehre Sachsens meinen braven Preußen.
Die löchern ihre Mutter an der Wand
Für Preußens Ehre ohne Wimperzucken.
Und was für mich ein Deserteur aus Ehre
Ist meinen Tapfern nur ein sächsischer Schandfleck
Der weggeputzt wird für ein saubres Preußen.
Hatten Sie schon Gelegenheit, Madame
Gleich werden Sie sie haben, beizuwohnen
Einer Exekution. Ein häßliches Schauspiel.
Sächsin heult. Friedrich tritt vor einen Spiegel.
Welch wunderbares Bildwerk ist der Mensch.
Bedeckt die Augen mit den Händen, blickt durch die Finger, dreht sich vom Spiegel weg.
Wenn die Natur ihn nicht geschaffen hätte
Ich
kurzer Blick in den Spiegel
Und wie sieht er aus mit zwanzig Kugeln.
Lassen wir das. Der Mensch hat einen Fehler:
Preußisch wäre die Welt, wenn meine Preußen
Nicht fressen saufen huren scheißen würden.
Lassen wir das. Gott ist ein Schwein, wie? Wenn es
Ihn gäbe. Glauben Sie, Madame?
SÄCHSIN: Ich bete.
FRIEDRICH: Beten Sie schnell.
Blickt aus dem Fenster/ins Publikum.
Ein Bild von einem Mann.
Und hier vor meinem Fenster muß es sein
Daß es zerstört wird.
Nimmt der Sächsin den Schleier weg und legt ihn über sein Gesicht.
War er gut im Bett
Witwe?

Sächsin heult.

FRIEDRICH *tanzt:* Ich bin der Witwenmacher. Weiber
Zu Witwen machen, Weib, ist mein Beruf.
Ich leer die Betten aus und füll die Gräber.
Lacht, läßt den Schleier fallen.

Jetzt kann Sie mit sich selber spielen, Witwe
Schüttelt sich.
Bis sich ein neuer Bauch auf ihrem Bauch reibt.
Weint.
Daß ich es sehn muß. Hier. Mit diesen Augen.
Groß:
Darf ich die Augen schließen, wenn mein Wort
Gewalt wird? Wär ich blind. Ah
Nimmt den Schleier auf und verbindet sich damit die Augen.

SÄCHSIN: Armer König.

FRIEDRICH: Sagten Sie Gnade? Wollen Sie daß der König
Mir nicht mehr in die Augen sehen kann
Und meinen Preußen, die für mich in jeden
Tod gehn, Spießruten laufen usw.
Den Müttern, die ihm ihre Söhne schlachten
Und der Geschichte, die ihn keinen Blick lang
Aus den Augen läßt. Will Sie das? Kann Sie
Das wollen?

Sächsin schüttelt heftig den Kopf.

Und doch, was König Preußen was
Geschichte, alles werf ich weg auf Ihr Wort.
Auf einem Knie:
Madame, ich schenke Ihnen meinen Nachruhm
Wenn Sie es wollen, für Ihr kleines Glück.

SÄCHSIN: Wie könnt ich, Majestät! Ein großer König!

Hebt Friedrich auf, nimmt ihm die Augenbinde ab, trocknet mit dem Schleier sein Gesicht, bedeckt ihr Gesicht wieder mit dem Schleier, stellt den Stuhl ans Fenster, Richtung Publikum, setzt sich, nimmt Friedrich auf den Schoß, wiegt ihn und singt:

GLÜCKLICH IST
WER VERGISST
WAS EINMAL NICHT ZU ÄNDERN IST

Trommeln. Man hört das Peloton aufmarschieren.

FRIEDRICH *springt der Sächsin vom Schoß:*
Madame, es ist soweit.
Blickt aus dem Fenster/ins Publikum, hält sich die Augen zu.
Ich kann nicht hinsehn.
Gestatten Sie.

Verkriecht sich hinter der Sächsin, den Kopf hinter ihr vorgestreckt.

Die Sächsin schlägt den Schleier zurück, starrt mit weit aufgerissenen Augen durch das Fenster/ins Publikum. Salve. Gleichzeitig springt Friedrich der Frau auf den Rücken.

FRIEDRICH *auf der Frau:* Haben Sie gesehn. Das spritzt.

Würgt sie mit dem Schleier. Die Sächsin wirft die Arme hoch, fällt um mit Stuhl und Friedrich.

FRIEDRICH: Mein königliches Beileid.
SÄCHSIN: Meine Kinder.
FRIEDRICH *mit Adlermaske:*
Meine Kanonen brauchen Futter, Weib.
Wozu sonst hat sie ein Geschlecht im Leib.
Sächsin schnell ab.

LIEBER GOTT MACH MICH FROMM WEIL ICH AUS DER HÖLLE KOMM

Preußisches Irrenhaus. Kriegskrüppel spielen Krieg. Veteranen üben Stechschritt und Spießrutenlauf. Rattenjagd. Mann in Käfig. Kind in Bandage. Frauen in Stupor.

FRAU *singt:*

Es waren einmal drei Mörder
Feine Roseblume
Die gaben sich als Grafen aus
Berg und Tal kühler Schnee
Herzlieb Scheiden und das tut weh.

Sie kommen zur Frau Wirtin hin
Feine Roseblume
Könnt ihr behalten drei Grafen über Nacht
Berg und Tal kühler Schnee
Herzlieb Scheiden und das tut weh.

Jawohl und Scheuer und Stall sind leer
Feine Roseblume
Könnt ich nicht behalten drei Grafen über Nacht
Berg und Tal kühler Schnee
Herzlieb Scheiden und das tut weh.

Der erste stellt das Pferd in den Stall
Feine Roseblume
Der zweite teilt das Futter ein
Berg und Tal kühler Schnee
Herzlieb Scheiden und das tut weh.

Der dritte sprang die Küch hinein
Feine Roseblume
Und küßt Frau Wirtin Töchterlein
Berg und Tal kühler Schnee
Herzlieb Scheiden und das tut weh.

Der erste sprach das Mädchen ist mein
Feine Roseblume
Ich hab ihm gekauft ein Fläschchen Wein
Berg und Tal kühler Schnee
Herzlieb Scheiden und das tut weh.

Der zweite sprach das Mädchen ist mein
Feine Roseblume
Ich hab ihm gekauft ein Ringelein
Berg und Tal kühler Schnee
Herzlieb Scheiden und das tut weh.

Der dritte sprach wir sind das Mädchen nicht wert
Feine Roseblume
Wir müssen es teilen mit unserm Schwert
Berg und Tal kühler Schnee
Herzlieb Scheiden und das tut weh.

Sie setzten das Mädchen wohl auf den Tisch
Feine Roseblume
Und gaben ihm wohl siebzig Stich
Berg und Tal kühler Schnee
Herzlieb Scheiden und das tut weh.

Und wo ein Tropfen Blut hinspritzt
Feine Roseblume
Gleich darauf ein Engelein sitzt
Berg und Tal kühler Schnee
Herzlieb Scheiden und das tut weh.*

Professor mit Studenten.

PROFESSOR: Eine Mörderin. Vom Ehebruch zum Gattenmord ein Schritt. Der Gatte war Kammergerichtsrat. Ihren Aufenthalt in unserer Anstalt verdankt sie dem traurigen Faktum, daß der Henker besoffen war. Unser großer König hat Preußen die Kartoffel geschenkt. Wie dankt es ihm sein tapferer Landadel.

STUDENT: Mit Kartoffelschnaps.

Studenten lachen.

PROFESSOR: Sie wurde begnadigt nach dem dritten Versuch. Sie sehen die drei Halsnarben. Und so steht sie vor uns, eine Unvollendete.

Die Frau reißt sich die Kleider vom Leib. Wärter mit Zwangsjacke. Kampf.

Die Zwangsjacke. Ein Instrument der Dialektik, wie

* Deutsches Volkslied aus dem 16. Jahrhundert, vielleicht älter.

mein Kollege von der philosophischen Fakultät schließen würde. Eine Schule der Freiheit in der Tat, Sie brauchen nur hinzusehn, als Einsicht in die Notwendigkeit verstanden. Je mehr der Patient sich bewegt, desto enger schnürt er sich selbst, er sich selbst wohlbemerkt, in seine Bestimmung. Jeder ist sein eigner Preuße, populär gesprochen. Darin liegt der erzieherische Wert, das Humanum sozusagen, der Zwangsjacke, die ebensogut Freiheitsjacke genannt werden kann. Der Philosoph würde schließen, daß die wahre Freiheit in der Katatonie beruht, als dem vollendeten Ausdruck der Disziplin, die Preußen groß gemacht hat. Die Konsequenz ist reizvoll: der ideale Staat gegründet auf den Stupor seiner Bevölkerung, der ewige Frieden auf den globalen Darmverschluß. Der Mediziner weiß: die Staaten ruhn auf dem Schweiß ihrer Völker, auf Kotsäulen der Tempel der Vernunft.

STUDENT: Populär gesprochen.

Studenten lachen.

PROFESSOR: Ich bitte mir eine mehr wissenschaftliche Haltung aus, meine Herren. Sehen Sie diesen Knaben, Idiot geworden durch Masturbation. Die Ruine einer blühenden Kindheit.

Knabe streckt die Zunge heraus.

Und den Triumph der Wissenschaft: die von mir entwickelte Masturbationsbandage. Eine, wie Sie sehen, so einfache wie sinnreiche Konstruktion, die bei konsequenter Anwendung auf die Dauer auch den härtesten kleinen Sünder mürbe macht.

Knabe spuckt. Wärter verbinden ihm den Mund.

Sie ist nach Größen verstellbar, und ich darf anmerken, meine Herren, wenn Sie mir die patriotische Abschweifung erlauben: ich meinerseits halte es nicht für einen Zufall, daß diese meine bescheidne Erfindung gerade im aufgeklärten Preußen unseres tugendhaften Monarchen zur Anwendung kommt. Ein Sieg der Vernunft über den rohen Naturtrieb. Gegen den sogar der tägliche Gebrauch der Rute nichts vermochte: Kaum daß er sie nicht mehr auf dem Rücken spürt, einmal erlahmt die strafende Hand des besten Pädagogen, der Mensch, leider ist keine Maschine, wiederholte der Verstockte, ohne die Vernarbung seiner Striemen abzuwarten, den schändlichen Handgriff nach dem Werkzeug, das der Schöpfer der Fortpflanzung, in christlicher Ehe versteht sich, vorbehalten hat, Gottes Ebenbild auch er, nach Seinem Bilde schuf Er ihn, mit einem gewissen Theologen zu sprechen.

Studenten lachen.

Ich nenne seinen Namen nicht.

Studenten lachen.

Eine Lästerung. Stellen Sie sich den Herrgott masturbierend vor, deus masturbator.

Studenten lachen.

STUDENT: Oder einen gewissen Theologen.

PROFESSOR *lacht:* Nach vier Wochen in der Bandage, die sozusagen als ein verlängerter und, weil mechanisch, unermüdender Arm der Pädagogik fungiert, vergißt der ärgste Wüstling sein Geschlecht. Ich darf demonstrieren.

Wärter lösen die Bandage. Knabe, sein Gesicht vom Schmerz verzerrt, reibt seine tauben Arme, reißt sich die Maulbinde ab, greift nach seinen Genitalien. Studenten lachen.

PROFESSOR *wütend:* Ein Idiot. – Krummschließen. – Die Bandage war zu locker. Eine Nachlässigkeit.

Knabe wird krummgeschlossen, heult.

STUDENT 1: Schlage Amputation vor, Herr Professor.

STUDENT 2: Kastration.

STUDENT 3: Doppelt näht besser.

Studenten lachen.

PROFESSOR: Ein schneidiger Vorschlag, Herr Kollege. Aber als Humanmediziner setze ich auf meine bescheidnere Methode. Gut Ding will Weile, junger Freund. Das Messer des Chirugen ist die ultima ratio. – Führen Sie ihn in drei Wochen wieder vor.

MANN IM KÄFIG: Ich habe meinen Sohn geschlachtet, meinen Jesus. Gebt mir die Rute. Gebt mir die Rute.

PROFESSOR: Gebt sie ihm.

Das geschieht. Mann im Käfig geißelt sich.

Das nennt er Buße tun für die Erschaffung der Welt. Zebahl, Zebaoth, auch der blutige Baal genannt von den Schülern, die seiner strafenden Hand anvertraut waren.

Die Hand ist trainiert, wie zu sehn, Korporal im Siebenjährigen Krieg, ein Lehrer wie er im Buch steht. Jesus war sein Liebling, so genannt von den Mitschülern, weil er sich an ihren Streichen nicht beteiligte. Vielleicht weil Zebahl, wie böse Zungen behaupten, an seiner außerehelichen Verfertigung nicht unbeteiligt war.

Studenten lachen.

Ein Engel jedenfalls, mit dem der Lehrer seine Kammer teilte.

Studenten lachen.

Der Rest steht in der Bibel:

Studenten lachen.

Für ein Strafgericht, das Zebaoth über seine Zöglinge verhängt hatte, bot sich Jesus als Sühnopfer an. Er wollte die Strafe auf sich nehmen, einer für alle, ein Gotteslamm. Sein Schöpfer, von so viel Tugend zu Tränen bewegt, akzeptierte. Und tat, um seinem Geschöpf an Seelengröße nicht nachzustehn sowie den pädagogischen Effekt zu verdoppeln, ein übriges, indem er es den Sündern überließ, das Exempel zu statuieren. Sie taten es gründlich: Gott Zebaoth hat keinen Sohn mehr, das Dorf einen neuen Schulmeister, die Geschichte der Medizin einen Höhepunkt: Gott als Patient.

ZEBAHL: Ich schäme mich. Ich schäme mich. Ich schäme mich.

STUDENT 1: Ich höre, Sie haben die Welt erschaffen, Herr Zebahl.

ZEBAHL: Ja, es ist meine Schuld. Alles ist meine Schuld. Ich bin allmächtig

STUDENT 2 *kreuzt die Hände vor den Genitalien:*
Und ich bin die Jungfrau Maria.

STUDENT 3: Ich bin Jesus.
Arme wie Flügel bewegend: Das ist die Himmelfahrt.

STUDENT 4 *wölbt den Bauch vor:* Ich bin der Papst in Rom.

ALLE VIER *knien vor dem Käfig:*
VATER UNSER DER DU BIST IM HIMMEL

Studenten lachen.

PROFESSOR: Ein Irrenhaus. Was zu beweisen war. Gehn wir, meine Herrn.

ZEBAHL *flüstert:* Ja, ich habe die Welt erschaffen. Ich bin der Narr, ich bin der Verbrecher. Ich kann mir die Augen ausreißen und sehe euch doch. Wenn ich sterben könnte. Ich habe meinen Sohn geschlachtet. Ich Kot meiner Schöpfung Erbrechen meiner Engel Eiterkorn in meinen Harmonien. Ich bin die Fleischbank. Ich bin das Erdbeben. Ich bin das Tier. Der Krieg. Ich bin die Wüste. *Schrei. Schwarze Engel bevölkern den Zuschauerraum und fallen lautlos über das Publikum her.*

ET IN ARCADIA EGO*: DIE INSPEKTION

Rübenacker. Bauernfamilie kriecht in den Furchen. An der Rampe wird ein Stehpult, am Acker ein Marmorblock aufgestellt. Ein Knabenchor nimmt Aufstellung. Münder offen zum Gesang. Ein Schwarm von Malern stellt seine Staffeleien auf. Friedrich Schiller begibt sich an das Stehpult, der Bildhauer Schadow an den Marmorblock. Auftritt Friedrich von Preußen mit Krückstock, Beamten und Voltaire. Beamte stellen zwei Klappstühle auf. Friedrich und Voltaire nehmen Platz Schiller rezitiert, zwischen Hustenanfällen, den SPAZIERGANG. Der Bildhauer Schadow bearbeitet den Marmorblock, ab und zu die Bäuerin maßnehmend, wenn sie sich in der Furche aufrichtet und den Rücken streckt. Wenn sie sich nicht mehr bücken kann, weil der Rücken steif ist, hilft ihr der Bauer mit einem Faustschlag zurück in die Furche. Friedrich nimmt eine königliche Haltung ein. Die Maler malen. Der Knabenchor singt KEIN SCHÖNER LAND IN DIESER ZEIT / ALS HIER DAS UNSRE WEIT UND BREIT

FRIEDRICH *erhebt sich, schreitet, weist, immer königlich und seine Posen, mit Rücksicht auf die Maler, wegen der Gicht mit Anstrengung, lange haltend, gelegentlich wiederholend oder verbessernd, setzt zum Sprechen an, blickt indigniert auf Schiller, der, während der Knabenchor schon schweigt, immer noch an der Rampe den SPAZIERGANG rezitiert. Beamte leeren einen Rübensack aus und stülpen ihn Schiller über den Kopf. Man hört während des Folgenden in Abständen sein dumpfes Husten:* In der Tat: kein Schauspiel erfreut das Auge eines Königs mehr als eine blühende Provinz, bevölkert mit fleißigem Landvolk, das in Frieden seiner Arbeit nachgeht. Neben der Feldfrucht gedeihen die Künste … O die karge Schönheit meines Preußen! Ich gebrauche das Possessivpronomen nicht als solches, mein lieber Voltaire, vielmehr in betracht der Einheit unité von Staat und Volk, als von welcher Preußen der Welt das Beispiel gibt. Das Volk bin ich, wenn Sie wissen, was ich meine.

Applaus der Beamten.

* lat. „Auch ich war in Arkadien" (Horaz)

FRIEDRICH *mit Megaphon, zum Bauern:*
Die Orangen sind heuer gut geraten, wie.
BAUER *steht stramm, mit ihm seine Familie:*
Zu Befehl, Majestät, es sind Rüben.
FRIEDRICH: Hat Er Rüben gesagt.
BAUERNKINDER (7):
EINS ZWEI DREI VIER FÜNF SECHS SIEBEN
EINE BAUERSFRAU KOCHT RÜBEN
FRIEDRICH: Wir werden sehn. Probier Er.
Wirft dem Bauern eine Rübe zu. Der Bauer ißt die Rübe.
Schmecken Ihm Seine Orangen, Kerl?
BAUER *spuckt Zähne:* Die Orangen schmecken mir jawohl, Majestät.

Voltaire kotzt an der Rampe.

FRIEDRICH *zum Bauern:* Brav. – Ein Bauerntanz für unsern Gast aus Frankreich.

Man reicht ihm die Flöte. Die Beamten setzen dem Bauern, der Bäuerin, den Bauernkindern Hahnenköpfe auf. Friedrich spielt einen rebellischen Bauerntanz. Bauernfamilie tanzt in den Furchen. Voltaire hält sich die Ohren zu. Applaus, auch von Voltaire. Die Bauern liefern den Beamten die Hahnenköpfe wieder ab.

FRIEDRICH *zu Voltaire:* Ein kunstliebendes Volk, meine Preußen. *Zum Bauern:* Versuch Er es im nächsten Jahr einmal mit Bananen.

Friedrich wendet sich zum Gehn. Ein Maler hält ihm seine Leinwand vor.

FRIEDRICH *nach einem Blick auf das Bild, zeigt mit dem Krückstock auf die Statue, die inzwischen kenntlich ist: ein klassizistischer Akt:* Kunst ist Schönheit. Zehn Stockhiebe für den Kleckser.
Ein Beamter haut dem Maler die Leinwand über den Kopf, die Kollegen malen sein Gesicht schwarz. Aufbruch.
ET IN ARCADIA EGO. *Zeigt in den Zuschauerraum.* Sehn Sie das Rindvieh, friedlich grasend. Preußen, eine Heimat für Volk und Vieh. Und Sie können sagen, Sie sind dabei gewesen, mein lieber Voltaire.
VOLTAIRE *nimmt eine Rübe:* Ein Souvenir. Die preußische Orange.

Alle ab. Nur Schiller und die Bauern bleiben auf der Bühne. Der Bauer wirft die Statue um, kräht, treibt Frau und Kinder mit Faustschlägen zu schnellerem Arbeiten an. Schiller, ohne Stehpult, den Sack noch über dem Kopf, hustet an der Rampe.

Zimmerflucht auf eine schmale Tür in Sanssouci. Vorn der Staatsrat: Kreaturen und Räte, mit Papier. Herzton und Atem des sterbenden Königs. Flüsterchor des Staatsrats, anschwellend: Er krepiert Er krepiert Er krepiert. *Herzton und Atem aus. Stille. Wind, der dem Staatsrat das Papier aus den Händen reißt über die Bühne treibt auf der Bühne herumwirbelt. Der Staatsrat jagt Papier. Mehr Papier weht auf die Bühne, in den Zuschauerraum. Vorhang mit schwarzem Adler.*

HEINRICH VON KLEIST SPIELT MICHAEL KOHLHAAS

Verkommenes Ufer (See bei Straußberg). Kleist, in Uniform. Kleistpuppe. Frauenpuppe. Pferdepuppe. Richtblock.
Kleist berührt Gesicht Brust Hände Geschlecht der Kleistpuppe. Streichelt küßt umarmt die Frauenpuppe. Schlägt mit dem Degen der Pferdepuppe den Kopf ab. Reißt der Frauenpuppe das Herz heraus und ißt es. Reißt sich die Uniform vom Leib, schnürt den Kopf der Kleistpuppe in die Uniformjacke, setzt den Pferdekopf auf, zerhackt mit dem Degen die Kleistpuppe: Rosen und Därme quellen heraus. Wirft den Pferdekopf ab, setzt die Perücke (fußlanges Haar) der Frauenpuppe auf, zerbricht den Degen überm Knie, geht zum Richtblock. Nimmt die Perücke ab, breitet das Frauenhaar über den Richtblock, beißt sich eine Pulsader auf, hält den Arm, aus dem Sägemehl rieselt, über das Frauenhaar auf dem Richtblock. Vom Schnürboden wird ein weißes Tuch über die Szene geworfen, auf dem ein roter Fleck sich schnell ausbreitet.

1

Projektion (Sprecher): LESSING HATTE IN SEINEM GANZEN LEBEN EINEN UNGEMEIN FOLGSAMEN SCHLAF DER SOGLEICH KAM WENN ES IHM NUR EINFIEL DIE AUGEN ZU SCHLIESSEN ER HAT MICH OFT VERSICHERT DASS ER NIE GETRÄUMT HÄTTE DIESES GLÜCK BEHIELT ER BIS AN SEIN ENDE UND SAGTE NOCH KURZ VORHER WENN ER DEN GANZEN TAG GESCHLAFEN HÄTTE FREUE ER SICH DOCH AUF DIE NACHT (Leisewitz)

Schauspieler wird geschminkt (Lessingmaske) und kostümiert. Bühnenarbeiter stellen langen Tisch und Stühle auf.

SCHAUSPIELER *liest:*
Mein Name ist Gotthold Ephraim Lessing. Ich bin siebenundvierzig Jahre alt. Ich habe ein/zwei Dutzend Puppen mit Sägemehl gestopft das mein Blut war, einen Traum vom Theater in Deutschland geträumt und öffentlich über Dinge nachgedacht, die mich nicht interessierten. Das ist nun vorbei. Gestern habe ich auf meiner Haut einen toten Fleck gesehen, ein Stück Wüste: das Sterben beginnt. Beziehungsweise: es wird schneller. Übrigens bin ich damit einverstanden. Ein Leben ist genug. Ich habe ein neues Zeitalter nach dem andern heraufkommen sehn, aus allen Poren Blut Kot Schweiß triefend jedes. Die Geschichte reitet auf toten Gäulen ins Ziel. Ich habe die Hölle der Frauen von unten gesehn: Die Frau am Strick Die Frau mit den aufgeschnittenen Pulsadern Die Frau mit der Überdosis AUF DEN LIPPEN SCHNEE Die Frau mit dem Kopf im Gasherd. Dreißig Jahre lang habe ich versucht, mit Worten mich aus dem Abgrund zu halten, brustkrank vom Staub der Archive und von der Asche, die aus den Büchern weht, gewürgt von meinem wachsenden Ekel an der Literatur, verbrannt von meiner immer heftigeren Sehnsucht nach Schweigen. Ich habe die Taubstummen um ihre Stille be-

neidet im Geschwätz der Akademien. Und in den Betten der vielen Frauen, die ich nicht geliebt habe, um ihren lautlosen Beischlaf. Ich fange an, meinen Text zu vergessen. Ich bin ein Sieb. Immer mehr Worte fallen hindurch. Bald werde ich keine andere Stimme mehr hören als meine Stimme, die nach vergessenen Worten fragt.

Freunde treten auf, debattieren lautlos, besetzen die Stühle.

Das sind meine Freunde.

Freunde verbeugen sich.

Seit einiger Zeit fange ich an ihre Namen zu vergessen.

Freunde ziehen Strumpfmasken über die Gesichter.

Vergessen ist Weisheit. Am schnellsten vergessen die Götter. Schlafen ist gut. Der Tod ist eine Frau.

Schauspieler erstarrt in Lessingmaske, Freunde in Debattierposen.

2

Projektion (Sprecher): AUS DEM PREUSSEN DES ZWEITEN FRIEDRICH GOLD IM STECHSCHRITT SILBER IM SPIESSRUTENLAUF KOMMT LESSING NACH AMERIKA LAND DER KARTOFFEL DIE PREUSSEN GROSS MACHEN WIRD AUF EINEM AUTOFRIEDHOF IN MONTANA BEGEGNET ER DEM LETZTEN PRÄSIDENTEN DER USA.

Autofriedhof. Elektrischer Stuhl, darauf ein Roboter ohne Gesicht. In zwischen unter den Autowracks in verschiedenen Unfallposen klassische Theaterfiguren und Filmstars. Musik WELCOME MY SON WELCOME TO THE MACHINE (Pink floyd WISH YOU WERE HERE). Lessing mit Nathan dem Weisen und Emilia Galotti, Namen auf dem Kostüm.

Emilia Galotti *rezitiert:* Gewalt! Gewalt! wer kann der Gewalt nicht trotzen? Was Gewalt heißt ist nichts: Verführung ist die wahre Gewalt! Ich habe Blut, mein Vater, so jugendliches, so warmes Blut als eine. Auch meine Sinne sind Sinne. Ich stehe für nichts. Ich bin für nichts gut ... Geben Sie mir, mein Vater, geben Sie mir diesen Dolch ...

Nathan *rezitiert, gleichzeitig, den Schluß der Ringparabel:* Wohlan ...

Polizeisirene. Emilia und Nathan vertauschen ihre Köpfe, entkleiden umarmen töten einander. Weißes Licht. Tod der Maschine auf dem Elektrischen Stuhl. Bühne wird schwarz.

Stimme (Projektion): STUNDE DER WEISSGLUT TOTE BÜFFEL AUS DEN CANYONS GESCHWADER VON HAIEN ZÄHNE AUS SCHWARZEM LICHT DIE ALLIGATOREN MEINE FREUNDE GRAMMATIK DER ERDBEBEN HOCHZEIT VON FEUER UND WASSER MENSCHEN AUS NEUEM FLEISCH LAUTREAMONTMALDOROR FÜRST VON ATLANTIS SOHN DER TOTEN

3

Projektion (Sprecher): APOTHEOSE SPARTAKUS EIN FRAGMENT

Auf der Bühne ein Sandhaufen, der einen Torso bedeckt. Bühnenarbeiter, die als Theaterbesucher kostümiert sind, schütten aus Eimern und Säcken Sand auf den Haufen, während gleichzeitig Kellner die Bühne mit Büsten von Dichtern und Denkern vollstellen. Lessing wühlt im Sand, gräbt eine Hand aus, einen Arm. Die Kellner, nun in Schutzhelmen, verpassen Lessing eine Lessingbüste, die Kopf und Schultern bedeckt. Lessing, auf den Knien, macht vergebliche Versuche, sich von der Büste zu befrein. Man hört aus der Bronze seinen dumpfen Schrei. Applaus von Kellnern Bühnenarbeitern (Theaterbesuchern).

(1976)

Der Auftrag

Erinnerung an eine Revolution

Das Stück verwendet Motive aus der Erzählung „Das Licht auf dem Galgen“ von Anna Seghers

PERSONEN

GALLOUDEC
DEBUISSON
SASPORTAS
ANTOINE
MATROSE
FRAU
ERSTELIEBE

Galloudec an Antoine. Ich schreibe diesen Brief auf meinem Totenbett. Ich schreibe in meinem Namen und im Namen des Bürgers Sasportas, der gehängt worden ist in Port Royal. Ich teile Ihnen mit, daß wir den Auftrag zurückgeben müssen, den der Konvent durch Ihre Person uns erteilt hat, da wir ihn nicht erfüllen konnten. Vielleicht richten andere mehr aus. Von Debuisson werden Sie nichts mehr hören, es geht ihm gut. Es ist wohl so, daß die Verräter eine gute Zeit haben, wenn die Völker in Blut gehn. So ist die Welt eingerichtet und es ist nicht gut so. Entschuldigen Sie meine Schrift, sie haben mir ein Bein abgenommen und ich schreibe im Fieber. Ich hoffe, daß dieser Brief Sie bei guter Gesundheit antrifft und verbleibe mit republikanischem Gruß.

Matrose. Antoine. Frau.

MATROSE: Sind Sie der Bürger Antoine. Dann ist das hier ein Brief für Sie. Von einem Galloudec. Es ist nicht meine Schuld, wenn der Brief schon alt ist und vielleicht hat sich die Angelegenheit erledigt. Die Spanier haben uns festgehalten auf Kuba, dann der Engländer in Trinidad, bis euer Konsul Bonaparte den Frieden gemacht hat mit England. Dann haben sie mich ausgeraubt in London auf der Straße, weil ich betrunken war, aber den Brief nicht gefunden. Was diesen Galloudec angeht: er wird nicht mehr älter. Er ist krepiert in einem Hospital auf Kuba, halb Gefängnis und halb Hospital. Er lag dort mit einem Wundbrand, ich mit Fieber. NIMM DEN BRIEF ER MUSS ANKOMMEN UND WENN ES DAS LETZTE IST WAS DU MACHST DAS MUSST DU FÜR MICH TUN war das letzte, was er zu mir gesagt hat. Und die Adresse von einem Büro und Ihr Name, wenn Sie dieser Antoine sind. Aber dort gibt es kein Büro mehr, und von Ihnen, wenn das Ihr Name ist, Antoine, weiß auch niemand etwas, da wo das Büro war. Einer der hinter den Baugerüsten in einem Keller wohnt, hat mich in eine Schule geschickt, wo Antoine als Lehrer gearbeitet haben soll. Aber da wußten sie auch nichts von dem. Dann hat mir eine Aufräumfrau gesagt, ihr Neffe hat Sie hier gesehn. Er ist Fuhrmann. Und er hat Sie mir beschrieben, wenn Sie der sind.

ANTOINE: Ich kenne keinen Galloudec.

MATROSE: Ich weiß nicht, was ihm an dem Brief so wichtig war. Etwas mit einem Auftrag. Den er zurückgeben muß, damit andre seine Arbeit weiter machen. Was immer das für eine Arbeit war. Er hat zuletzt von nichts anderm mehr geredet. Außer wenn er gebrüllt hat, und das war der Wundschmerz. Der kam in Wellen. Und lang genug hat es gedauert, bis er mit dem Sterben fertig war. Der Doktor sagte, sein Herz ist zu stark, er müßte zehnmal tot sein. Manchmal hält der Mensch zu wenig aus, manchmal zu viel. Das Leben ist eine Gemeinheit. Der andre, von dem er in seinem Brief schreibt, ein Neger, hat einen schnellern Tod gehabt. Den Brief hat er mir vorgelesen. Galloudec, damit ich ihn auswendig weiß, im Fall er geht verloren. Und wenn Sie ihn immer noch nicht kennen, will ich Ihnen erzählen, was sie mit ihm gemacht haben und wie er gestorben ist, Sie waren nicht dabei. Erst haben sie ihm ein Bein bis zum Knie abgeschnitten, dann den Rest. Es war das linke. Dann

ANTOINE: Ich weiß von keinem Auftrag. Ich vergebe keine Aufträge, ich bin kein Herr. Ich verdiene mein Geld mit Privatstunden. Es ist wenig. Und Schlächtereien habe ich genug gesehn. Ich kenne mich aus in der Anatomie des Menschen. Galloudec.

Frau mit Wein Brot Käse.

FRAU: Du hast Besuch. Ich habe einen Orden verkauft. Den für die Vendée, wo ihr die Bauern totgeschlagen habt für die Republik.

ANTOINE: Ja.

MATROSE: Soweit ich sehe, haben Sie noch alles. Im Gegensatz zu diesem Galloudec, den Sie nicht kennen und der tot ist wie ein Stein. Der andre hieß Sasportas. Ihn haben sie aufgehängt in Port Royal, wenn Sie es wissen wollen, für den Auftrag, von dem Sie nichts wissen, auf Jamaika. Der Galgen steht auf einem Kliff. Wenn sie tot sind, werden sie abgeschnitten und fallen ins Meer. Den Rest besorgen die Haie. Danke für den Wein.

ANTOINE: Sasportas. Ich bin der Antoine den du gesucht hast. Ich muß vorsichtig sein, Frankreich ist keine Republik mehr, unser Konsul ist Kaiser geworden und erobert

Rußland. Mit vollem Mund redet es sich leichter über eine verlorene Revolution. Blut, geronnen zu Medaillenblech. Die Bauern wußten es auch nicht besser, wie. Und vielleicht hatten sie recht, wie. Der Handel blüht. Denen auf Haiti geben wir jetzt ihre Erde zu fressen. Das war die Negerrepublik. Die Freiheit führt das Volk auf die Barrikaden, und wenn die Toten erwachen trägt sie Uniform. Ich werde dir jetzt ein Geheimnis verraten: sie ist auch nur eine Hure. Und ich kann schon darüber lachen. Hahaha. Aber hier ist etwas leer, das hat gelebt. Ich war dabei, als das Volk die Bastille gestürmt hat. Ich war dabei, als der Kopf des letzten Bourbonen in den Korb fiel. Wir haben die Köpfe der Aristokraten geerntet. Wir haben die Köpfe der Verräter geerntet.

FRAU: Schöne Ernte. Bist du wieder betrunken, Antoine.

ANTOINE: Es paßt ihr nicht, wenn ich von meiner großen Zeit rede. Vor mir hat die Gironde gezittert. Sieh sie dir an, mein Frankreich. Die Brüste ausgelaugt. Zwischen den Schenkeln die Wüste. Ein totes Schiff in der Brandung des neuen Jahrhunderts. Siehst du, wie sie schlingt. Frankreich braucht ein Blutbad, und der Tag wird kommen.

Antoine gießt sich Rotwein über den Kopf.

MATROSE: Davon verstehe ich nichts. Ich bin Matrose, ich glaube nicht an Politik. Die Welt ist überall anders. Das ist der Brief. *Geht.*

ANTOINE *schreit:* Sei vorsichtig, Matrose, wenn du aus meinem Haus gehst. Die Polizisten unseres Ministers Fouché fragen dich nicht, ob du an Politik glaubst. – Galloudec. Sasportas. Wo ist dein Bein, Galloudec. Warum hängt dir die Zunge aus dem Hals, Sasportas. Was wollt ihr von mir. Kann ich für deinen Beinstumpf. Und für deinen Strick. Soll ich mir ein Bein abschneiden. Willst du, daß ich mich danebenhänge. Frag deinen Kaiser, Galloudec, nach deinem Bein. Zeig deinem Kaiser die Zunge, Sasportas. Er siegt in Rußland, ich kann euch den Weg zeigen. Was wollt ihr von mir. Geht. Geht weg. Verschwindet. Sag du es ihnen, Frau. Sag ihnen, sie sollen weggehn, ich will sie nicht mehr sehn. Seid ihr noch da. Dein Brief ist angekommen, Galloudec. Das ist er. Ihr habt es jedenfalls hinter euch. ES LEBE DIE REPUBLIK. *Lacht.* Ihr denkt, mir geht es gut, wie. Habt ihr Hunger. Da. *Wirft Essen auf die Toten.*

FRAU: Komm ins Bett, Antoine.

ANTOINE: DAS IST DIE HIMMELFAHRT FÜR WENIG GELD
IM GITTERWERK DER BRUST SOLANG ES HÄLT
DAS HERZ DER HUND

Während des Beischlafs tritt der Engel der Verzweiflung auf.

ANTOINE *Stimme:* Wer bist du.

FRAU *Stimme:* Ich bin der Engel der Verzweiflung. Mit meinen Händen teile ich den Rausch aus, die Betäubung, das Vergessen, Lust und Qual der Leiber. Meine Rede ist das Schweigen, mein Gesang der Schrei. Im Schatten meiner Flügel wohnt der Schrecken. Meine Hoffnung ist der letzte Atem. Meine Hoffnung ist die erste Schlacht. Ich bin das Messer mit dem der Tote seinen Sarg aufsprengt. Ich bin der sein wird. Mein Flug ist der Aufstand, mein Himmel der Abgrund von morgen.

Wir waren auf Jamaika angekommen, drei Emissäre des französischen Konvents, unsre Namen Debuisson Galloudec Sasportas, unser Auftrag ein Sklavenaufstand gegen die Herrschaft der britischen Krone im Namen der Republik Frankreich. Die das Mutterland der Revolution ist, der Schrecken der Throne, die Hoffnung der Armen. In der alle Menschen gleich sind unter dem Beil der Gerechtigkeit. Die kein Brot hat gegen den Hunger ihrer Vorstädte, aber Hände genug, die Brandfackel der Freiheit Gleichheit Brüderlichkeit in alle Länder zu tragen. Wir standen auf dem Platz am Hafen. In der Mitte des Platzes war ein Käfig aufgestellt. Wir hörten den Wind vom Meer, das harte Rauschen der Palmblätter, das Fegen der Palmwedel, mit denen die Negerinnen den Staub vom Platz kehrten, das Stöhnen des Sklaven im Käfig, die Brandung. Wir sahen die Brüste der Negerinnen, den blutig gestriemten Leib des Sklaven im Käfig, den Gouverneurspalast. Wir sagten: Das ist Jamaika, Schande der Antillen, Sklavenschiff in der Karibischen See.

SASPORTAS: Bis wir mit unsrer Arbeit fertig sind.

GALLOUDEC: Du kannst gleich anfangen. Bist du nicht hergekommen um die Sklaven zu befrein. Das in dem Käfig ist ein Sklave. Morgen wird er es gewesen sein, wenn er heute nicht befreit wird.

DEBUISSON: Sie stellen sie in den Käfigen aus, wenn sie versucht haben wegzulaufen oder für andre Verbrechen, zur Abschreckung, bis die Sonne sie wegdorrt. Das war schon so, als ich von Jamaika wegging, vor zehn Jahren. Sieh nicht hin, Sasportas, einem können wir nicht helfen.

GALLOUDEC: Immer stirbt nur einer. Gezählt werden die Toten.

DEBUISSON: Der Tod ist die Maske der Revolution.

SASPORTAS: Wenn ich von hier weggehe, werden andere in den Käfigen hängen, mit weißer Haut bis die Sonne sie schwarz brennt. Dann wird vielen geholfen sein.

GALLOUDEC: Vielleicht stellen wir lieber eine Guillotine auf. Das ist reinlicher. Die Rote Witwe ist das beste Scheuerweib.

DEBUISSON: Die Geliebte der Vorstädte.

SASPORTAS: Ich bleibe dabei, daß ein Käfig eine gute Sache ist, wenn die Sonne hoch genug steht, für eine weiße Haut.

GALLOUDEC: Wir sind nicht hier, um einander unsre Hautfarbe vorzuhalten, Bürger Sasportas.

SASPORTAS: Wir sind nicht gleich, eh wir einander nicht die Häute abgezogen haben.

DEBUISSON: Das war ein schlechter Anfang. Nehmen wir unsre Masken vor. Ich bin der ich war: Debuisson, Sohn von Sklavenhaltern auf Jamaika, mit Erbrecht auf eine Plantage mit vierhundert Sklaven. Heimgekehrt in den Schoß der Familie, um sein Erbe anzutreten, aus dem verhangenen Himmel Europas, trüb vom Qualm der Brände und Blutdunst der neuen Philosophie, in die reine Luft der Kariben, nachdem die Schrecken der Revolution ihm die Augen geöffnet haben für die ewige Wahrheit, daß alles Alte besser als alles Neue ist. Übrigens bin ich Arzt, ein Helfer der Menschheit ohne Ansehn der Person, Herrn oder Sklaven. Ich heile den einen für den andern, damit alles bleibt wie es ist, solang es dauert, mein Gesicht das rosige Gesicht des Sklavenhalters, der auf dieser Welt nichts zu fürchten hat als den Tod.

SASPORTAS: Und seine Sklaven.

DEBUISSON: Wer bist du, Galloudec.

GALLOUDEC: Ein Bauer aus der Bretagne, der die Revolution hassen gelernt hat im Blutregen der Guillotine, ich wollte, der Regen wäre reichlicher gefallen, und nicht nur auf Frankreich, treuer Diener des gnädigen Herrn Debuisson, und glaube an die heilige Ordnung der Monarchie und der Kirche. Ich hoffe, ich werde das nicht zu oft beten müssen.

DEBUISSON: Du bist zweimal aus der Rolle gefallen, Galloudec. Wer bist du.

GALLOUDEC: Ein Bauer aus der Bretagne, der die Revolution hassen gelernt hat im Blutregen der Guillotine. Treuer Diener des gnädigen Herrn Debuisson. Ich glaube an die heilige Ordnung der Monarchie und der Kirche.

SASPORTAS *parodiert:* Ich glaube an die heilige Ordnung der Monarchie und der Kirche. Ich glaube an die heilige Ordnung der Monarchie und der Kirche.

DEBUISSON: Sasportas. Deine Maske.

GALLOUDEC: Dir sollte es nicht schwer fallen, den Sklaven zu spielen, Sasportas, in deiner schwarzen Haut.

SASPORTAS: Auf der Flucht vor der siegreichen schwarzen Revolution auf Haiti habe ich mich dem Herrn Debuisson angeschlossen, weil Gott mich für die Sklaverei geschaffen hat. Ich bin sein Sklave. Genügt das.

Galloudec applaudiert.

Beim nächsten Mal werde ich dir mit dem Messer antworten, Bürger Galloudec.

GALLOUDEC: Ich weiß, daß du die schwerste Rolle spielst, Sasportas. Sie ist dir auf den Leib geschrieben.

SASPORTAS: Mit den Peitschen, die ein neues Alphabet schreiben werden auf andre Leiber in unsrer Hand.

DEBUISSON: Siegreiche Revolution ist nicht gut. So etwas sagt man nicht vor Herren. Schwarze Revolution ist auch nicht gut. Schwarze machen einen Aufruhr, wenn es hochkommt, keine Revolution.

SASPORTAS: Hat die Revolution nicht gesiegt auf Haiti. Die schwarze Revolution.

DEBUISSON: Es ist der Abschaum, der gesiegt hat. Auf Haiti herrscht der Abschaum.

Sasportas spuckt.

Du spuckst in die falsche Richtung: ich bin dein Herr. Sag es jetzt.

SASPORTAS: Auf der Flucht vor dem Abschaum, der Haiti in eine Kloake verwandelt hat.

GALLOUDEC: Kloake ist gut. Du lernst schnell, Sasportas.

DEBUISSON: Nimm deine Hände vom Gesicht und sieh das Fleisch an, das in diesem Käfig stirbt. Du auch, Galloudec. Es ist dein und dein und mein Fleisch. Sein Stöhnen ist die Marseillaise der Leiber, auf denen die neue Welt gebaut wird. Lernt die Melodie. Wir werden sie noch lange hören, freiwillig oder nicht, es ist die Melodie der Revolution, unsrer Arbeit. Viele werden in diesem Käfig sterben, bevor unsre Arbeit getan ist. Viele werden in diesem Käfig sterben, weil wir unsre Arbeit tun. Das ist, was wir für unsersgleichen tun mit unsrer Arbeit, und vielleicht nur das. Unser Platz ist der Käfig, wenn unsre Masken reißen vor der Zeit. Die Revolution ist die Maske des Todes. Der Tod ist die Maske der Revolution.

Ein riesiger Neger tritt auf.

Das ist der älteste Sklave meiner Familie. Er ist taub und stumm, etwas zwischen Mensch und Hund. Er wird in den Käfig spucken. Vielleicht solltest du das auch tun, Sasportas, damit du deine schwarze Haut hassen lernst für die Zeit, in der wir es brauchen. Dann wird er mir die Schuhe küssen, er leckt sich schon die Lippen, seht ihr, und auf seinem Rücken mich, seinen alten und neuen Herrn, in das Haus meiner Väter tragen, grunzend vor Wonne. Die Familie öffnet ihren Schoß, morgen beginnt unsre Arbeit.

Der riesige Neger spuckt in den Käfig, sieht Sasportas an, verbeugt sich vor Galloudec, küßt Debuisson die Schuhe, trägt ihn auf dem Rücken weg. Galloudec und Sasportas folgen hintereinander.

DIE REVOLUTION IST DIE MASKE DES TODES DER TOD IST DIE MASKE DER REVOLUTION DIE REVOLUTION IST DIE MASKE DES TODES DER TOD IST DIE MASKE DER REVOLUTION DIE REVOLUTION IST DIE MASKE DES TODES DER TOD IST DIE MASKE DER REVOLUTION DIE REVOLUTION IST DIE MASKE DES TODES DER TOD IST DIE MASKE

DER REVOLUTION DIE REVOLUTION IST DIE MASKE DES TODES DER TOD IST DIE MASKE DER REVOLUTION DIE REVOLUTION IST DIE MASKE DES TODES DER TOD IST DIE MASKE DER REVOLUTION DIE REVOLUTION IST DIE MASKE DES TODES DER TOD IST DIE MASKE DER REVOLUTION DIE REVOLUTION IST DIE

Heimkehr des Verlorenen Sohnes. Vater und Mutter in offenem Schrank. Auf einem Thron ErsteLiebe. Debuisson Galloudec Sasportas von Sklaven entkleidet und kostümiert:
Debuisson als Sklavenhalter, Galloudec als Aufseher mit Peitsche, Sasportas als Sklave.

ERSTELIEBE: Der kleine Victor hat Revolution gespielt. Jetzt kehrt er heim in den Schoß der Familie. Heim zu Papa mit der wurmstichigen Hirnschale. Heim zu Mama mit ihrem Geruch von verfaulten Blumen. Hast du dir wehgetan, kleiner Victor. Komm näher und zeig deine Wunden. Kennst du mich nicht mehr. Du brauchst keine Angst zu haben, kleiner Victor. Nicht vor mir. Nicht vor deiner ersten Liebe. Die du betrogen hast mit der Revolution, deiner blutbeschmierten zweiten. Mit der du dich in der Gosse gewälzt hast zehn Jahre lang in Konkurrenz mit dem Pöbel. Oder in den Leichenhallen, wo sie ihre Beute zählt. Ich rieche ihr Parfüm aus Stallmist. Tränen, kleiner Victor. Hast du sie so sehr geliebt. Ach Debuisson. Ich hab es dir gesagt, sie ist eine Hure. Die Schlange mit der blutsaufenden Scham. Die Sklaverei ist ein Naturgesetz, alt wie die Menschheit. Warum soll sie aufhören vor ihr. Sieh dir meine Sklaven an, und deine, unser Eigentum. Ihr Leben lang sind sie Tiere gewesen. Warum sollen sie Menschen sein, weil es in Frankreich auf einem Papier steht. Kaum lesbar vor so viel mehr Blut als für die Sklaverei geflossen ist hier auf deinem und meinem schönen Jamaika. Ich werde dir eine Geschichte erzählen: auf Barbados ist ein Plantagenbesitzer erschlagen worden zwei Monate nach der Aufhebung der Sklaverei. Sie kamen zu ihm, seine Befreiten. Sie gingen auf den Knien wie in der Kirche. Und weißt du was sie wollten. Zurück in die Geborgenheit der Sklaverei. Das ist der Mensch:

seine erste Heimat ist die Mutter, ein Gefängnis. *Sklaven heben der Mutter im Schrank die Röcke über den Kopf.* Hier klafft sie, die Heimat, hier gähnt er, der Schoß der Familie. Sag ein Wort, wenn du zurück willst und sie stopft dich hinein, die Idiotin, die ewige Mutter. Der arme Mann auf Barbados hat es nicht so gut getroffen. Mit Knüppeln haben sie ihn totgeschlagen, seine Nicht-Mehr-Sklaven, wie einen tollwütigen Hund, weil er sie nicht zurück genommen hat aus dem kalten Frühling ihrer Freiheit unter die geliebte Peitsche. Gefällt dir die Geschichte, Bürger Debuisson. Die Freiheit wohnt auf den Rücken der Sklaven, die Gleichheit unter dem Beil. Willst du mein Sklave sein, kleiner Victor. Liebst du mich. Das sind die Lippen, die dich geküßt haben. *Sklavin malt ihr einen großen Mund.* Sie erinnern sich, Victor Debuisson, an deine Haut. Das sind die Brüste, die dich gewärmt haben, kleiner Victor. *Sklavin schminkt ihre Brustwarzen usw.* Sie haben deinen Mund und deine Hände nicht vergessen. Das ist die Haut, die deinen Schweiß getrunken hat. Das ist der Schoß, der deinen Samen empfangen hat der mein Herz verbrennt. *Sklavin malt ihr ein blaues Herz.* Siehst du die blaue Flamme. Weißt du, wie man auf Kuba die entlaufenen Sklaven fängt. Man jagt sie mit Bluthunden. Und so will ich mir wieder nehmen, Bürger Debuisson, was deine Hure, die Revolution, mir geraubt hat, mein Eigentum. *Sklaven als Hunde, von Galloudec mit der Peitsche, von dem Vatergespenst mit HASSA-Rufen begleitet, jagen Debuisson.* Mit den Zähnen meiner Hunde will ich aus deinem befleckten Fleisch beißen die Spur meiner Tränen, meinen Schweiß, meine Schreie der Lust. Mit den Messern ihrer Klauen aus deinem Fell mein Brautkleid schneiden. Deinen Atem, der nach den toten Leibern der Könige schmeckt, übersetzen in die Sprache der Qual, die den Sklaven gehört. Ich will dein Geschlecht essen und einen Tiger gebären, der die Zeit verschlingt, mit der die Uhren mein leeres Herz schlagen, durch das die Regen der Tropen gehn. *Sklavin setzt ihr eine Tigermaske auf.* GESTERN HABE ICH ANGEFANGEN / DICH ZU TÖTEN MEIN HERZ / JETZT LIEBE ICH / DEINEN LEICHNAM / WENN ICH TOT BIN / WIRD MEIN STAUB NACH DIR SCHREIN. Ich will dir diese

Hündin zum Geschenk machen, kleiner Victor, damit du sie mit deinem verdorbenen Samen füllst. Und vorher will ich sie auspeitschen lassen, damit euer Blut sich vermischt. Liebst du mich, Debuisson. Man soll eine Frau nicht allein lassen.

Sklaven nehmen Galloudec die Peitsche weg, schließen den Schrank, schminken ErsteLiebe ab, setzen Debuisson auf den Thron, ErsteLiebe als Fußbank, staffieren Galloudec und Sasportas als Danton und Robespierre aus. Das Theater der Revolution ist eröffnet. Während die zwei Spieler und das Publikum ihre Plätze einnehmen, hört man aus dem Schrank den Dialog der Eltern.

VATER: Das ist die Auferstehung des Fleisches. Denn der Wurm nagt ewig und das Feuer geht nicht aus. MUTTER: Hurt er wieder herum. Krickkrack jetzt ist mein Herz gebrochen, seht ihr. VATER: Ich schenke sie dir, mein Sohn. Ich schenke dir beide, schwarz und oder weiß. MUTTER: Nehmt mir das Messer aus dem Bauch. Ihr gemalten Huren. VATER: Auf die Knie, Kanaille, und bitte deine Mama um den Segen. MUTTER: DA DROBEN AUF DEM BERGE / DA WEHET DER WIND / DA SCHLACHTET MARIA / DAS HIMMLISCHE KIND. Heim nach Grönland. Kommt meine Kinder, Dort wärmt die Sonne jeden Tag. VATER: Stopft der Idiotin das Maul.

SASPORTASROBESPIERRE: Geh auf deinen Platz, Danton, am Pranger der Geschichte. Seht den Schmarotzer, der das Brot der Hungrigen schlingt. Den Wüstling, der die Töchter des Volkes schändet. Den Verräter, der die Nase rümpft vor dem Geruch des Blutes, mit dem die Revolution den Leib der neuen Gesellschaft wäscht. Soll ich dir sagen, warum du kein Blut mehr sehn kannst, Danton. Hast du Revolution gesagt. Der Griff nach dem Fleischtopf war deine Revolution. Der Freiplatz im Bordell. Dafür hast du dich auf den Tribünen gespreizt im Beifall des Pöbels. Der Löwe, der den Aristokraten die Stiefel leckt. Schmeckt dir der Speichel der Bourbonen. Ist dir auch warm im Arsch der Monarchie. Sagtest du Kühnheit. Schüttle nur deine gepuderte Mähne. Länger als bis dein Kopf fällt unter dem Beil der Gerechtigkeit wirst du die Tugend nicht verhöhnen. Du kannst nicht sagen, daß ich dich nicht gewarnt habe, Danton. Jetzt wird die Guillotine mit dir reden, die erhabene Erfindung des neuen Zeitalters, das über dich hinwegschreiten wird wie über alle Verräter. Ihre Sprache wirst du verstehn, du hast sie gut gesprochen im September. *Sklaven schlagen Galloudec den Dantonkopf herunter, werfen ihn einander zu. Galloudec gelingt es, ihn zu fangen, er klemmt ihn unter den Arm.* Warum klemmst du deinen schönen Kopf nicht zwischen die Beine, Danton, wo bei den Läusen deiner Ausschweifung und den Geschwüren deines Lasters dein Verstand sitzt.

Sasportas stößt Galloudec den Dantonkopf unter dem Arm weg. Galloudec kriecht dem Kopf nach, setzt ihn auf.

GALLOUDECDANTON: Jetzt bin ich dran. Seht den Affen mit der zerbrochenen Kinnlade. Den Blutsäufer, der seinen Sabber nicht halten kann. Hast du das Maul zu voll genommen. Unbestechlicher, mit deiner Tugendpauke. Das ist der Dank des Vaterlandes: eine Gendarmenfaust. *Sklaven reißen Sasportas die Kinnbinde vom Robespierrekopf, die Kinnlade fällt herunter. Während Sasportas Kinnbinde und Kinnlade sucht.* Ist dir etwas heruntergefallen. Fehlt dir etwas. Eigentum ist Diebstahl. Spürst du den Wind im Hals. Das ist die Freiheit. *Sasportas hat Kinnbinde und Kinnlade wiedergefunden und komplettiert den Robespierrekopf.* Paß auf, daß dir dein schlauer Kopf nicht ganz abhanden kommt, Robespierre, durch die Liebe des Volkes. Hast du Revolution gesagt. Das Beil der Gerechtigkeit, wie. Die Guillotine ist keine Brotfabrik. Wirtschaft, Horatio, Wirtschaft. *Sklaven schlagen Sasportas den Robespierrekopf herunter und gebrauchen ihn als Fußball.* Das ist die Gleichheit. ES LEBE DIE REPUBLIK. Hab ich dir nicht gesagt: du bist der nächste. *Mischt sich in das Fußballspiel der Sklaven.* Das ist die Brüderlichkeit. *SasportasRobespierre heult.* Was hast du gegen Fußball. Entre nous: soll ich dir sagen, warum du so scharf warst auf meinen schönen Kopf. Ich wette, wenn du die Hosen herunterläßt, staubt es. Damen und Herrn. Das Theater der Revolution ist eröffnet. Attraktion: der Mann ohne Unterleib. Maximilian der Große. Tugendmax. Der Sesselfurzer. Der Wichser aus Arras. Der blutige Robespierre.

SASPORTASROBESPIERRE *setzt den Kopf wieder auf:* Mein Name steht im Pantheon der Geschichte.

GALLOUDECDANTON:
EIN MÄNNLEIN STEHT IM WALDE
GANZ STILL UND STUMM
ES HAT VON LAUTER PURPUR
EIN MÄNTLEIN UM

SASPORTASROBESPIERRE: Parasit Syphilitiker Aristokratenknecht.

GALLOUDECDANTON: Heuchler Eunuch Lakai der Wallstreet.

SASPORTASROBESPIERRE: Schwein.

GALLOUDECDANTON: Hyäne.

Prügeln einander die Köpfe wieder herunter. Debuisson applaudiert. Sklaven zerren ihn vom Thron, setzen Sasportas hinauf, Galloudec als Fußbank. Krönung Sasportas'.

SASPORTAS: Das Theater der weißen Revolution ist zu Ende. Wir verurteilen dich zum Tode, Victor Debuisson. Weil deine Haut weiß ist. Weil deine Gedanken weiß sind unter deiner weißen Haut. Weil deine Augen die Schönheit unserer Schwestern gesehen haben. Weil deine Hände die Nacktheit unserer Schwestern berührt haben. Weil deine Gedanken ihre Brüste gegessen haben ihren Leib ihre Scham. Weil du ein Besitzer bist, ein Herr. Darum verurteilen wir dich zum Tode, Victor Debuisson. Die Schlangen sollen deine Scheiße fressen, deinen Arsch die Krokodile, die Piranhas deine Hoden. *Debuisson schreit.* Das Elend mit euch ist, ihr könnt nicht sterben. Darum tötet ihr alles um euch herum. Für eure toten Ordnungen, in denen der Rausch keinen Platz hat. Für eure Revolutionen ohne Geschlecht. Liebst du diese Frau. Wir nehmen sie, damit du leichter stirbst. Wer nicht besitzt stirbt leichter. Was gehört dir noch. Sag schnell, unsre Schule ist die Zeit, sie kommt nicht wieder und kein Atem für Didaktik, wer nicht lernt stirbt auch. Deine Haut. Wem hast du sie abgezogen. Dein Fleisch unser Hunger. Dein Blut leert unsre Adern. Deine Gedanken, wie. Wer schwitzt für eure Philosophien. Noch dein Harn und deine Scheiße sind Ausbeutung und Sklaverei. Von deinem Samen nicht zu reden: Destillat aus toten Leibern. Jetzt gehört dir nichts mehr. Jetzt bist du nichts. Jetzt kannst du sterben. Grabt ihn ein.

Ich stehe zwischen Männern, die mir unbekannt sind, in einem alten Fahrstuhl mit während des Aufstiegs klapperndem Metallgestänge. Ich bin gekleidet wie ein Angestellter oder wie ein Arbeiter am Feiertag. Ich habe mir sogar einen Schlips umgebunden, der Kragen scheuert am Hals, ich schwitze. Wenn ich den Kopf bewege, schnürt mir der Kragen den Hals ein. Ich habe einen Termin beim Chef (in Gedanken nenne ich ihn Nummer Eins), sein Büro ist in der vierten Etage, oder war es die zwanzigste; kaum denke ich darüber nach, schon bin ich nicht mehr sicher. Die Nachricht von meinem Termin beim Chef (den ich in Gedanken Nummer Eins nenne) hat mich im Kellergeschoß erreicht, einem ausgedehnten Areal mit leeren Betonkammern und Hinweisschildern für den Bombenschutz. Ich nehme an, es geht um einen Auftrag, der mir erteilt werden soll. Ich prüfe den Sitz meiner Krawatte und ziehe den Knoten fest. Ich hätte gern einen Spiegel, damit ich den Sitz der Krawatte auch mit den Augen prüfen kann. Unmöglich, einen Fremden zu fragen, wie dein Schlipsknoten sitzt. Die Krawatten der andern Männer im Fahrstuhl sitzen fehlerfrei. Einige von ihnen scheinen miteinander bekannt zu sein. Sie reden leise über etwas, wovon ich nichts verstehe. Immerhin muß ihr Gespräch mich abgelenkt haben: beim nächsten Halt lese ich auf dem Etagenanzeiger über der Fahrstuhltür mit Schrecken die Zahl Acht. Ich bin zu weit gefahren oder ich habe mehr als die Hälfte der Strecke noch vor mir. Entscheidend ist der Zeitfaktor. FÜNF MINUTEN VOR DER ZEIT / IST DIE WAHRE PÜNKTLICHKEIT. Als ich das letztemal auf meine Armbanduhr geblickt habe, zeigte sie Zehn. Ich erinnere mich an mein Gefühl der Erleichterung: noch fünfzehn Minuten bis zu meinem Termin beim Chef. Beim nächsten Blick war es nur fünf Minuten später. Als ich jetzt, zwischen der achten und neunten Etage, wieder auf meine Uhr sehe, zeigt sie genau vierzehn Minuten und fünfundvierzig Sekunden nach der zehnten Stunde an: mit der wahren Pünktlichkeit ist es vorbei, die Zeit arbeitet nicht mehr für mich. Schnell überdenke ich meine Lage: ich kann beim nächsten möglichen Halt aussteigen und die Treppe hinunterlaufen, drei Stufen auf einmal, bis zur vierten Etage. Wenn es die falsche Etage ist, bedeutet das natürlich einen vielleicht uneinholbaren Zeitverlust. Ich kann bis zur zwanzigsten Etage weiterfahren und, wenn sich das Büro des Chefs dort nicht befindet, zurück in die vierte Etage, vorausgesetzt der Fahrstuhl fällt nicht aus, oder die Treppe hinunterlaufen (drei Stufen auf einmal), wobei ich mir die Beine brechen kann oder den Hals, gerade weil ich es eilig habe. Ich sehe mich schon auf einer Bahre ausgestreckt, die auf meinen Wunsch in das Büro des Chefs getragen und vor seinem Schreibtisch abgestellt wird, immer noch dienstbereit, aber nicht mehr tauglich. Vorläufig spitzt sich alles auf die durch meine Fahrlässigkeit im voraus nicht beantwortbare Frage zu, in welcher Etage der Chef (den ich in Gedanken Nummer Eins nenne) mit einem wichtigen Auftrag auf mich wartet. (Es muß ein wichtiger Auftrag sein, warum sonst läßt er ihn nicht durch einen Untergebenen erteilen.) Ein schneller Blick auf die Uhr klärt mich unwiderlegbar über die Tatsache auf, daß es auch für die einfache Pünktlichkeit seit langem zu spät ist, obwohl unser Fahrstuhl, wie beim zweiten Blick zu sehn, die zwölfte Etage noch nicht erreicht hat: der Stundenzeiger steht auf Zehn, der Minutenzeiger auf Fünfzig, auf die Sekunden kommt es schon länger nicht mehr an. Mit meiner Uhr scheint etwas nicht zu stimmen, aber auch für einen Zeitvergleich ist keine Zeit mehr: ich bin, ohne daß ich bemerkt habe, wo die andern Herren ausgestiegen sind, allein im Fahrstuhl. Mit einem Grauen, das in meine Haarwurzeln greift, sehe ich auf meiner Uhr, von der ich den Blick jetzt nicht mehr losreißen kann, die Zeiger mit zunehmender Geschwindigkeit das Zifferblatt umkreisen, so daß zwischen Lidschlag und Lidschlag immer mehr Stunden vergehn. Mir wird klar, daß schon lange etwas nicht gestimmt hat: mit meiner Uhr, mit diesem Fahrstuhl, mit der Zeit. Ich verfalle auf wilde Spekulationen: die Schwerkraft läßt nach, eine Störung, eine Art Stottern der Erdrotation, wie ein Wadenkrampf beim Fußball. Ich bedaure, daß ich von Physik zu wenig weiß, um den schreienden Widerspruch zwischen der Geschwindigkeit des Fahrstuhls und dem Zeitablauf, den meine Uhr anzeigt, in Wissenschaft auflösen zu können. Warum habe ich in der Schule nicht aufgepaßt. Oder die falschen Bücher gelesen: Poesie statt Physik. Die Zeit ist aus den Fugen und irgendwo in der vierten oder in der zwanzigsten Etage (das Oder schneidet wie ein Messer durch mein fahrlässiges Gehirn) wartet in einem wahrscheinlich weitläufigen und mit einem schweren Teppich ausgelegten Raum hinter seinem Schreibtisch, der wahrscheinlich an der hinteren Schmalseite des Raumes dem Eingang gegenüber aufgestellt ist, mit meinem Auftrag der Chef (den ich in Gedanken Nummer Eins nenne) auf mich Versager. Vielleicht geht die Welt aus dem Leim und mein Auftrag, der so wichtig war, daß ihn der Chef mir in Person erteilen wollte, ist schon sinnlos geworden durch meine Fahrlässigkeit, GEGENSTANDSLOS in der Sprache der Ämter, die ich so gut gelernt habe (überflüssige Wissenschaft!), BEI DEN AKTEN, die niemand mehr einsehen wird, weil er gerade die letzte mögliche Maßnahme gegen den Untergang betraf, dessen Beginn ich jetzt erlebe, eingesperrt in diesen verrückt gewordenen Fahrstuhl mit meiner verrückt gewordenen Armbanduhr. Verzweifelter Traum im Traum: ich habe die Fähigkeit, einfach indem ich mich zusammenrolle, meinen Körper in ein Geschoß zu verwandeln, das die Decke des Fahrstuhls durchschlagend die Zeit überholt. Kaltes Erwachen im langsamen Fahrstuhl zum Blick auf die rasende Uhr. Ich stelle mir die Verzweiflung von Nummer Eins vor. Seinen Selbstmord. Sein Kopf, dessen Porträt alle Amtsstuben ziert, auf dem Schreibtisch. Blut aus einem schwarzrandigen Loch in der (wahrscheinlich rechten) Schläfe. Ich habe keinen Schuß gehört, aber das beweist nichts, die Wände seines Büros sind natürlich schalldicht, mit Zwischenfällen ist beim Bau gerechnet worden und was im Büro des Chefs geschieht, geht die Bevölkerung nichts an, die Macht ist einsam. Ich verlasse den Fahrstuhl beim nächsten Halt und stehe ohne Auftrag, den nicht mehr gebrauchten Schlips immer noch lächerlich unter mein Kinn gebunden, auf einer Dorfstraße in Peru. Trockener Schlamm mit Fahrspuren. Auf beiden Seiten der Straße greift eine kahle Ebene mit seltenen Grasnarben und Flecken von grauem Gebüsch undeutlich nach dem Horizont, über dem ein Gebirge im Dunst schwimmt. Links von der Straße ein Barackenbau, er sieht verlassen aus, die Fenster schwarze Löcher mit Glasresten. Vor einer Plakatwand mit Reklamen für Produkte einer fremden Zivilisation stehen zwei riesige Einwohner. Von ihren Rücken geht eine Drohung aus. Ich überlege, ob ich zurückgehen soll, noch bin ich nicht gesehen worden. Nie hätte ich gedacht, während meines verzweifelten Aufstiegs zum Chef, daß ich Heimweh nach dem Fahrstuhl empfinden könnte, der mein Gefängnis war. Wie soll ich meine Gegenwart in diesem Niemandsland erklären. Ich habe keinen Fallschirm vorzuweisen, kein Flugzeug oder Autowrack. Wer kann mir glauben, daß ich aus einem Fahrstuhl nach Peru gelangt bin, vor und hinter mir die Straße, von der Ebene flankiert, die nach dem Horizont greift. Wie soll überhaupt eine Verständigung möglich sein, ich kenne die Sprache dieses Landes nicht, ich könnte genausogut taubstumm sein. Besser ich wäre taubstumm: vielleicht gibt es Mitleid in Peru. Mir bleibt nur die Flucht ins hoffentlich Menschenleere, vielleicht vor einem Tod in einen andern, aber ich ziehe den Hunger dem Messer des Mörders vor. Mittellos mich freizukaufen bin ich in jedem Fall, mit meiner geringen Barschaft in der fremden Währung. Nicht einmal im Dienst zu sterben ist mir vom Schicksal vergönnt, meine Sache ist eine verlorene Sache, Angestellter eines gestorbenen Chefs der ich bin, mein Auftrag beschlossen in seinem Gehirn, das nichts mehr herausgibt, bis die Tresore der Ewigkeit geöffnet werden, um deren Kombination die Weisen der Welt sich abmühn, auf dieser Seite des Todes. Hoffentlich nicht zu spät löse ich meinen Schlipsknoten, dessen korrekter Sitz mich so viel Schweiß gekostet hat auf meinem Weg zum Chef, und lasse das auffällige Kleidungsstück in meiner Jacke verschwinden. Beinahe hätte ich es weggeworfen, eine Spur. Im Umdrehn sehe ich zum erstenmal das Dorf; Lehm und Stroh, durch eine offne Tür eine Hängematte. Kalter Schweiß bei dem Gedanken, ich könnte von dort aus beobachtet worden sein, aber ich kann kein Zeichen von Leben ausmachen, das einzig Bewegte ein Hund, der in einem qualmenden Müllhaufen wühlt. Ich habe zu lange gezögert: die Männer lösen sich von der Plakatwand und kommen schräg über die Straße auf mich zu, zunächst ohne mich anzusehn. Ich sehe die Gesichter über mir, undeutlich schwarz das eine, die Augen weiß, der Blick nicht auszumachen: die Augen sind ohne Pupillen. Der Kopf des andern ist aus grauem Silber. Ein langer ruhiger Blick aus Augen, deren Farbe ich nicht bestimmen kann, etwas Rotes schimmert darin. Durch die Finger der schwer herabhängenden rechten Hand, die ebenfalls aus Silber zu bestehen scheint, läuft ein Zucken, die Blutbahnen leuchten aus dem Metall. Der Silberne geht hinter mir vorbei dem Schwarzen nach. Meine Angst verfliegt und macht einer Enttäuschung Platz: bin ich nicht einmal ein Messer wert oder den Würgegriff von Händen aus Metall. Lag in dem ruhigen Blick, der fünf Schritte lang auf mich gerichtet war, nicht etwas wie Verachtung. Worin besteht mein Verbrechen. Die Welt ist nicht untergegangen, vorausgesetzt, das hier ist keine andre Welt. Wie erfüllt man einen unbekannten Auftrag. Was kann mein Auftrag sein in dieser wüsten Gegend jenseits der Zivilisation. Wie soll der Angestellte wissen, was im Kopf des Chefs vorgeht. Keine Wissenschaft der Welt wird meinen verlorenen Auftrag aus den Hirnfasern des Verewigten zerrn. Mit ihm wird er begraben, das Staatsbegräbnis, das vielleicht jetzt schon seinen Gang nimmt, garantiert die Auferstehung nicht. Etwas wie Heiterkeit breitet sich in mir aus, ich nehme die Jacke über den Arm und knöpfe das Hemd auf: mein Gang ist ein Spaziergang. Vor mir läuft der Hund über die Straße, eine Hand quer in der Schnauze, die Finger sind mir zugekehrt, sie sehn verbrannt aus. Mit einer Drohung, die nicht mich meint, kreuzen junge Männer meinen Weg. Wo die Straße in die Ebene ausläuft, steht in einer Haltung, als ob sie auf mich gewartet hat, eine Frau. Ich strecke die Arme nach ihr aus, wie lange haben sie keine Frau berührt, und höre eine Männerstimme sagen DIESE FRAU IST DIE FRAU EINES MANNES. Der Ton ist endgültig und ich gehe weiter. Als ich mich umsehe, streckt die Frau die Arme nach mir aus und entblößt ihre Brüste. Auf einem grasüberwachsenen Bahndamm basteln zwei Knaben an einer Kreuzung aus Dampfmaschine und Lokomotive herum, die auf einem abgebrochenen Gleis steht. Ich Europäer sehe mit dem ersten Blick, daß ihre Mühe verloren ist: dieses Fahrzeug wird sich nicht bewegen, aber ich sage es den Kindern nicht, Arbeit ist Hoffnung, und gehe weiter in die Landschaft, die keine andere Arbeit hat als auf das Verschwinden des Menschen zu warten. Ich weiß jetzt meine Bestimmung. Ich werfe meine Kleider ab, auf das Äußere kommt es nicht mehr an. Irgendwann wird DER ANDERE mir entgegenkommen, der Antipode, der Doppelgänger mit meinem Gesicht aus Schnee. Einer von uns wird überleben.

Debuisson. Galloudec. Sasportas.

DEBUISSON *gibt Galloudec ein Papier. Galloudec und Sasportas lesen:* Die Regierung, die uns den Auftrag erteilt hat, hier auf Jamaika einen Sklavenaufstand zu organisieren, ist nicht mehr im Amt. Der General Bonaparte hat das Direktorium aufgelöst mit den Bajonetten seiner Grenadiere. Frankreich heißt Napoleon. Die Welt wird was sie war, eine Heimat für Herren und Sklaven. *Galloudec zerknüllt das Papier.* Was glotzt ihr. Unsre Firma steht nicht mehr im Handelsregister. Sie ist bankrott. Die Ware, die wir zu verkaufen haben, zahlbar in der Landeswährung Tränen Schweiß Blut, wird auf dieser Welt nicht mehr gehandelt. *Zerreißt das Papier.* Ich entlasse uns aus unserm Auftrag. Dich, Galloudec, den Bauern aus der Bretagne. Dich, Sasportas, den Sohn der Sklaverei. Mich, Debuisson

SASPORTAS *leise:* Den Sohn der Sklavenhalter

DEBUISSON: Jeden in seine eigne Freiheit oder Sklaverei. Unser Schauspiel ist zu Ende, Sasportas. Paß auf, wenn du dich abschminkst, Galloudec. Vielleicht geht deine Haut mit. Deine Maske, Sasportas, ist dein Gesicht. Mein Gesicht ist meine Maske. *Bedeckt das Gesicht mit den Händen.*

GALLOUDEC: Das geht mir zu schnell, Debuisson. Ich bin ein Bauer, ich kann so schnell nicht denken. Ich habe meinen Hals riskiert ein Jahr und länger, das Maul zu Fetzen gepredigt auf geheimen Versammlungen, Waffen geschmuggelt durch Kordone von Bluthunden, Haien und Spitzeln, den Idioten gespielt an den Tischen der englischen Halsabschneider als dein Hund, von der Sonne verbrannt und vom Fieber gebeutelt auf diesem gottverdammten Erdteil ohne Schnee, alles für diese faule Masse von schwarzem Fleisch, das sich nicht bewegen will außer unterm Stiefel, und was geht mich die Sklaverei auf Jamaika an, bei Licht besehn, ich bin Franzose, warte, Sasportas, aber ich will auf der Stelle schwarz werden, wenn ich begreife, warum das alles nicht mehr wahr sein soll und ausgestrichen und für nichts kein Auftrag mehr, weil in Paris einen General der Hafer sticht. Er ist noch nicht einmal Franzose. Aber wenn man dich reden hört, Debuisson, könnte man meinen, daß du nur gewartet hast auf diesen General Bonaparte.

DEBUISSON: Vielleicht habe ich wirklich gewartet auf diesen General Bonaparte. So wie halb Frankreich auf ihn gewartet hat. Revolution macht müde, Galloudec. Im Schlaf der Völker stehn die Generäle auf und zerbrechen das Joch der Freiheit, das so schwer zu tragen ist. Merkst du, wie es dir die Schultern krummzieht, Galloudec.

SASPORTAS: Ich glaube, ich verstehe dich auch nicht, Debuisson. Nicht mehr. Die Welt eine Heimat für Herren und Sklaven. Sklaven haben keine Heimat, Bürger Debuisson. Und solange es Herren und Sklaven gibt, sind wir aus unserm Auftrag nicht entlassen. Was hat ein Generalsputsch in Paris mit der Befreiung der Sklaven auf Jamaika zu tun, die unser Auftrag ist. Zehntausend Männer warten auf unsern Befehl, auf deinen, wenn du willst. Aber es muß nicht deine Stimme sein, die den Befehl spricht. Sie schlafen nicht, sie warten nicht auf einen General. Sie sind bereit zu töten und zu sterben für dein JOCH DER FREIHEIT, von dem sie geträumt haben ihr Leben lang, das ein täglicher Tod ist, wie von einer unbekannten Geliebten. Sie fragen nicht nach der Beschaffenheit ihrer Brüste oder nach der Jungfräulichkeit ihrer Scham. Was geht diese Männer Paris an, ein ferner Steinhaufen, der eine kurze Zeit lang die Metropole ihrer Hoffnung war, was Frankreich, ein Land, in dem die Sonne nicht töten kann, wo das Blut die Farbe des Morgenrots hatte eine kurze Zeit lang, auf einem bleichen Kontinent hinter dem Grab von Atlantis. Von eurem General, ich habe seinen Namen schon vergessen, wird keine Rede mehr sein, wenn der Name des Befreiers von Haiti in allen Schulbüchern steht.

Debuisson lacht.

Du lachst.

DEBUISSON: Ich lache, Sasportas, frag mich warum.

SASPORTAS: Kann sein, ich habe dich schon wieder nicht verstanden. Ich weiß nicht, ob ich dich jetzt töten oder mich bei dir entschuldigen soll.

DEBUISSON: Tu was du willst, Sasportas.

SASPORTAS *lacht:* Ach Debuisson. Einen Augenblick lang habe ich geglaubt, was du sagst, ist deine Meinung. Ich hätte es wissen müssen. Ich hätte wissen müssen, daß es eine Probe war. Ich habe die Probe nicht bestanden, wie. Jeder von uns muß kalt sein wie ein Messer, wenn das Zeichen gegeben wird und die Schlacht beginnt. Es ist nicht Angst, was meine Nerven zittern macht, sondern die Freude auf den Tanz. Ich höre die Trommeln, bevor sie geschlagen werden. Ich höre mit den Poren, meine Haut ist schwarz. Aber ich habe an dir gezweifelt und das ist nicht gut. Verzeih mir, Debuisson. Du hast deine Hände in Blut getaucht für unsre Sache. Ich habe gesehen, daß es dir schwer gefallen ist. Ich liebe dich für beides, Debuisson, denn der getötet werden mußte, damit er unsre Sache nicht verriet, war meinesgleichen, und er brauchte seinen Tod vor der nächsten Folter, für die du ihn heilen solltest von den Folgen der ersten als Arzt und Helfer der Menschheit, aber er sagte: Töte mich damit ich nicht verraten kann, und du hast ihn getötet für unsre Sache als Arzt und Revolutionär. *Umarmt Debuisson.*

DEBUISSON: Du brauchst dich nicht zu entschuldigen, Sasportas, es war keine Probe. Unsre Namen werden nicht in den Schulbüchern stehn, und dein Befreier von Haiti, wo jetzt die befreiten Neger auf die befreiten Mulatten einschlagen oder umgekehrt, wird lange warten müssen auf seinen Platz im Buch der Geschichte. Inzwischen wird Napoleon Frankreich in eine Kaserne verwandeln und Europa vielleicht in ein Schlachtfeld, der Handel blüht in jedem Fall, und der Frieden mit England wird nicht ausbleiben, was die Menschheit eint sind die Geschäfte. Die Revolution hat keine Heimat mehr, das ist nicht neu unter dieser Sonne, die eine neue Erde vielleicht nie bescheinen wird, die Sklaverei hat viele Gesichter, ihr letztes haben wir noch nicht gesehn, du nicht, Sasportas, und wir auch nicht, Galloudec, und vielleicht war, was wir für das Morgenrot der Freiheit hielten, nur die Maske einer neuen schrecklichen Sklaverei, mit der verglichen die Herrschaft der Peitsche auf den Kariben und anderswo einen freundlichen Vorgeschmack auf die Wonnen des Paradieses darstellt, und vielleicht hat deine unbekannte Geliebte, die Freiheit, wenn ihre Masken verbraucht sind, überhaupt kein anderes Gesicht als der Verrat: was du heute nicht verrätst, wird dich morgen töten. Vom

Standpunkt der Humanmedizin ist die Revolution eine Totgeburt, Sasportas: aus der Bastille in die Conciergerie, der Befreier wird Gefängniswärter. TOD DEN BEFREIERN heißt die letzte Wahrheit der Revolution. Und was meinen Mord im Dienst an unserer Sache betrifft: der Arzt als Mörder ist kein neuer Part im Theater der Gesellschaft, der Tod bedeutet nicht so viel für die Helfer der Menschheit: ein andrer chemischer Zustand, bis zum Sieg der Wüste ist jede Ruine ein Baugrund gegen den Reißzahn der Zeit. Vielleicht habe ich nur meine Hände gewaschen, Sasportas, als ich sie in Blut getaucht habe für unsere Sache, die Poesie war immer schon die Sprache der Vergeblichkeit, mein schwarzer Freund. Wir haben andre Leichen im Genick jetzt und sie werden unser Tod sein, wenn wir sie nicht abwerfen vor der Grube. Dein Tod heißt Freiheit, Sasportas, dein Tod heißt Brüderlichkeit, Galloudec, mein Tod heißt Gleichheit. Es ritt sich gut auf ihnen, als sie noch unsre Gäule gewesen sind, der Wind von morgen um die Schläfe. Jetzt weht der Wind aus gestern. Die Gäule sind wir. Merkt ihr die Sporen im Fleisch. Unsre Reiter haben Gepäck: die Leichen des Terrors, Pyramiden von Tod. Merkt ihr das Gewicht. Mit jedem Zweifel, der durch unsre Gehirnwindungen geht, wiegen sie schwerer. Eine Revolution hat keine Zeit, ihre Toten zu zählen. Und wir brauchen unsre Zeit jetzt, um die schwarze Revolution abzublasen, die wir so gründlich vorbereitet haben im Auftrag einer Zukunft, die schon wieder Vergangenheit ist wie die andern vor ihr. Warum kommt die Zukunft in unsrer Sprache nur einzeln vor, Galloudec. Bei den Toten vielleicht ist es anders, wenn der Staub eine Stimme hat. Denk darüber nach, Sasportas, eh du deinen Hals riskierst für die Befreiung der Sklaven in einen Abgrund, der keinen Boden mehr hat seit dieser Nachricht, die ich mir jetzt einverleiben werde, damit von unsrer Arbeit keine Spur bleibt. Wollt ihr auch einen Fetzen. Das war unser Auftrag, er schmeckt nur noch nach Papier. Morgen wird er den Weg allen Fleisches gegangen sein, jede Himmelfahrt hat eine Richtung, und vielleicht ist der Stern schon auf dem Weg aus den Kälten des Weltraums, ein Klumpen Eis oder Metall, der das endgültige Loch in den Boden der Tatsachen schlägt, auf dem wir immer neu unsre gebrechlichen Hoffnungen pflanzen. Oder die Kälte selber, die unsre Gestern und Morgen zum ewigen Heute friert. Warum sind wir nicht als Bäume geboren, Sasportas, die das alles nichts angeht. Oder willst du lieber ein Berg sein. Oder eine Wüste. Was sagst du, Galloudec. Warum glotzt ihr mich an wie zwei Steine. Warum sind wir nicht einfach da und sehen dem Krieg der Landschaften zu. Was wollt ihr von mir. Sterbt euern eignen Tod, wenn euch das Leben nicht schmeckt. Ich werde euch nicht ins Grab helfen, mir schmeckt es auch nicht. Gestern habe ich geträumt, daß ich durch New York ging. Die Gegend war verfallen und von Weißen nicht bewohnt. Vor mir auf dem Gehsteig stand eine goldene Schlange auf, und als ich über die Straße ging, beziehungsweise durch den Dschungel aus kochendem Metall, der die Straße war, auf dem andern Gehsteig eine andre Schlange. Sie war leuchtend blau. Ich wußte im Traum: die goldene Schlange ist Asien, die blaue Schlange, das ist Afrika. Beim Erwachen vergaß ich es wieder. Wir sind drei Welten. Warum weiß ich es jetzt. Und ich hörte eine Stimme sagen: SIEHE EIN GROSSES ERDBEBEN GESCHAH DENN DER ENGEL DES HERRN KAM VOM HIMMEL HERAB TRAT HINZU UND WÄLZTE DEN STEIN VON DER TÜR UND SETZTE SICH DRAUF UND SEINE GESTALT WAR WIE DER BLITZ UND SEIN KLEID WEISS WIE DER SCHNEE. Ich will das alles nicht mehr wissen. Tausend Jahre ist gelacht worden über unsre drei Geliebten. In allen Gossen haben sie sich gewälzt, alle Rinnsteine der Welt sind sie hinabgeschwommen, geschleift durch alle Bordelle, unsre Hure die Freiheit, unsre Hure die Gleichheit, unsre Hure die Brüderlichkeit. Jetzt will ich sitzen wo gelacht wird, frei zu allem was mir schmeckt, gleich mit mir, mein und sonst niemandes Bruder. Dein Fell bleibt schwarz, Sasportas. Du, Galloudec, bleibst ein Bauer. Über euch wird gelacht. Mein Platz ist wo über euch gelacht wird. Ich lache über euch. Ich lache über den Neger. Ich lache über den Bauern. Ich lache über den Neger, der sich weiß waschen will mit der Freiheit. Ich lache über den Bauern, der in der Maske der Gleichheit geht. Ich lache über den Stumpfsinn der Brüderlichkeit, der mich, Debuisson, Herrn über vierhundert Sklaven, ich brauche nur Ja zu sagen, Ja und Ja zur geheiligten Ordnung der Sklaverei, blind gemacht hat für dein, Sasportas, dreckiges Sklavenfell, für deinen vierbeinigen Bauerntrott, Galloudec, das Joch im Nacken, mit dem die Ochsen in der Furche gehn auf deinem Acker, der dir nicht gehört. Ich will mein Stück vom Kuchen der Welt. Ich werde mir mein Stück herausschneiden aus dem Hunger der Welt. Ihr, ihr habt kein Messer.

SASPORTAS: Du hast mir eine Fahne zerrissen. Ich will mir einc neue schneiden aus meinem schwarzen Fell. *Schneidet mit dem Messer ein Kreuz in die Fläche seiner Hand.* Das ist der Abschied, Bürger Debuisson. *Drückt Debuisson seine blutende Hand aufs Gesicht.* Schmeckt dir mein Blut. Ich habe gesagt, daß die Sklaven keine Heimat haben. Das ist nicht wahr. Die Heimat der Sklaven ist der Aufstand. Ich gehe in den Kampf, bewaffnet mit den Demütigungen meines Lebens. Du hast mir eine neue Waffe in die Hand gegeben, und ich danke dir dafür. Kann sein, mein Platz ist der Galgen, und vielleicht wächst mir der Strick schon um den Hals, während ich mit dir rede statt dich zu töten, dem ich nichts mehr schuldig bin als mein Messer. Aber der Tod ist ohne Bedeutung, und am Galgen werde ich wissen, daß meine Komplicen die Neger aller Rassen sind, deren Zahl wächst mit jeder Minute, die du an deinem Sklavenhaltertrog verbringst oder zwischen den Schenkeln deiner weißen Hure. Wenn die Lebenden nicht mehr kämpfen können, werden die Toten kämpfen. Mit jedem Herzschlag der Revolution wächst Fleisch zurück auf ihre Knochen, Blut in ihre Adern, Leben in ihren Tod. Der Aufstand der Toten wird der Krieg der Landschaften sein, unsre Waffen die Wälder, die Berge, die Meere, die Wüsten der Welt. Ich werde Wald sein, Berg, Meer, Wüste. Ich, das ist Afrika. Ich, das ist Asien. Die beiden Amerika sind ich.

GALLOUDEC: Ich geh mit dir, Sasportas. Sterben müssen wir alle, Debuisson. Und das ist alles, was wir noch gemeinsam haben. Nach dem Massaker in Guadeloupe haben sie in der Mitte von einem Leichenhaufen, alle schwarz, einen Weißen gefunden, der genauso tot war. Das kann dir jedenfalls nicht mehr passieren, Debuisson. Du bist heraus.

DEBUISSON: Bleibt. Ich habe Angst, Galloudec, vor der Schönheit der Welt. Ich weiß gut, daß sie die Maske des Verrats ist. Laßt mich nicht allein mit meiner Maske, die mir schon ins Fleisch wächst und es schmerzt nicht mehr. Tötet mich bevor ich euch verrate. Ich fürchte mich, Sasportas, vor der Schande, auf dieser Welt glücklich zu sein.

Sagte flüsterte schrie Debuisson. Aber Galloudec und Sasportas gingen weg einer mit dem andern, ließen Debuisson allein mit dem Verrat, der zu ihm getreten war wie die Schlange aus dem Stein. Debuisson schloß die Augen gegen die Versuchung, seiner ersten Liebe ins Gesicht zu sehn, die der Verrat war. Der Verrat tanzte. Debuisson preßte die Hände auf die Augen. Er hörte sein Herz den Rhythmus der Tanzschritte schlagen. Mit dem Herzschlag wurden sie schneller. Debuisson fühlte seine Lider gegen die Handflächen zucken. Vielleicht hatte der Tanz schon aufgehört und es war nur noch sein Herz das dröhnte, während der Verrat, die Arme vielleicht über den Brüsten verschränkt oder die Hände an den Hüften oder schon in den Schoß gekrallt, mit vor Begierde vielleicht schon zuckender Scham aus schwimmenden Augen ihn, Debuisson, ansah, der jetzt die Augen mit den Fäusten in die Höhlen drückte aus Angst vor seinem Hunger nach der Schande des Glücks. Vielleicht hatte der Verrat ihn schon verlassen. Die eignen gierigen Hände versagten Debuisson den Dienst. Er schlug die Augen auf. Der Verrat zeigte lächelnd seine Brüste, spreizte schweigend die Schenkel, seine Schönheit traf Debuisson wie ein Beil. Er vergaß den Sturm auf die Bastille, den Hungermarsch der Achtzigtausend, das Ende der Gironde, ihr Abendmahl, ein Toter an der Tafel, Saint-Just, den schwarzen Engel, Danton, die Stimme der Revolution, Marat, über den Dolch gekrümmt, das zerbrochene Kinn Robespierres, seinen Schrei, als der Henker die Binde abriß, seinen letzten mitleidigen Blick auf den Jubel der Menge. Debuisson griff nach der letzten Erinnerung, die ihn noch nicht verlassen hatte: ein Sandsturm vor Las Palmas, Grillen kamen mit dem Sand aufs Schiff und begleiteten die Fahrt über den

Atlantik. Debuisson duckte sich gegen den Sandsturm, rieb sich den Sand aus den Augen, hielt sich die Ohren gegen den Gesang der Grillen zu. Dann warf der Verrat sich auf ihn wie ein Himmel, das Glück der Schamlippen ein Morgenrot.

(1979)

NACHWORT

1

„Um den Alpdruck der Geschichte loszuwerden, muß man zuerst die Existenz der Geschichte anerkennen. Man muß die Geschichte kennen. Sie könnte sonst auf die altmodische Weise wiedererstehen, als Alptraum, Hamlets Geist. Man muß sie erst analysieren, dann kann man sie denunzieren, sie loswerden" (Heiner Müller, 1982).
Alle Versuche der Annäherung an die Texte Heiner Müllers beginnen mit dem Nachdenken über das Thema Geschichte, dem übergreifenden Topos seiner Arbeiten. Immer geht es um die Vermittlung historischer Prozesse; poetische Rückerinnerung wird zur Voraussetzung weiterzuleben. Allerdings: dieser Blick in die Vergangenheit ist ein „Blick in die Sonne", schmerzhaft, schonungslos, die „unreine" Wahrheit des Prozesses betonend, die Zwänge der Gewalt und Zerstörung – nicht auf Freundlichkeit aus, ohne die Möglichkeit zu einem harmonisierenden Ausgleich. Das Motto des „glücklosen Engels" (1958), schon mit deutlichem Bezug zu Walter Benjamins „Angelus Novus" thematisiert, scheint als Metapher des eigenen Geschichtsverständnisses auf: „Hinter ihm schwemmt Vergangenheit an, schüttet Geröll auf Flügel und Schulter ..., während vor ihm sich die Zukunft staut." Das Ergebnis ist eine versteinerte Hoffnung, „wartend auf Geschichte", aber eine Hoffnung, der mögliche Entwurf einer Utopie.
Er hält der Vorgeschichte/Geschichte stand, indem er sie benennt, an ihrer Überwindung arbeitet, ausdauernd, illusionslos; das Ideal des Kommunismus nicht als Ausweg aus der Realität formulierend, sondern als „wirkliche Bewegung", eingeschlossen den anhaltenden Erfahrungsdruck eigener Geschichte und Vorgeschichte, das Erschrecken vor dem „Schlachthaus", vor der „Eiszeit", die bis heute noch immer den geschichtlichen Prozeß mitprägen.

2

Die in diesem Band abgedruckten Stücke sind Entwürfe solcher Weltsicht. Ihre Anordnung, chronologisch einen Zeitraum von fast 25 Jahren überschauend, belegt die Entwicklung der künstlerischen Mittel, die unterschiedlichen Horizonte geschichtlicher Erfahrungen, den Dominanzwechsel in der Aufnahme verschiedener Stoffgebiete – mehr noch aber als auf diese Veränderungen verweist sie auf die Homogenität und Geschlossenheit eines seit seinen Anfängen kontinuierlich an den gleichen Fragen arbeitenden Werkes. Seine Kollisionen scheinen vorgegeben. Sie erwachsen aus dem unauflösbaren Widerspruch des Wissens um den notwendigen Gang geschichtlicher Bewegung und der Lebenspraxis der in diesen Prozeß hineingestellten Menschen. Deren Schicksal als gesellschaftliche Individuen, die mit ihrer Arbeit die Veränderungen bewirken, ohne selbst schon – und das auf lange Zeit – bei ihrem „eignen Inhalt ankommen" zu können, die sich einsetzen, sich „ruinieren" für die revolutionäre Veränderung und doch die Last der Vergangenheit im begrenzten Zeitraum ihres Lebens nicht loswerden, wird nachgefragt.
Der anhaltende Druck solcher allgemeinen Lage, seine unabänderliche Tragik sind es, die den Autor Heiner Müller von Beginn an in die Richtung eines ästhetischen Modells drängten, das gleichermaßen konsequent an der bewußten Zielstellung umwälzender Bewegungen festhält, daraus aber auch seinen künstlerischen Auftrag zieht, den Verletzungen und Selbstverletzungen, den Opfern der geschichtlichen Kämpfer nachzufragen; das den Preis des Fortschritts bejaht, ihn aber auch benennen muß, ohne Verbindlichkeit.
Anläßlich von „Zement" hieß es: „Je mehr der Sozialismus den Gang der Geschichte bestimmt, desto wichtiger die Erinnerung, was er gekostet hat"; für Heiner Müller eine unverzichtbare Verpflichtung seiner Dramaturgie, über die Geschichte der Revolution, über die eigene Geschichte nachzudenken und zugleich, ohne zu zögern, seinen persönlichen Erfahrungen, seiner Metapher zu trauen, weil: „die Angst vor der Metapher ist die Angst vor der Eigenbewegung des Materials. Die Angst vor der Tragödie ist die Angst vor der Permanenz der Revolution."

Das in solchem Entwurf liegende Angebot an den Leser/ Zuschauer ist unübersehbar.
Seine Hoffnung gründet sich auf die Möglichkeit, in einem Prozeß kollektiver Anstrengungen die Last der sich geschichtlich auftürmenden Ängste und Verdrängungen abbauen zu können, Mut zu gewinnen, sich der Widersprüchlichkeit der ganzen Geschichte zu stellen, das heißt, sie wirklich – als Welterfahrung – in einem „universellen Diskurs" anzunehmen.
In ihn einbezogen auch die DDR, weder herauszulösen aus den geschichtlichen Bewegungen der Vergangenheit und Gegenwart noch ihr Zentrum oder ausschließlicher Bezugspunkt. Für Heiner Müller, der in einer politisch bewußten Entscheidung in ihr lebt und arbeitet, war sie letzteres im übrigen zu keinem Zeitpunkt, selbst dort nicht, wo er sie unmittelbar als Gegenstand literarischer Widerspiegelung thematisiert hat.
Aber sie war und blieb der Ort, von dem aus der Blick in die Geschichte erfolgte: immer bedurfte die Entdeckung großer geschichtlicher Zusammenhänge in seinen Arbeiten auch der Selbsterfahrung, des Eigensinns, in seiner Person Geschichte schreiben zu müssen. Wo sie als eigene Vorgeschichte aufgerufen wird, bedeutet die Erinnerung an sie vor allem eine Erinnerung an dunkle und belastende Traditionen, an ein Erbe voller Schrecken. Das motivisch ständig wiederauftauchende Bild des Vaters, der 1933 von den Faschisten verhaftet wird und ins KZ kommt – und das Bild des Sohnes, der diesen Vorgang beobachtet, sich aber schlafend stellt, wird im Bewußtsein des Autors später, wie er sagt, „die erste Szene meines Theaters".
Sie läßt sich nicht verdrängen, bleibt eine offene Wunde.

3

Mitte der siebziger Jahre notiert Müller: „Man kann ein DDR-Bild nicht geben, ohne die DDR im Kontext der deutschen Geschichte zu sehen, die zum großen Teil auch eine deutsche Misere ist." Hier ist ein Zusammenhang formuliert, der rigoros und absichtlich vereinseitigend auf jener „dunklen" Traditionslinie beharrt, die für die eigene Generationserfahrung prägend bleibt, sich gleichzeitig aber auch gegen ein falsches Bewußtsein vermeintlich „eigener Geborgenheit, eigener Wirklichkeit" zur Wehr setzt, „auf die von der anderen Wirklichkeit nichts hineinwirken kann" (J. Fiebach), mehr noch, der als Kritikansatz dieser „eigenen Wirklichkeit" entgegenhält, selbst noch immer eine Signatur zu besitzen, die Züge ihrer Vorgeschichte mitträgt.

Die Sprengkraft eines von solchen Ansätzen bestimmten literarischen Widerspiegelungskonzepts ist offensichtlich: Es läßt sich nicht auf einen allgemeinen Begriff von Geschichte einebnen, ist zugleich weiter und enger als dieser; enger dort, wo Müllers Metapher die real vorhandenen revolutionären Traditionen, auch andere kämpferisch humanistische Linien der eigenen Geschichte stärker zurücknimmt – weiter, insofern es hierdurch differenzierter gelingt, besonders jenen Strukturen nachzufragen, die im Individuum selbst, in seiner sozialpsychologischen Konstitution als geschichtliches Subjekt ebenso angelegt erscheinen, aber durch eine von der bloßen Rationalität ökonomisch determinierter Verhältnisse ausgehenden Analyse nicht mehr genügend erfaßt werden können.

Heiner Müllers in den letzten Jahren wiederholtes Insistieren auf der eminent politischen Bedeutung gerade dieser „anderen" Seite geschichtlich-sozialer Wirklichkeit wird häufig allein im Kontext der aktuellen Diskussionen um seine Stücke des letzten Jahrzehnts, weit weniger aber auch mit dem Blick auf die frühen Texte vom Typus des *Lohndrücker*, der *Bauern* oder des *Bau* beurteilt. Es scheint, daß dadurch die bewußt durchgehaltene Kontinuität einer ästhetischen Konzeption und die in diesem Zusammenhang von Beginn an vorhandene Höhe seiner Metapher unterschätzt werden. Gerade ihr Entwurf war es aber, durch den es Müller gelang, neue künstlerische Zugänge zu einer gesellschaftlichen Wirklichkeit zu finden, deren Komplexität/Widersprüchlichkeit sich für ihn schon Ende der fünfziger/Anfang der sechziger Jahre nicht mehr in der Kategorien überkommener Widerspiegelungsvorstellungen erfassen ließen.

4

Die Arbeit am *Lohndrücker* wird zum exemplarischen Beleg einer solchen Erfahrung.
Wiederaufgenommen ist der historische Vorgang, die Aktivistentat des Maurers Hans Garbe, durch die im Winter 1948/49 im VEB Siemens-Planert in Berlin eine halbe Million Mark eingespart und so die Planerfüllung des Betriebes gesichert werden konnte.
Der Held der Arbeit, Hans Garbe, hatte die notwendigen Reparaturen an einem Ringofen bei laufender Produktion ausgeführt und zugleich durch eine bessere Arbeitsorganisation die bis dahin geltenden Zeitnormen für solche Reparaturen entschieden unterboten. Eine Tat, die lange Zeit als Inbegriff, als herausragendes Beispiel einer neuen Eigentümerhaltung der Arbeiterklasse galt und im Roman „Menschen an unserer Seite" von Eduard Claudius schon früh literarisch verarbeitet worden war. Auch Bertolt Brecht hatte in seinem „Büsching"-Projekt versucht, diesen Stoff aufzugreifen. Er sollte zur Grundlage, zum exemplarischen Fall einer historischen Chronik über die Aufbauperiode der Republik werden. Es blieb bei dem Versuch, der Entwurf wurde nicht zur Aufführung gebracht.
Als Müller Jahre später den Stoff erneut aufnahm, war der allgemeine gesellschaftliche Erfahrungshorizont ein anderer und damit auch das künstlerische Interesse an diesem Vorgang deutlich verlagert. Im Vorspruch zu seinem Text hieß es dann auch nur noch lakonisch: „Die Geschichte des Ringofens ist bekannt." Das bedeutet, sie rückt aus der Mitte des Interesses heraus, wird als Hintergrundwissen vorausgesetzt – es können nun neue Fragen an das Material gestellt werden. Zu ihnen gehört die geschichtliche Erfahrung, daß die sozialistische Gesellschaft – trotz der Vorbildleistung des Aktivisten Hans Balke – zunächst mit Menschen durchgesetzt werden mußte, die sich zum übergroßen Teil aus ehemaligen Mitläufern des Faschismus zusammensetzten. Müllers kritische und selbstkritische Analyse des weiter zu gehenden Weges zum Sozialismus im Osten Deutschlands kann und will diese Voraussetzung nicht verdrängen. Gerade dadurch aber gelingt es, das Beispiel der Reparatur des brennenden Ringofens, auf den er-

sten Blick eine einzelne, herausgehobene Geschichte aus dem Alltag einer frühen Phase der DDR-Entwicklung, zur Allegorie eines ganzen Epochenumbruchs zu gestalten. Die in diesen Umbruch hineingestellt sind, die „das Neue schaffen, sind noch nicht neue Menschen“. Der Aktivist Balke arbeitet ohne die Solidarität der anderen Arbeiter in einer feindseligen Atmosphäre für die Sicherung der neuen Produktion. Das Stück betont den gesellschaftlichen Charakter dieser Auseinandersetzung, indem nicht Balke selbst, sondern das Ensemble der kollektiven Haltungen und Reflexionen auf diesen einen Beitrag das Zentrum seiner Aussage bestimmt. Aber auch Balke, der vorbildliche Arbeiter, bleibt in der Motivation der eigenen Arbeit ein fragwürdig „fehlerhafter“ Held. Erinnert wird auch an seine Vergangenheit unter dem Faschismus, an seine eigene Feigheit und Schwäche. Die Aktivistentat als demonstrativer Bruch mit der Vergangenheit, als ein Versuch persönlicher Wiedergutmachung, scheint als Ausgangspunkt und Möglichkeit eines individuellen Wandlungsprozesses auf und weist zugleich über ihn hinaus: die Arbeit wird zur Hoffnung der neuen Gesellschaft, der notwendige Aufbau des Sozialismus auf den Ruinen der alten Gesellschaft zur entscheidenden Schlußfolgerung des Stücks, zu einem Entwurf für die Zukunft. Indem es Müller – bezogen auf den Gesamtprozeß geschichtlicher Entwicklungen – nicht zuerst darum geht, zu beweisen, was die neuen Verhältnisse schon überwunden und hinter sich gelassen haben, sondern was vor allem an Aufgaben noch bevorsteht, kann auch ein Bewußtsein vermittelt werden, das die Dimensionen und neuen Widersprüche gegenwärtiger und künftiger Arbeit begreifbarer werden läßt.

Der Zwang zur Analyse und die damit einhergehende Demontage jeder Illusion über die Zeitdauer dieser Arbeiten, eine Handlungsführung, die den Vorgang auf seinen Grundgestus reduziert, der offene, den Prozeßcharakter betonende Schluß des Stückes – das alles verweist schon früh auf die charakteristischen und übergreifenden Stilelemente eines dramatischen Ansatzes, der zu einem der entscheidenden Modellentwürfe literarischer Widerspiegelung in der DDR-Dramatik Ende der fünfziger Jahre wird. *Die Bauern* (1961) und *Der Bau* (1964) nehmen dieses Angebot wenige Jahre später wieder auf, erweitern es und werden zu differenzierten Proben seiner Aufhebung. Auch für ihren Kommunikationsraum Mitte der sechziger Jahre gilt, was Müller schon im *Lohndrücker* vorangestellt hatte: die Texte versuchen nicht, „den Kampf zwischen Altem und Neuem, den ein Stückeschreiber nicht entscheiden kann, mit dem Sieg des Neuen vor dem letzten Vorhang abgeschlossen darzustellen". Immer wieder geht es darum, „ihn in das neue Publikum zu tragen, das ihn entscheidet".

Der Kampf um die neue Produktion im *Bau* bzw. die Durchsetzung der Kollektivierung in der Landwirtschaft in den *Bauern* sind in diesem Sinne mit der Geschichte des Ringofens zu vergleichen, sie stehen als allgemeine Metaphern eines Gesamtprozesses, weisen über ihren konkreten stofflichen Rahmen hinaus.

Die Bodenreform und die damit verbundene Um- und Neuverteilung von Grund und Boden an die in der Vergangenheit nur Unterdrückten und Benachteiligten; später der Kampf der Partei um die sozialistische Kollektivierung im Interesse des gesellschaftlichen Fortschritts und zugleich gegen den Widerstand vieler – wird zur Allegorie eines großen Epochenbildes. Der *Bau* verweist auf die gleiche Konstellation: der neue Mensch entsteht in der Auseinandersetzung um das Neue – er ist damit aber nicht schon der neue Mensch, selbst wenn er dieses Neue schafft.

Der Brigadier Barka, der sein Leben als „Brückenbau" zwischen Vergangenheit und Zukunft versteht, lernt sich selbst als „Fähre zwischen Eiszeit und Kommune" zu begreifen. Er gehört zu jenen, die sich – wie auch Flint und Balke – „ruinieren" müssen, um sich selbst voranzubringen. Donat, der die große Produktion weitertreibt, „scheitert" an seinen persönlichen Bedürfnissen. Er muß sie vergessen, verlagern auf den Bau – ebenso wie Schlee für ihren individuellen Glücksanspruch die Produktion zurückstellen muß. In allen diesen Fällen wird eine Auffassung von den Widersprüchen der neuen Gesellschaft formuliert, die die Gesellschafts- und Individualgeschichte der Menschen einerseits schon auf einer qualitativ neuartigen Stufe des geschichtlichen Prozesses begreift – und in der Folge ihre weitere Bewegung von hier aus begründet –, zugleich jedoch diesen Vorgang rigoros von jeder verkürzenden Vorstellung einer

harmonisch-konfliktfreien gesellschaftlichen Realität abtrennt.
Und immer wieder, in allen drei Entwürfen, die bohrende Frage nach der Vorgeschichte: sie ist präsent zu jedem Zeitpunkt, lastet auf den Erbauern des Neuen selbst noch dort, wo Momente der Befreiung einer Utopie zukünftiger Menschheit aufbrechen. In den weiteren Texten des Bandes, in den Szenen der *Schlacht, Leben Gundlings* ..., in *Germania Tod in Berlin* oder im *Auftrag* erhält diese Frage eine eindeutige Dominanz, wird zu einem Mittel vertiefender, auch kritischer Reflexion bestehender bzw. vorgeprägter Muster eines ungenügenden Geschichtsbewußtseins.
In der *Schlacht* erscheint dieser Vorgang exemplarisch. Seine Polemikrichtung ist unter anderem auch Brecht, dessen Faschismusanalyse aus der Haltung der „großen Wahrheit", etwa in „Furcht und Elend des Dritten Reiches", zu einem Gegenstand grundsätzlicher ästhetischer Kritik wird. Für Müller muß dieser Ansatz in seiner Konsequenz auf ein „Faschismusbild nach der Schnur der (damals notwendig unkompletten) marxistischen Analyse, eine Art Idealkonstruktion" hinauslaufen. Gegen dieses Bild setzt er mit seinem Textentwurf die eigene Erfahrung des „gewöhnlichen Faschismus", so wie er ihn als „konkrete deutsche Erscheinungsform" traumatisch, als Grundschock, erlebt hat. Arbeit an seiner Erinnerung im Bewußtsein der erlittenen Niederlage, lautet der Auftrag. Das Ergebnis ist radikal. Es bedeutet den Entwurf eines Gegenmodells ästhetischer und poetischer Kommunikation. Denn wo Brecht in seinem Ansatz mit dem vorhergesagten Zusammenbruch der faschistischen Herrschaft zugleich den Untergang der bürgerlichen Gesellschaft diagnostiziert, entwickelt Müller seine Analyse, ohne daß das Bezugssystem solcher Aufhebung im Text selbst angeboten wird. Im Gegenteil, die Perversionen faschistischer Verhaltensweisen werden denunziert, indem ihre reale Funktionstüchtigkeit als allgemeine Muster der Klassengesellschaften belegt werden. Der Bruder erschlägt den Bruder, der zum Feind wurde, zum „Verräter". Ein Mann tötet seine Familie, an der Front fressen Soldaten den Schwächsten ihrer Gruppe, um selbst zu überleben, der Fleischer an der „Heimatfront" wird zum Menschenschlächter aus Geschäftsinteresse, der desertierte Soldat zum Opfer

des Verrats auch jener, die ihn aus Angst um ihr eigenes Leben den SS-Schergen ausgeliefert haben. Die Vokabeln lauten „Treue", „Ehre", „Kameradschaft", „Disziplin", es sind die auswechselbaren Phrasen einer Ideologie, unter deren Folie die Zwänge der Klassengesellschaft aufscheinen. Die „Greuelmärchen" der *Schlacht*-Szenen verlieren von daher ihre Außerordentlichkeit – sie werden historisch. In dem 1976 vorgelegten Stück mit dem schon äußerlich den Prozeß der Geschichte auftürmenden Titel *Leben Gundlings/Friedrich von Preußen/Lessings Schlaf Traum Schrei* erscheinen sie als übergreifende Muster eigener, aber auch fremder Vergangenheit und Gegenwart. Denn das „Greuelmärchen" preußischer Vergangenheit ist für Müller nur die eine Seite seiner Fragestellung. *Leben Gundlings* ist kein Historiendrama, kein bloßes Zitat der äußeren „Verpreußung" persönlicher, familiärer, gesellschaftlicher Verhältnisse in der deutschen Geschichte. Was für ihn vielmehr von Interesse ist, benennt Müller in dem grotesken Bild der Funktion einer „Zwangsjacke": es ist die sich verinnerlichende Vorstellung einer zum Selbstzwang offenen Gewaltherrschaft. Sie reicht über Preußen weit hinaus. Das Bild der spätkapitalistischen Industriegesellschaft in den USA rückt nach vorn: die Normierung der menschlichen Natur, ein zum Selbstwert erstarrter Produktionsfetischismus sind heute ihre funktionierenden Tugenden. Sie werden denunziert, verschrien, als Katastrophen poetisch vorgezeigt, ohne damit noch zu einer Aufklärungsmöglichkeit und -absicht über sie gelangen zu können. Was bleibt, ist der Widerstand des Hasses; die Gesänge des Maldoror von Lautréamont werden als Zitat in den Text hineingeholt. Sie sind ein Zeichen radikaler literarischer Negation, ein Protest gegen die Katastrophen, auf die die Wirklichkeit der Klassengesellschaften hinarbeitet. „Der Beitrag der Literatur zu ihrer Verhinderung kann" – für Heiner Müller Mitte der siebziger Jahre – „nur ihre Darstellung sein."

Die *Schlacht*-Szenen und *Leben Gundlings* ... sind in solch einem Verständnis geschichtlich konkreter Erfahrungen Warnbeispiele. Ihre erschreckenden Bilder überfluten den Leser/Zuschauer, führen zur Betroffenheit – aber auch zum Widerstand, wie die Rezeption der *Schlacht* auf verschiedenen Theatern in der DDR überzeugend belegt hat. Gegenseitiges Abschlachten als „normale" Existenzweise; Preußen, der Faschismus – als extreme Erscheinungen deformierter Menschlichkeit – werden nicht zu allgemeinen Bildern eines Weltzustandes stilisiert, sondern in ihrer Geschichtlichkeit als „weißglühende Episode(n) in dem vielhundertjährigen kapitalistischen Weltkrieg" immer konkret kenntlich gehalten. Aber es handelt sich um einen Weltkrieg, dessen Ende noch nicht absehbar ist – und dessen Folgen auch wir spüren.

5

Mit *Germania Tod in Berlin* ist dieser Zusammenhang direkt thematisiert. In sechs Szenenpaaren und einem Zwischenspiel, das der Autor „Nachtstück" nennt, konfrontiert Müller Bilder aus der geschichtlichen Gegenwart der DDR mit einer Vorgeschichte nationaler Vegangenheit, die belegt, wie immens groß und belastend die „Erbschaft" ist, der sich die neue Gesellschaft in ihrer Entwicklung stellen mußte und noch zu stellen hat. Denn es ist nicht nur der Erfahrungsschock der jüngsten Vergangenheit des Faschismus, sondern zugleich auch der ganze reaktionäre Mythos und die Wirklichkeit einer nationalen Vorgeschichte, die bis zu den Tacitus-Helden zurückreicht, die repressiven Traditionslinien des Preußentums, Kadavergehorsam, Selbstdisziplinierung, Untertanengeist einschließt und mit der Gründung des westdeutschen Staates als „abendländischem Bollwerk" gegen die „Gefahr aus dem Osten" noch heute ihre Gegenwart hat.

Müllers Stück beginnt mit der Erinnerung an eine Niederlage der Revolution, an das für den Autor „vielleicht folgenreichste Unglück in der neueren Geschichte", dem Scheitern der proletarischen Revolution im November 1918 in Deutschland. Die Straße 1 ist ihr Schauplatz. Auf ihm wird vorgeführt, daß es vor allem die Uneinigkeit und Zerrissenheit der Arbeiterklasse waren, die der Reaktion die Möglichkeit gaben, ihre Macht zu sichern und die junge sozialistische Republik zu zerschlagen.

Die Parallelszene 2 zeigt als Lernvorgang die im Osten Deutschlands gezogene Lehre aus dieser Niederlage. Sie

führt mit der Gründung der DDR 1949 zu einer Wende in der deutschen Geschichte. Aber es ist ein Sieg, der die Schatten der Vergangenheit nicht verdrängen kann; ein Auftrag in die Zukunft im Bewußtsein der mit seiner Annahme historisch bei weitem noch nicht bewältigten Aufgaben. Das Bild des über Lautsprecher bekanntgegebenen „Staatsfeiertages“ steht für diese Erfahrung. Und dennoch erfüllt sich in diesem Jahr 1949, auf dem Schauplatz der Niederlage von 1918, auch ein Traum, wird ein Vermächtnis eingelöst. Das von Müller mit großer Eindringlichkeit gesetzte Zeichen „Alter mit Kind auf dem Rücken“ wird zur Botschaft, zum Sinnbild einer möglichen und anzunehmenden Stafettenübergabe geschichtlicher Erfahrungen. Die Szenen 3 und 4, überschrieben mit „Brandenburgisches Konzert 1“ und „Brandenburgisches Konzert 2“, deuten an, welche Erfahrungen es unter anderen auch sind, die hier „übergeben“ werden.
Szene 3 ist ein Clownsspiel in der Manege. Sein Inhalt nimmt die bekannte Anekdote des Müllers von Sanssouci auf, der als selbstbewußter Bürger seinem König Widerstand leistet. Die Geschichte, wie sie Müller erzählt, zielt jedoch auf ihre Umkehrung, auf die Zertrümmerung einer Legende. Denn Friedrich selbst ist es, der die Rebellion seines Untertanen inszeniert hat, um vor dem Volk als aufgeklärter Monarch zu gelten.
Doch der Versuch scheitert, der Müller erweist sich zu sehr als sein „eigener Preuße“, seine verinnerlichte Selbstzensur ist größer als der im Spiel verfügte Ungehorsam. Sie führt zur freiwilligen Unterwerfung. Am Ende frißt er den Krückstock seines Königs, um sich „an ihm aufzurichten“, nimmt „Haltung an“, bevor er in den Krieg marschieren wird.
„Brandenburgisches Konzert 2“ ist der Versuch einer dialektischen Aufhebung dieses Erfahrungsdrucks preußischer Untertanenmentalität. Am kalten Büfett des Staatsbanketts 1950, in der ungewohnten Atmosphäre des „in Besitz“ genommenen Schlosses der preußischen Könige, vertreibt der zum Helden der Arbeit ernannte Maurer den Geist des Alten Friedrich, der ihn daran hindern will, sich in seinen königlichen Empirestuhl zu setzen. Ein souveränes Bild und die komödische Umkehrung eines historischen Musters:

der Wiedergänger mit Vampirzähnen wird von einem Maurer mit jenem berühmten Krückstock vertrieben, den einst der Müller von Sanssouci verschluckt hat. Aber das Bild reicht weiter. Es erinnert zugleich daran, daß diese Souveränität einer historischen Abrechnung ihren Preis hat, denn es kommt zum Handgemenge zwischen dem Maurer und dem Geist Friedrichs. Es ist ein mühevoll errungener Sieg. Die Szene wird zum Eigenzitat. Sie erinnert an Flint, den mit Goethe- und Schillerausgabe, Transparent und Fahne um die Kollektivierung der Landwirtschaft ringenden Parteisekretär aus dem Stück *Die Bauern*. Schon so genug beladen, muß er auf seinem Weg auch noch Hitler und Friedrich II. mitschleppen, die ihm nacheinander als Monster auf den Rücken springen, „auf ihm lasten". Als es ihm endlich gelingt, sie abzuschütteln, fallen ihm aber auch die Bücher, die Fahne und das Schild aus der Hand. Ein hintergründiges Bild für den Kampf zwischen Altem und Neuem, für die Schwierigkeiten und Verluste auf dem Weg, die Vergangenheit loszuwerden.
In der Reihe der nachfolgenden aneinandergefügten Szenen seines Textes vertieft und erweitert Müller diesen Gedanken. „Hommage à Stalin" (1 und 2), „Die heilige Familie", „Das Arbeiterdenkmal", „Die Brüder" (1 und 2), „Nachtstück", „Tod in Berlin" (1 und 2) sind Bildzeichen eines Epochenvergleichs, Resultate des Versuchs, die eigene Geschichte gesellschaftlicher Erfahrungen voll zu begreifen, indem sie mit den „Steinschlägen" ihrer Vorgeschichte konfrontiert wird. Die DDR hat das Bombardement überlebt. Der Kessel von Stalingrad wurde zu einer ihrer wichtigsten historischen Voraussetzungen, trotz der Verletzungen und Selbstverletzungen, die dem Sozialismus dort und in der Folge zugefügt wurden. Mit seinen Nachwirkungen muß weitergelebt werden; für Müller kann die DDR mit ihnen leben. Mehr noch, es ist eine Hoffnung aufgerufen in jenem Schlußzitat aus Vergils „Bucolica"-Dichtung, das in die Zukunft reicht: das Bild einer friedlichen Landschaft wird zur Metapher, zu einer Utopie befreiter Menschlichkeit. Doch wiederum entsteht keine Vorstellung einer harmonisch fortschreitenden Emanzipation. Denn das „Greuelmärchen" deutscher Vorgeschichte bleibt als Erfahrung präsent: in dem reaktionären und noch immer lebendig be-

schworenen deutschen Heldenmythos ebenso wie in den Clownsfiguren des preußischen feudal-absolutistischen Herrschaftsmechanismus, schließlich in der „Ausgeburt“ des westdeutschen Staates, der als „Werwolf“ von seinen Erzeugern Hitler und Goebbels in die Welt gesetzt wurde und als Bild an die berühmte Fotomontage John Heartfields „Die drei Weisen aus dem Sorgenlande“ erinnert. Diese Vergangenheit ist noch nicht tot; sie läßt sich noch als „dunkler Mythos“ erzählen und hat auch noch ihre Gegenwart, eingeschlossen die aus ihr auftauchenden Gestalten „aus dem Volke“, die ebenfalls ihre Züge tragen. Doch anders als in der *Schlacht* oder im *Leben Gundlings* ist in *Germania Tod in Berlin* durch die in den Text direkt hineingenommene Wirklichkeit der DDR zugleich eine geschichtliche Gegentendenz angedeutet. Denn trotz der Erfahrung der Niederlage durch den Faschismus wird mit der Geburt und der Entwicklung des Sozialismus im Osten Deutschlands der Entwurf einer neuen, zukünftigen Gesellschaft kenntlich. Er wird angedeutet in Haltungen solcher Figuren wie des Maurers Hilse, des Kommunisten im Gefängnis oder vor allem des „alten Hilse“. Gerade in seiner Gestalt werden die Visionen der Aufhebung einer belastenden deutschen Vorgeschichte konkret vorstellbar. Als er stirbt, sitzen der Junge Maurer und sein Mädchen, eine Prostituierte, die er von der Straße mitgenommen hatte, an seinem Krankenbett. Für den phantasierenden Hilse aber wächst in ihrer Erscheinung die Erinnerung an die „rote Rosa“, die als Traum wiederkommt, wie das Ziel der Kämpfe, „Die roten Fahnen über Rhein und Ruhr“. Es entsteht ein Bild voller Ehrlichkeit und Mut: die „rote Rosa“ wird zu einer neuen Allegorie des Volkes, sie löst damit endgültig die kriegerische, gewalttätige Germania als Symbolfigur eines reaktionären deutschen Nationalismus ab. Mit ihrem Tod im „Führerbunker“ 1945 in Berlin wird etwas durchbrochen, wird Platz geschaffen für den möglichen Beginn einer menschlichen Geschichte.

1979 legt Heiner Müller unter dem Titel *Der Auftrag* ein Stück vor, das auf einen neuen Ansatz in seinem künstlerischen Werk hinweist. Es kann als ein Versuch gelesen werden, einen aus dem Werkganzen seiner bisherigen dramatischen Arbeiten hergeleiteten Anspruch zu erweitern, Welt- und Menschheitsgeschichte als direkten Gegenstand der Aneignung auch eigener Geschichte mitaufzuarbeiten. Was in der *Schlacht* und den *Bauern* oder später in *Germania Tod in Berlin* bzw. *Leben Gundlings* als Gegenwart belastende und erinnerte Tradition vor allem mit dem Blick auf eine deutsche Vergangenheit zur Diskussion gestellt wurde – hier erscheint es konsequent als Vorgeschichte der Klassenkämpfe in einem weltweit gesehenen revolutionären Prozeß. Eigene Geschichte wird damit endgültig kenntlich gemacht als Teil der Weltgeschichte, das heißt, das Verhältnis des einzelnen in den Kämpfen der Zeit, das Wiederfinden des eigenen Lebens als bedeutender und unverzichtbarer Teil dieser Kämpfe wird aufgehoben in dem bewußten Verhältnis des Menschen zu einem revolutionären Prozeß, der seine Wirklichkeit auch in Afrika, in Asien oder Lateinamerika hat. Hierin liegt ein Entwurf, der die Arbeiten Heiner Müllers zum Thema deutsche Geschichte/DDR-Geschichte nicht beendet, ihnen aber neue Dimensionen gibt, ja, einen neuen Zugang zu ihnen ermöglicht.

Berlin, April 1984 *Frank Hörnigk*

INHALT

BELLETRISTIK

TITUS MACCIUS PLAUTUS

Komödien

Herausgegeben von W. Hofmann. Aus dem Lateinischen
Band 1215 · 3,50 M

Von den derb-komischen Stücken des römischen Dichters (um 250 bis etwa 186 v. u. Z.) werden sieben der wirkungsvollsten, die seit der Antike immer wieder übersetzt, gespielt und nachgeahmt worden sind, in einem Band vereint: Amphitruo / Asinaria / Aulularia / Bacchides / Menaechmi / Miles Gloriosus / Mostellaria. Die neue Übersetzung hat ihre Bühnenwirksamkeit bereits bewiesen.

Universal Bibliothek KUNSTWISSENSCHAFTEN

GOTTHOLD EPHRAIM LESSING

Briefe, die neueste Literatur betreffend

Mit einer Dokumentation zur Entstehungs- und Wirkungsgeschichte

Herausgegeben und mit einem Nachwort von W. Albrecht
Band 1187 · Broschur 4,– M

Die „Briefe, die neueste Literatur betreffend" erschienen von 1759 bis 1765 als Wochenblatt. Sie gelten als eines der Hauptwerke aufklärerischer Kritik im 18. Jahrhundert. In der traditionsreichen Briefform – der Fiktion zufolge sind die Briefe an einen im Siebenjährigen Krieg verwundeten Offizier gerichtet – wird ein breites Panorama literarischer Kritik und Reflexion geboten. – Die vorliegende Ausgabe bringt den Anteil Lessings, des Spiritus rector unter den Autoren der Zeitschrift. Ergänzt werden diese Texte durch eine umfangreiche Dokumentation zur Entstehungs- und Wirkungsgeschichte der „Literaturbriefe", die viele Dokumente erstmals zugänglich macht.